陕西师范大学优秀著作出版基金资助出版

拜根兴 著

負笈海東
Diary in Korea
留学韩国日记

社会科学文献出版社
SOCIAL SCIENCES ACADEMIC PRESS (CHINA)

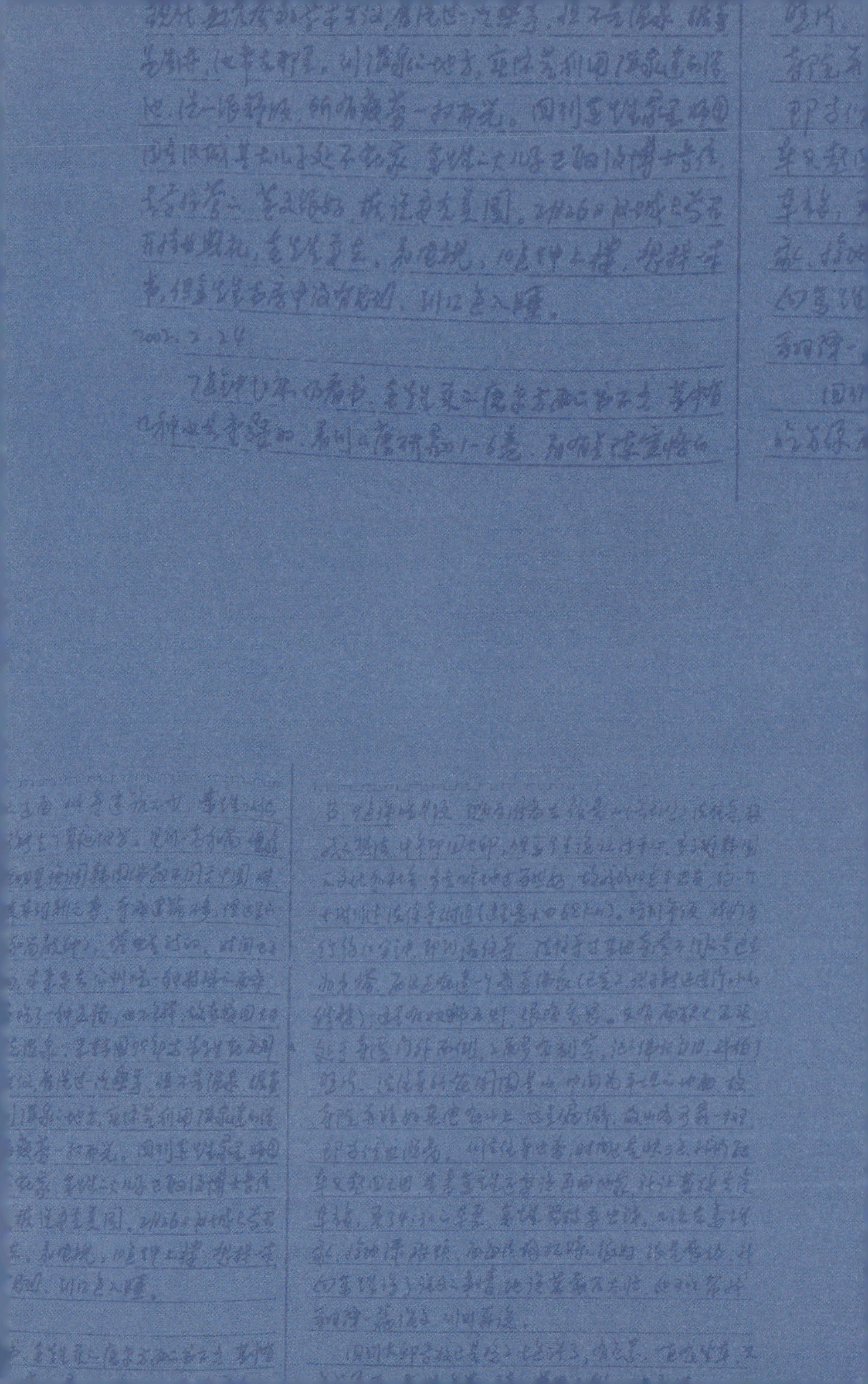

在韩国忠南大学出席会议

樱花时节在庆北大学

出席留学生活动

与金善昱教授（中）、全莹博士（左）

学生证

去庆州大陵苑考察

与导师朱甫暾教授及同门在新罗古都庆州考察

与导师在韩国国立庆州博物馆

与导师及同门同赴庆州进行学术考察

与老师李玠奭教授夫妇

与尹在硕教授等在忠清南道考察

在韩国东海岸考察

在留学生宿舍

与任大熙教授

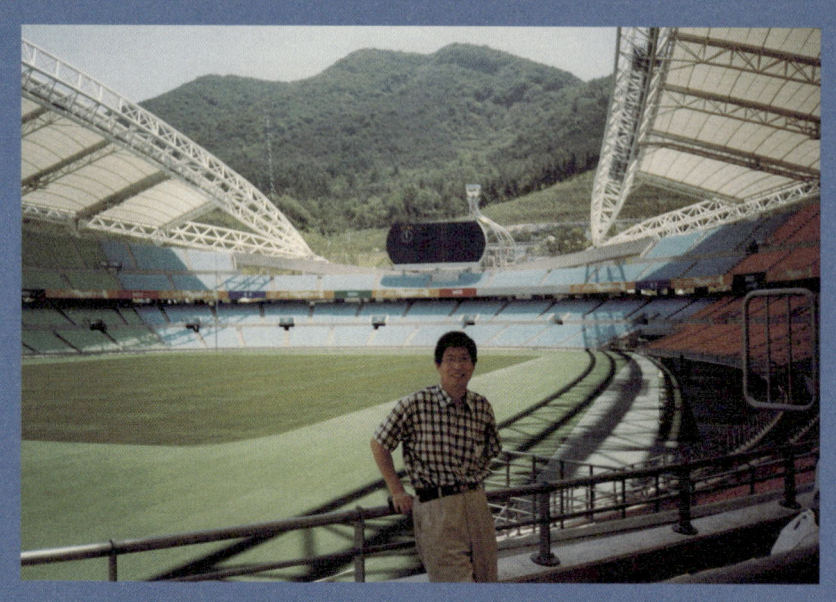

参观大邱世界杯体育场

与博士论文答辩委员们

与导师朱甫暾教授

在导师研究室

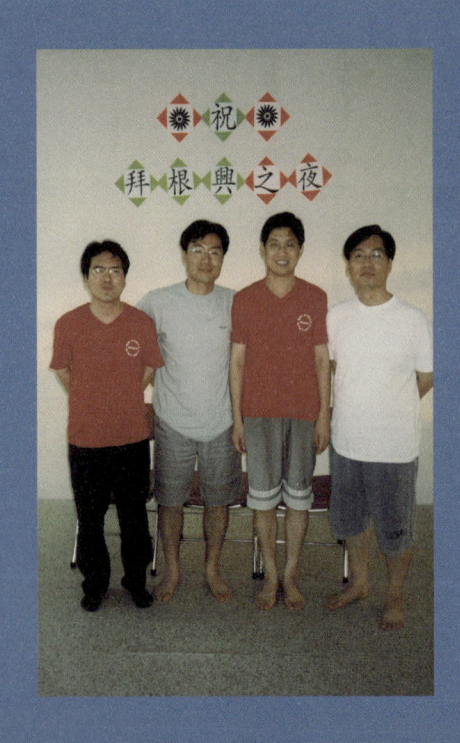

毕业旅行之"拜根兴之夜"

在首尔景福宫

获得文学博士学位

日记原件

INTRODUCTION 自 序

  时间进入2022年,虽国际局势波谲云诡,令人目不暇接,但对于同处东亚的中韩两国来说,却迎来了一个值得纪念的年份:迄今为止,中韩两国建交已走过不平凡的三十年。而对我本人来说,2002年结束四年三个月的留学生涯,在韩国国立庆北大学获得文学博士学位,高高兴兴返回陕西师范大学,一转眼整整二十年也过去了。无疑,这些都是值得重视和纪念的事情。

  记得2018年春节,我花费半个月时间,将在韩国留学期间的手记(日记)录入电脑,当时还煞有介事地写过一篇"跋",并希望择机出版。但岁月蹉跎,虽然其间曾应朋友之约,将其中的一些片段公之于众,[①] 也获得学界师友的关注赞扬,但整体出版这部手记的想法却未能变为现实。

  四年后的今天,我重新翻出这部反映世纪之交留学韩国经历的实录性手记,一些在生命历程中流光溢彩的人和事重新映入我的眼帘,其中有众位韩国老师和师兄弟们,也有我任教的陕师大唐史研究所以及随后的历史文化学院的同事、老师,当然还有给予我帮助的其他至亲友朋。这些文字承载着我求学期间的酸甜苦辣,是中韩建交以后数以千计的两国留学人员为实

---

① 参见拜根兴《留学韩国日记选》,收入冯立君主编《中国与域外》第3辑,社会科学文献出版社,2019。

现自身理想抱负努力拼搏的缩影，无疑也是中韩建交以来两国民间友好交往的见证。

获得文学博士学位的二十年来，我前后有近三十次应邀赴韩国出席各种学术会议，参与校际学术交流，以及中韩政府间智库会议；也多次邀请韩国学者来华参会，以至于韩国朋友戏称我是"韩国通"。无疑，我曾为中韩两国友好交流做了一些力所能及的工作，但很显然，如果没有留学期间和韩国学界师友的往来交流，对韩国名胜古迹的考察访问，对韩国各地民风习俗的了解，以及对中韩古代历史文化交流的倾心探讨，我就不可能从事这方面的工作，更遑论其他了。

在中韩两国建交三十周年、我自己在韩国获得博士学位二十年后的今天，出版这部在韩国留学期间的手记，是很有纪念意义的。感谢两国友好氛围下官方及民间交流畅通并硕果累累，感谢曾经帮助、支持我的中韩两国师友同人。我想将这部手记作为一份礼物，献给为中韩两国人民友好往来做出贡献的人们！

是为序。

拜根兴
2022 年 12 月 2 日谨记

CONTENT 目 录

………… 第一季 （1998年5月~1999年6月） …… 001

………… 第二季 （1999年8月~2000年6月） …… 111

………… 第三季 （2000年8月~2001年6月） …… 173

………… 第四季 （2001年8月~2002年6月） …… 253

………… 跋 …… 364

………… 后　记 …… 368

第一季

(1998年5月 ~ 1999年6月)

从宿舍到研究室的路

1998年

5月26日

  8：00许，离开上海师范大学宾馆，历史系副主任俞钢教授派车送我去虹桥机场。非常感谢在沪期间张剑光、汤勤福、俞钢三位老师的鼓励和帮助！① 11：45所乘航班从虹桥机场起飞，因第一次坐飞机，非常难受，我用手掐着眉心，试图减轻一些不适，但效果并不明显。时间一分分艰难度过，原来坐飞机竟是如此煎熬。

  13：30到达汉城（今韩国首都旧称）金浦机场，我用结结巴巴的英语询问去大邱的航班情况，一个40余岁的女服务员非常热情，似乎听懂了我的话，故而直接领我从国际处到达韩国国内机场，其态度和蔼可亲，令人感动。到达国内机场后，我在候机厅等待，因没有将表提前一小时，等意识到之后，离飞机起飞时间只剩一个半小时了。17：00许乘959航班飞往大邱市，到达大邱北机场已是18：00多了。

  在出口见到国立庆北大学人文学院史学系的尹先生②、师

---

① 5月23日坐火车从西安出发，到上海火车站已是22：00许，多亏上海师范大学历史系张剑光、汤勤福、俞钢三位老师，他们到车站接我，并预订了学校宾馆房间。后又聚餐话旧，鞭策鼓励，我很是感谢！到上海第二天，我还专程看望复旦大学历史系许道勋教授，感谢许先生在我1997年考博期间给予的支持和关怀！
② 尹在硕，韩国国立庆北大学人文学院史学系东洋史教授，曾在中国社会科学院历史研究所留学，专攻秦汉史、东亚木简研究。出版专著多部，发表论文数十篇。

关于同意拜根兴同志出国攻读博士学位的通知

师人发〔1998〕051号

国际交流中心：

经研究同意唐史研究所拜根兴同志赴韩国庆北大学校攻读博士学位。一切费用自理。逾期不归按自动离职处理。

望拜根兴同志学业有成，并按计划学成归国，为我校做出更大贡献。

特此通知

一九九八年三月十六日

抄送：唐史所、本人、本人档、档2

陕西师范大学留学人事文件

招　請　狀

姓名:拜根興(Bai Gen Xing)

國籍:中華人民共和國

住所:中國 陝西省 西安市 陝西師範大學 唐史研究所 710062

上記 拜根興이 1998년3월부터 2001년 2월까지 慶北大學校 大學院 史學科 博士過程에 入學하여 新羅史를 硏究하도록 招請합니다. 아울러 상기 학생이 본교에 留學하는 동안 學費와 寄宿舍費 및 生活費를 지도교수인 朱甫暾선생의 연구비에서 지원해주기로 결정하였음을 통보합니다.

慶北大學校 人文大學 史學科 科長 權 延 雄

1998년 3월 17일

韩国国立庆北大学留学人事文件

范学院历史教育系的任先生①，他们专门到机场接我，非常感谢！坐尹先生的车到达庆北大学留学生寄宿舍，具体房间尹先生已提前办理，他随后领我到附近的东大邱市场，借我钱购买床上用品以及其他生活用品，并请我吃晚饭。回到宿舍已是22:00了，非常累！

其实，主要是到一个新地方感觉心累，恍恍惚惚的。窗外漆黑一片。舍友是延边大学来的朝鲜族同学李东进②，还有对面宿舍的朝鲜族同学崔永洙③，非常热情，一起说话，邀请我出去喝啤酒。夜里0:00许才休息。

这一天经历的事情真是多多：第一次到上海虹桥机场；第一次坐飞机，到达韩国首都汉城；辗转到达大邱的国立庆北大学，接受尹先生的好意；住进留学生寄宿舍，见到一同留学的朝鲜族同学。按照与尹先生的约定，明天要去见我的指导老师朱甫暾教授。

5月27日

昨天晚上到达学校，周围漆黑一片，早上才看到寄宿舍周围的情况：四周高低起伏，宿舍楼就建在一高坡上，其与西安学校所在平原地貌大不相同。头还是蒙蒙的，很显然，是真的离开西安、离开中国，来到这个陌生环境、陌生国家了。

---

① 任大熙，韩国国立庆北大学师范学院历史教育系东洋史教授，曾留学日本近十年，20世纪80年代后期往返于中国和韩、日之间，推介各国的学术信息，为东亚学术交流做出贡献。专攻初唐历史、古代法制史，翻译出版日、中历史专著十数部，发表论文数十篇。我第一次去韩国的机票也是他提供的，谢谢任先生！任先生已于2019年2月退休。
② 李东进，1998年在韩国获经济学博士学位，现为南开大学商学院市场营销系主任、教授。
③ 崔永洙，2004年在韩国获工学博士学位，现为大连工业大学纺织与材料工程学院教授，学科带头人。

10：00左右，尹先生来到寄宿舍接我，说朱先生中午请我吃饭。第一次和指导老师见面，很期待，也很惶恐。朱先生穿着风衣，头发已经花白，看起来非常慈祥可亲。在学校福祉馆教授食堂吃饭。因不懂韩语，朱先生说的话只有靠尹先生和另外一位朝鲜族同学禹英兰①翻译，很温馨但却难熬的一顿饭。饭后朱先生、尹先生领我去校长行政楼办公室，见到庆北大学总长（校长）朴赞石教授。我学了一句韩语，向校长问好，不知道他们说些什么。礼节性的拜访结束，我们离开了校长办公室。

因已过了入学报到时间，再过二十余天就放暑假了。来韩留学语言问题事关重大，下学期开学前这一段时间，就只有认真学习韩语了。回到宿舍，将带来的书放在书桌边的书架上。难道自己期待的留学生活就这样开始了？

晚上任先生，以及在庆尚北道道厅上班、曾在陕西师范大学短期留学的朴南基先生，河南省外办来庆尚北道交换学习、工作的王宏伟②来，他们带我去校园外面喝酒。喝了一点啤酒，和他们说话。十分疲累，可能是这几天连续坐车、坐飞机的缘故。当然，到了一个陌生的地方，也可能会感到心累。就只有慢慢适应了！

5月28日

在宿舍看书，深感压力之大。听朱先生说以后写博士论文要用韩语写，而自己现在连一点点韩语基础也没有。10：00 尹

---

① 禹英兰，2002年在韩国国立庆北大学获博士学位，现为烟台大学外国语学院韩国语教授，著有《中韩·中朝关系史》等。
② 王宏伟，1998年、2001年两度在韩国庆尚北道道厅学习、工作，曾任河南省人民政府驻上海办事处副主任。我初到韩国时，他对我帮助很多，非常感谢。

先生来电话，让我后天去他研究室，他答应借我小的录音机，这样练习韩语听力就有保证了。

中午朴南基、王宏伟两位来宿舍，他们带我去吃涮牛火锅。因就在寄宿舍附近，故而很快就回来了。下午仍在宿舍看书，整理心绪。

晚上王宏伟又来，我们一起学习韩语。舍友李东进去汉城办事未回学校。

一天就这样在匆忙慌乱中度过，应尽快给家里写信谈到学校的情况，让他们不要担心。

5月29日

早饭后去研究室。从寄宿舍出发向北，要经过五百米左右，上一个高坡，研究室就在高坡顶端右侧，一个不起眼的五层楼内。楼上有教授的研究室，还有博士、硕士的学习室。史学系的资料室就在一层最东边，有两间房大小，但有很多书都是此前没有见到的。我们五个人一个学习室（研究室），就在资料室隔壁。同研究室的硕、博士见到我都很热情，有的人读博士已经很长时间了，但还兢兢业业继续努力。和同研究室的禹英兰谈有关事情，她来自延边大学历史专业，因是朝鲜族的缘故，韩语说得非常好，在这里攻读韩国近代史博士学位。

第一次到庆北大学图书馆。巡礼式地走马观花翻看，韩语的一概看不懂，来回找有中文的书籍，但确实不多。

下午写信。分别给妻子、兄长、马驰教授[①]、导师赵文润

[①] 马驰教授（1941～2019），著名隋唐史、民族史、东亚史研究学者，曾任中国唐史学会秘书长、副会长，出版《唐代蕃将》《李光弼》等专著，发表论文数十篇。具体可参拜根兴《追忆马驰教授二三事》，《当代史资料》2022年第3期。

教授①,以及上海师大的俞钢先生写信,向他们谈到校后的情况,并表决心鼓励自己坚持下去。随后还要给导师牛致功教授②、所长史念海教授③写信,汇报到达韩国后的情况。

5月30日

10:00去人文学院教授研究洞找尹先生。尹先生带我去庆北大学外语学院,联系参加韩语培训班事宜。到语学堂见到韩语培训班主讲金教授,尹先生介绍我的情况。见到一同参加培训班学习的美、德、英、日等国的六位学生,他们年龄都小,好像有一定的韩语基础,有的也能说一些,我感觉压力很大。

韩语课每月要交纳五万韩币学费,每周上三次课,每次两个小时,一般要学习两到三个月才行。因听课者均为外国人缘故,授课老师用英语讲解韩语。拿到了韩语教材,就像天书一样。

从语学堂回来,尹先生领我找研究元代历史的李玠奭教授④。他们两位请我吃饭,谈论一些我知道的事情。李教授也能说一些中文。

---

① 赵文润教授(1936~2016),著名中古史研究学者,专长隋唐史、武则天研究,担任中国武则天研究会会长多年,出版《武则天与唐高宗新探》《西魏北周与长安文明》《汉唐历史文化论稿》等专著,发表论文百余篇。有关赵老师对我的提携帮助,参拙作《恩师赵文润教授伴我成长》,收入王双怀、贾云主编《汉唐史论——赵文润教授八十华诞祝寿文集》,三秦出版社,2015。
② 牛致功教授(1928~),著名隋唐史研究学者,曾任中国唐史学会副会长、西安唐代文化史学会会长,出版《唐高祖传》《唐代的史学与〈通鉴〉》《安禄山史思明评传》《唐代碑石与文化研究》《牛致功隋唐史论集》等。
③ 史念海教授(1912~2001),著名历史地理学家,有《史念海全集》(7卷本)出版,中国历史地理学科的主要奠基人之一。
④ 李玠奭教授(1948~),韩国国立庆北大学人文学院名誉教授,著有《高丽对元关系研究》等专著,发表蒙元与高丽历史、中国现代史方向论文数十篇。

下午在宿舍看书、休息。因是周六，韩国仍然是工作日，在宿舍看拿到的韩语教材，不得法，又无录音机，无法练习听力。可能下周开始上课以后就会好一些。给牛先生写信。

凌晨给妻打电话。买电话卡，有3000韩币一张，也有2000韩币、5000韩币的，而3000韩币只能通话三分钟左右，很是艰难。

5月31日

仍在宿舍看书。10：00许去校园散步并熟悉环境，因是星期天，周围人看起来均懒洋洋的样子，挺没劲。

12：00刚拿起累积的脏衣服到洗衣房去洗，王宏伟来寄宿舍找我出去玩。一同来的还有去年曾去河南郑州交换学习一年的庆尚北道外办的吴成宽先生①，他来开的车。我们到达大邱市内街上，先到大邱商场，又到东亚商场、地铁商场。吴先生请我们吃饭。

又去大邱周边的八公山桐华寺参观。这座寺院初建于统一新罗的兴德王时代，内部布局和中国寺院确实还有区别。只是这里环境优美，林木郁郁葱葱，游人熙熙攘攘，实在是旅游的好去处。山顶上有一个佛坐像，头上顶着一个石板，好像国内寺庙佛像如此造型者并不多；又有按照一定顺序排列的还愿小灯，一些父母为参加高考子女以及其他事情在此发愿，据说还很灵验。晚饭就在桐华寺附近用餐。吴先生很风趣，因曾在郑州待过一年，故而中文表达很不错；他和王宏伟教我一些常用韩语，特别好。

晚上21：00他们送我回到庆北大学寄宿舍。

---

① 吴成宽，曾到河南省政府外办交换学习、工作，任职韩国庆尚北道道厅。2001年后到河南郑州自学中医数年，是一位热心中韩民间交流的友好人士。

6月1日

请宿舍对门的崔永洙和我一起去学校教务处,领到了去大邱市法务部办理外国人居留证的介绍信。崔永洙非常热情,他来这里化学学院学化学染色专业,攻读硕士学位。

随后来到硕博士研究室。因周一的缘故,朱甫暾教授今天来研究室了。到朱先生的研究室汇报情况,他问我来韩国这几天的活动,我一一作答,同研究室的禹英兰做翻译。留学生和导师不能很好地用语言沟通,我感到有点不好,但实际情况就是如此,应尽快学好一般的韩语,能和老师直接沟通,这样才能更好地实现专业学习的目的。朱先生研究室有拍照的金可记摩崖石刻照片,书架上排满了各种各样的学术书籍,大部头的韩文书居多,日文书籍也有一些,中国出版的书很少见。

又和同研究室的韩国古代史硕士生柳文奎①,以及帮我办理留学具体事宜的博士许宗先生②见面。许宗上学期作为系助教,具体办理我留学所需的各种材料,非常感谢他。

15:00到博物馆东北的语学堂上韩语课。老师用英语讲授韩语,他的发音和国内听到的英语似乎有差异,怪怪的,能听懂一些。两节课就是讲韩语字母及其发音。

晚上王宏伟、吴先生来宿舍,王宏伟送我衣服架子,吴先生则送了一个很精致的笔筒。我不好意思,给他们钱他们不收,拉拉扯扯,真没有办法!我理解他们的好意。我初来乍到,需要他们帮助,只是以后再不能这么随随便便接受他人的东西了!

---

① 柳文奎,同门师弟,在韩国国立庆北大学人文学院获得硕士学位,对我帮助很多。现在韩国庆尚北道道厅工作。
② 许宗,现为韩国国立忠南大学史学系教授,承担韩国近现代史课程教学科研工作。我初去时提交的留学材料及申请事宜,都是由当时担任庆北大学人文学院史学系助教的许宗先生收取并经手办理的。

6月2日

到宿舍外面背诵韩文字母及简单的单词,学习韩语。

11:00 接到尹先生电话,让我 14:00 去他的研究室。13:30 到达人文学院教授研究楼尹先生的研究室,他领我去拜见同系的林炳勋教授(韩国近现代史)、崔贞焕教授(韩国中世纪史)、金教授(韩国西洋史)、李玠奭教授、权延雄教授①(韩国中世纪后半朝鲜史)等,同他们简单交谈,就是学会的几句话。我感到十分贫乏,但也没有办法,应加紧认真学习韩语才是。从尹先生处拿到了小型录音机,录音机是尹先生 1993~1995 年在中国社科院历史研究所留学时所用,他借给我,希望能对我的韩语学习有用。谢谢尹先生!

15:00 给任先生打电话,他让我去他的研究室。16:00 到达师范学院教授研究楼,任先生研究室有几位学生在,他们是郑芮先、朱英玉、赵素莹,以及任先生的侄女。见面后任先生让我同他们交谈,以便很快熟悉并学习韩国语。

晚饭和任先生一起在外面吃,20:00 许回到宿舍。

6月3日

背诵韩语单词,听录音。

吃饭在寄宿舍食堂。食堂饮食非常独特,每顿饭大家吃的东西都一样,不像国内有更多的选择,这些都是可以忍受的。只是一天三顿饭,每顿饭主食都是米饭,没有在西安习以为常的馒头和面条,天气又闷热,有时吃不下饭,非常苦恼。

---

① 权延雄教授(1942~),在美国夏威夷大学获得文学博士学位,主要从事韩国中世史(朝鲜时代史)的教学科研工作。曾担任庆北大学图书馆馆长等职。留学韩国期间,权老师对我多有帮助。

寄宿舍食堂韩国泡菜可以随便吃，其他也是各种不同做法的泡菜，吃不习惯！早餐有牛奶，午餐有时也有苹果或者橘子，一人一个。每周供应一次排骨，非常美味。周六早上供应稀饭，但其中有肉末，和国内的稀饭完全两样，怪怪的。可自助打饭，很好！

吃完饭后进餐者要排队到水龙头前，拿起同一规格的水杯漱口，随后将用过的水杯放在固定的架子上；又到存放卫生纸处，大家一一擦嘴，然后排队走出食堂，完成这次用餐。去过的教授食堂也是如此。开始几顿饭不习惯这些用餐程序，不是忘了漱口，就是没有擦嘴，但几天后就习惯了。因为韩国的各种泡菜中均有鲜红的辣椒，如不漱口、擦嘴，嘴巴呈红色，确实是一件很不雅观的事情。

下午上课。上课效果不好，头还是蒙蒙的，语学堂还没有提供磁带。

6月4日

背诵韩语单词。王宏伟来电话约出去玩耍，但我已和一位去过中国的韩国学生约好下午见面，只好向其说明情况。在学校等待，不能出去玩了。

13：00，一个叫文青美的学生从龟尾市来到庆北大学。她问我古代汉语翻译关联事宜，因其正在翻译台湾清华大学黄敏枝教授的博士论文，我也向她请教韩语发音等问题。17：00许文小姐返回。

晚上看中国与韩国足球赛，结果双方战平。没有意思！

6月5日

下午上课，效果不好。一同上课的同学学韩语已很长时间了，只有我是刚开始学。没有办法，只有跟上他们学了。晚上和去过天津的中文系学生李银姬同学及她的同学崔某见面，她们受任先生之托，想帮我很快掌握一些韩语，同时大概也想巩固她们之前学习的汉语。我们约好每周二下午见面一起学习。

晚上仍记诵韩语单词。睡觉不安稳，做很多梦，想儿子和妻子。

今天给牛先生寄去信件。

6月6日

10：00许，跟随王宏伟坐吴先生的车去海印寺。海印寺在庆尚南道，坐车两个多小时，有点晕车，感觉晕乎乎的。这座寺院建于统一新罗时代的哀庄王在位期间（800~809），寺院内藏有高丽时代制作的八万大藏经经板，因此收入世界文化遗产名录。只是看到来这里的游客并不多，也可能今天是个例外吧！回到庆北大学已是16：00许，很累，也不想看书。去校园散步，熟悉校园环境。

22：30给妻打电话，询问家里的情况，眼泪止不住流了出来。异国他乡，压力又如此大。我应尽最大努力学好韩语，为以后进一步学习研究创造条件。

6月9日

继续读听韩语，争取每次上课都有新的收获。

21：00许参加了一个晚会，会上碰见师范学院的李文基教授[1]及中文系的郑仁淑教授。

---

[1] 李文基，韩国国立庆北大学师范学院教授，韩国古代史研究领域著名学者，主攻方向为新罗史。出版有《新罗兵制史研究》《新罗下代政治和社会研究》等，发表论文数十篇。2018年退休。

6月10日

去研究室，同研究室的柳文奎师弟给我领读韩语课文，我自己随后听录音。11：30回到宿舍。下午上课，老师讲韩语语法，感觉还行。

晚上将钥匙锁进了宿舍，而同屋的李东进又出去了，没有办法，只好又去研究室，看《三国史记》及《庆北史学》、《大邱史学》杂志。23：30同屋的李东进才回来。

世界杯开幕，巴西与苏格兰首场比赛，电视解说听不懂，只有看画面，在国内多好！下半场没有看，很累！给朋友刘进宝[1]、张文昌各发信一封。

6月13日

中午听舍监说报纸上登有我的消息，后找到《岭南日报》6月12日版面，原来是人文学院韩锡钟教授[2]撰写的文章。这篇文章提到了我的硕士导师赵文润教授去年来韩国讲学。主要是介绍我的情况：说我去年已晋升副教授，学习很刻苦；有一岁多的女儿（其实是儿子），夫人是学土木建筑的教师；想通过留学了解学习韩国文化；庆北大学史学系朱甫暾教授是我的指导教授；现在韩语只会说简单的几句话等。我请他们复印了一份，同舍的老李给我翻译。我给尹先生谈到报纸登载我的消息，他知道后很高兴。

任先生昨天打电话，说师范学院李文基教授要请我吃饭，

---

[1] 刘进宝教授（1961～　），现为浙江大学教授。中国唐史学会副会长，中国敦煌吐鲁番学会副会长，出版《敦煌文书与唐史研究》《敦煌学通论》《唐宋之际归义军经济史研究》等专著，发表论文百余篇。

[2] 韩锡钟教授，时任庆北大学人文社会科学研究所所长。赵文润教授赴韩讲学期间，也曾得到韩教授的帮助。

另外邀请我参加他们的韩国古代史研讨班。我有点拿不定主意，毕竟是两个学院的事情，应请示导师朱甫暾教授才好。

下午去王宏伟的住处，看电视。晚上20：00许回到宿舍。

6月15日

去尹先生研究室，尹先生传达了朱甫暾教授的意见，我心领神会，暂时不参加师范学院的研讨班，因为我现在的主要任务是学习韩语。

下午上课。17：00许，曾在陕西师范大学留学、在师大见过面的张丞延小姐找我，她请我吃饭。然后来到我的宿舍，她教我韩语发音及字母，21：00许回去。

给孔令兴兄①、宁亚楼兄、杨金平兄三位发信。

6月17日

自己看书，听录音。去研究室学习。

晚上王宏伟来给我辅导韩语语法，很有用，非常感谢。

考古系李熙俊教授②问我明天去不去考古发掘现场，我通过禹英兰给李教授打电话说想去，但还要给朱先生请示。不过明天跟他们去还是比较好的事情。

6月18日

9：00到达人文学院考古系大楼前，朱先生来得早，我和他打招呼。同去的有李熙俊、金某某，以及大邱市博物馆馆长

---

① 孔令兴，硕士研究生同学，师从著名学者赵吉惠教授，专攻中国古代思想史，曾为西安市孔子学会会长。
② 李熙俊，韩国国立庆北大学人文学院考古学科教授，主攻新罗上代考古，出版《庆州东宫和月池：发掘调查报告书》第2册，主持多项考古发掘，发表学术论文数十篇。

金某某,还有考古系的其他人,共有十二位之多。我们先到永川市,看新罗早期的墓葬,这里也有青铜器时代的墓葬遗物;再到浦项市的草谷里发掘地。中午在庆州吃饭,随后看了庆州新罗都城遗址发掘现场。

21:00回到宿舍。朱先生说给我借一台电视机。

明天要上课,要预习新课文。

6月21日

星期天无事,在宿舍写信。给金善昱①、李志贤②两位教授写信,给牛旭风兄写信。

金善昱教授1995年在武汉大学举办的中国唐史学会第六届年会上见过面,随后多次通信。到了韩国,应该和先生联系,告诉他我到韩国的消息。李志贤先生任职新加坡国立大学,此前出席武则天学术研讨会,多次见面,也多有联系,来韩前曾有告知,今在信中谈及到韩留学情况。牛旭风兄为导师牛致功教授之子,我来韩留学前多有联系,故也禀告到韩情况。

学习韩国语的困难还是很大,以后仍然要下大苦功学习。

6月22日

下午下课时遇见任先生,他领我去李文基教授研究室,和李先生见面。李先生专业方向为韩国古代史,对新罗军事史颇有研究;他不会说汉语,但能用汉字表达意思,故和我笔谈。

---

① 金善昱教授(1940~),韩国国立忠南大学人文学院名誉教授,20世纪80年代在台湾大学历史研究所获得博士学位,回韩国后即在忠南大学人文学院任教,曾担任人文学院院长、百济研究所所长等。发表论文数十篇。我留学期间,几个春节都是在金先生家过的,谢谢金先生和师母。
② 李志贤教授,在新加坡国立大学任教,20世纪90年代积极参与中国唐史学会的学术活动。出版专著《杨炎及其两税法研究》,发表论文数十篇。

这样,他懂汉语并会写,但不会说,我初学韩语,不会说,我们互相写汉字提问回答,很有意思!

李教授送我他新出版的大著《新罗兵制史研究》(一潮阁,1997),还有一份有关黑齿常之的论文的抽印本,刊登于《韩国学报》1991年号上,以后应认真阅读。李先生请我吃晚饭。通过任先生的翻译,从李先生口中了解到一些韩国学界的情况。

6月23日

15:00 正在宿舍看书,远在忠清南道大田市的金善昱教授来电话,说他已经收到了我的信件,并邀请我在适当的时间去大田市他的家里做客。今年10月中旬在大田市忠南大学举办百济史学术研讨会,他说邀请胡戟教授①来韩国。

6月26日

在宿舍看书。给尹先生打电话,他让我12:00 去他的研究室,他请我吃饭。

买了一把雨伞。韩国进入雨季,这几天每天都下雨,没有雨伞寸步难行。

尹先生让我每周四15:00 去他的研究室,约请了史学系的几位学生,他们和我一起学语言,这很好。

以后每周二、四、六均和中文系的几位同学一起学习,我给他们教汉语,他们给我教韩国语,这样或许语言水平会提高得快些。

今天吃午饭时碰见韩锡钟教授,打招呼并向他表示感谢!

---

① 胡戟教授(1941~),著名隋唐史研究学者,曾任中国隋唐史学会秘书长、副会长,出版《武则天本传》、《隋炀帝评传》、《胡戟文存》(全4册)等著作,发表论文百余篇,在海内外学界享有极高声誉。

6月27日

很累,耳鸣,轰轰地响,炸雷一般!可能是压力太大的原因,这很危险,应尽快休息。中午睡到15:30许。下午学习、休息!

7月2日

下午去人文学院尹先生研究室,与历史系的五位学生一起学习语言,其中张贤雅、康某某去年在西安见过面。去年7月末,尹先生带领庆北大学人文学院史学系21名本科生到西安考察名胜古迹。①

学生们先用汉语读翦伯赞《中国史纲要》第一册118页,我再用普通话读,她们随后将其翻译成韩语,尹先生最后总结改正,我再用韩语读一遍。

这种学习方式很不错,应该认真学习,有利于看韩语专业书。

17:00尹先生在研究室叫外卖,是他们常说的韩式炸酱面,我们一起吃饭。

7月4日

周六,17:00去尹先生研究室,今天约好我们去朱甫暾教授府上。

尹先生开车出学校约半个小时就到了朱甫暾教授所住小区,我们同去商场买了一个西瓜,随后就到朱先生家。朱先生在楼门口迎接我们。到他们家见到朱师母。朱先生所住公寓面积约150

---

① 1997年7月28日,尹在硕教授带领21名本科生来西安考察完毕准备回国,但当日西安突降暴雨,南郊小寨十字瞬息变成泽国,而韩国师生的行李和人员分离,放行李的小面包车在小寨十字附近熄火,最终竟错过了当日赴北京的火车,非常遗憾!无奈他们第二天乘飞机从西安到北京,并于当日返回韩国。就因如此,尹教授自己多付了近万元人民币。

平方米，装修得很气派。师母给我们做了排骨、火锅等，味道很好。朱先生取出威士忌，打开后我们一起喝酒。只是我的韩语还没有到能交流的程度，故而只有依靠尹先生和禹英兰两位翻译。

22：00离开朱先生府上，22：30返回学校宿舍。指导教授请我到他家吃饭，应该是很好的态度和接待，虽然语言还不能很好地交流，但心里还是很感动！

7月8日

中午吃饭时碰见李文基教授，他将他的一台旧电扇拿到我的宿舍，说天气热，应该有用。

大邱地处韩国内陆，是韩国夏天最闷热的地方。谢谢李教授，非常高兴！

7月9日

收到李志贤先生信。他让我给《历史教学》杂志社编辑部写信，希望要样刊，他有一篇论文在该杂志今年第3期上发表，但还没有收到样刊。去年在山西参加武则天学术研讨会，见到该杂志编辑部徐勇先生，并多有交往。给徐先生写信谈及，看是否能解决李志贤先生的事情。

想给家里打电话，但又不是周末，等周末再打吧！要给徐勇、牛志平[1]、高明士[2]、徐庆全诸位先生写信。

---

[1] 牛志平教授（1942～　），曾任中国唐史学会秘书长，先后在陕西师范大学、海南师范学院任教，在唐史研究所时，在学业方面对我多有帮助。出版《唐人称谓》（合著）、《唐代婚丧》等学术著作，发表论文数十篇。现定居美国洛杉矶。

[2] 高明士教授（1940～　），日本东京大学博士，现为台湾大学名誉教授。有关与高明士教授的交往，以及我留学韩国前后先生对我的指导鞭策，参拙作《教诲、指导与鞭策：回顾我与高明士教授的交往》，《中国历史文化新论：高明士教授八秩嵩寿文集》，台北：元华文创，2020。

学习很累！下午到尹先生研究室上课学习语言。

7月10日

上午、下午均有课，觉得长进不怎么大。最近学习稍有松动，这很不好。

同屋的李东进获得博士学位，他的博士论文是有关广告学方面的内容，确实不错。他很快就要回国了。想想自己初来乍到，要做的事情还没有任何头绪，心里觉得压力很大。

只是以后听录音就能方便些，此前在宿舍听录音总觉得影响他人。

7月11日

周六休息睡觉。晚上给家里打电话，听儿子说他想我，很是感动！

妻已将小儿及她的照片寄出，估计十五日左右可以收到。

唐史研究所副所长马驰教授为人坦荡亲切，这次出国许多事情都是他出面协调，也很关心我出国后家里情况。听妻说马老师曾打电话，询问我在韩国的状况。

7月13日

早上有课。下午给高明士、牛志平、徐勇等先生发信。

去语学堂询问录tape（磁带）事宜，教中文的女老师让明天去录。随后去东大邱市场，但没有购买到磁带。

给小王（王宏伟）打电话，他租住的地方离庆北大学不远，故匆忙来到寄宿舍。20：30一起去大邱Price Club，从庆北大学一直向北走就到了，很新奇。二层，其中一层还在地下，是一个集装箱式的商场；走了半个多小时，购买到五盘磁带。回到宿舍已是22：30了。

7月14日

10：30去语学堂，拿到原版带后回到宿舍。借隔壁在体育学院留学的袁先生的录音机，12：00左右开始录，一直折腾到18：00许才录完。

同舍的李东进将要学成回国，很是羡慕！他是庆北大学中国留学生中来得最早的人，夫人、女儿也是在国内，女儿已上中学。宿舍暂时就我一个人了。

晚上看韩国语，应理解记忆才是。

7月16日

13：00去图书馆。史学系学生金贤雅给我辅导韩国语语法。

15：00去尹先生研究室上课，一直到18：00才结束。

尹先生通知我下周二13：00去朱先生处，说大邱市一个人要见我，并想帮助我。下周四10：00我们一起要去野外上课，也不知尹先生他们选定的地点在何处。

收到马驰老师回信，非常高兴！明天或后天一定要再回复，谈最近的学习情况。

7月17日

9：30吴先生打电话来，说请去王宏伟处一起包饺子，10：00左右到王处，一起包饺子吃。在这里买不到肥瘦相间的肉，即五花肉，也没有上好的饺子粉，故而包出来的饺子黑不溜秋，不好看，也不像国内那样好吃。但自己包的饺子，加之好长时间没有吃了，吃起来还是别有滋味。

给李同学打电话，接电话者说其不在家。今天14：00开始学习。

15：00 回到宿舍。因为是暑假，好多人都去旅游去了，在宿舍十分闷。听录音，学习韩语。给任先生打电话，他请明天去他的研究室。

7月18日

去大邱的法务部办理外国人登录证，要交一万元韩币，7月25日可以取回。返回学校已经是11：00多了。

12：00去任先生处，一起吃饭。又去师范学院学生教室，14：30回到宿舍。

晚上和王宏伟、杨同学一起去喝茶，晚上0：00回到宿舍。

7月19日

9：30给任先生去电话，无人接听。10：30去他的研究室，没有人在。11：00去王宏伟处，他正和吴先生一起做饭，随后一起吃饭。

13：00许与王、吴两位一起去了大邱市动物园。动物园里大人小孩非常多。心里挺不是滋味，但也没有办法。16：00许回到宿舍。

岭南大学一姓李的韩国人要去西安，他想让我给他写条子，以便可以在陕西师范大学校内居住，同时想见历史系从事秦汉史研究的老师。我给其写了条子，让到西安后找马驰老师，但写好后又感觉不妥。下周六给妻打电话时要向其说明此事，以便提前告知马老师，让他知道这件事情。

7月21日

给马驰老师寄信。

去庆北大学福祉馆书店，书太贵，买不起。13：00到尹先生研究室，随后一同去朱甫暾先生家，将一台286电脑放在车上。又去大邱市政府，朱先生想给我找资助，但市府的人说可提供工作，不能给现款；又去另外一处。大邱市与中国青岛市为友好城市。16：00多回到学校。

非常感谢朱先生和尹先生，他们为我能够很好地学习想方设法，真难为他们了。

弄电脑，但显示器不出像；给尹先生打电话，他说明天下午来我处看看情况。

7月23日

10：00去史学系，一直等到11：00同去的人才集结完毕。我们出发去野外考察。

今天的目的地是浦项，同去的除过尹先生及许宗先生之外，还有四名学生。

14：00多到达海边，在海边野餐。随后去海滨浴场，天凉，下水的人不多，只有一些中学生在海中尽情玩乐，让人羡慕！16：00到达浦项市吃饭，吃的是生鱼片，味道不错，但价格不菲。18：45回转，21：00多才回到学校。

今天玩得很好，这应该是我第二次到海边，第一次是六年前去厦门大学开会，在厦大旁的海边看海的。当然，今天的海和在厦大看的海是不同地域的海了。

7月25日

今天一直在宿舍看书。晚饭后给王宏伟录韩语磁带，一直到21：00多才录完。

给家里打电话，听说儿子在校门口玩，找爸爸，听后很是伤感。

今年同单位的赵望秦老师①、王义康师弟②考博没有结果（没有考上），升职称也没有晋升上，非常惋惜！我的职称去年顺利解决，万幸！据说以后要求得更多，更难了！

7月29日

上课。晚上禹英兰打来电话，说她见到了朱先生，朱先生让我将食宿费单拿到研究室，由研究室助教李恩珍小姐负责办理。

下学期入学，朱先生问我是否能行，让我考虑。这其实很是矛盾。入学吧，语言关没有过；不入学吧，在韩国时间长，也加重朱先生的负担，实在是令人犯愁的事情。我想还是入学可能好一些。看朱先生有什么意见和建议。

7月31日

早上、下午均有课。晚饭后和崔永洙、毛伊（伊朗留学生，和崔永洙同舍）一起去Homeplus，这是一个大商场，人很多。这里的商品较上次去的Price Club贵，回来时天下雨，到宿舍已经是22：00多了。

听录音，看了一会电视。明天还要上课。

8月3日

上午、下午均有课。天气炎热。

18：00张丞延请我吃饭，21：00回到宿舍。

---

① 赵望秦教授，唐代文献研究著名学者，师从黄永年教授。出版专著多部，发表论文数十篇。
② 王义康研究员（1965~2022），在中国社会科学院边疆所从事边疆史地研究工作，硕士阶段师从牛致功教授、赵文润教授，博士师从张国刚教授。出版多部专著，发表论文数十篇，不幸英年早逝。

给妻发信。收到赵老师回复信件，很高兴！先生近来身体好、心情好，很是安慰。我出来留学，赵老师做了很多有益的工作。

8月4日

疲累，打盹！不知何故，可能是昨天晚上用冷水洗澡的缘故。沉沉地睡觉。

下午看书。看报道早上汉城下暴雨，几个小时竟然下了300多毫米，损失很大。

晚上看新闻，很是震惊。国内长江流域水灾仍在持续，很是担忧！

第七课已经学完，明天开始学第八课。

8月5日

上课。天气闷热。

下午一直在宿舍，听录音。汉城又降暴雨，北区一片汪洋；地铁里也进水了，好多人家里被水灌了；汉江边上的一个养猪场被水灌了，硕大的肥猪漂在江面，惨状连连！

8月10日

早上、下午均有课。晚上看新闻，长江水灾持续快一个月了，从电视画面看，水很大，我很是震动！国家遭此天灾，实为不幸。但愿天公快快停止降暴雨，以便水灾能有所缓解。

武汉周围的石首市、沙市两地市场遭到水淹，总理亲临水灾地指挥救灾。

汉城周边的灾情已经解除。天气仍闷热异常。

明天早上应去研究室，好几周没有去了。

杨同学今天回国，不再回来，大概是经济方面的原因。

8月15日

8：00许，小王来电话，让今天去他处。我因未接到金贤雅上课的电话，只好说下午再去。9：30金来电话说她感冒了，不能来学校。

随即去王宏伟处。一起包饺子，看电视。17：00乘巴士去大北百货店，其在大邱市中心位置，地方很大。

回到宿舍已快22：00。坐公交感觉不舒服，头晕。23：00许睡觉。

另，今天是韩国光复节，汉城举行盛大仪式，金大中总统发表讲话，七十多岁的人了，不看稿件，一口气能讲一个多小时，这也是能力呀。天仍不时下雨。

8月21日

下午本来有课，但中文系的学生有事，只有自己看。这几天去研究室学习。给朱先生送《唐史论丛》第7辑，但他的研究室一直无人，只有等以后再说了。

日本筑波大学妹尾达彦教授①来庆北大学，他将在寄宿舍居住（就在我们房间所在楼的高层），任先生将他的宿舍钥匙给我，他明天晚上从汉城返回大邱。

晚上就在妹尾达彦先生预订的房子里看电视，很晚才回屋睡觉。

8月22日

10：00上课，12：00去吃饭。午后大雨不止，15：00又

---

① 妹尾达彦教授（1952～　），日本著名东洋史学者。现为日本中央大学名誉教授，曾在陕西师范大学唐史研究所留学。出版《长安的都市规划》《隋唐长安与东亚比较都城史》等专著，发表学术论文百余篇。

太阳高照。

收妻信,泪流不止,知儿子想我,也没有办法。尽快给妻写回信。

又收到刘进宝兄信,他今年考中武汉大学朱雷先生的博士,9月初入学,他的愿望终于实现了。

日本妹尾达彦教授来庆北大学,23:00见到他,说了一会话。他让我明早带他去吃饭。此前在西安见过妹尾达彦先生,但没有说过话。

8月23日

8:00许陪妹尾达彦教授到东大邱市场,他购买了一件衬衫。10:00和任大熙、妹尾达彦两位老师一起去安东考察参观。安东也属于庆尚北道管辖,在大邱的北边,是朝鲜时代儒学发展的中心地区。中午12:00左右到达安东河回民族村,之所以叫"河回民族村",是因为这里三面环水,即一条河围绕着村子。这里的村落建筑全是朝鲜时代的建筑,保护得相当好,而且地处江水的转弯处,确实是一块风水宝地。

明朝万历年间,也就是朝鲜宣祖在位期间,日本军阀丰臣秀吉悍然出兵朝鲜,安东所在也颇受战火蹂躏。作为朝鲜抗倭的主要人士之一,安东河回人柳成龙组织百姓奋力抗击侵略者,他的故宅因此被辟为专门的纪念馆。河回村的假面舞表演非常著名,来到这里的人都要看,而且假面舞每天都演好几场,以便游客都可看到。

15:00许我们到达陶山书院。从河回村到达陶山书院要经过两个小时车程,而且还是盘山路。陶山书院是朝鲜时代著名思想家李退溪讲学之处,这里背山面水,地势风水环境也特别好。水面上有一个小岛,上面有亭子,船只可以到达;据说当时儒学考试就在岛上举办,想作弊根本不可能。来这里的人很多，熙熙攘攘。

19：00许返回，到达大邱时已22：00，回到宿舍已是22：30了。

今天因服用了乘晕宁药，没有晕车，但仍很累！任先生买了安东著名的旅游产品假面傩纪念品送我，妹尾达彦先生则送我介绍安东陶山书院的书。我不愿意接受，但他们两位执意要送，最后恭敬不如从命，收下了纪念品和书。谢谢他们两位！

8月24日

去研究室，史学系的许宗先生告我说学校让入学登记，经尹先生联系，入学后随即休学一学期。语言不过关，只好如此办理了！

下午上课。17：00和隔壁宿舍朝鲜族同学金石柱介绍的刘先生见面，他9月2日要去中国，故而见面一起学习，直到20：00才回到宿舍。

今天碰见同研究室的硕士毕业生崔允精小姐①，她马上就要去中国南京大学读博士了，她说要介绍她的朋友教我学韩国语，非常感谢。

8月26日

同舍的李东进下午回国。他获得广告学博士学位，联系到南开大学经济学院任教，真可谓功德圆满！

去研究室，没有见到崔允精。下午在宿舍看书，打扫房间。

21：00许，一个姓朴的小姐打电话，说是崔允精的朋友，

---

① 崔允精，韩国国立庆北大学东洋史专业硕士毕业，后前往南京大学留学并获得博士学位。现为庆北大学人文学院教授，主要研究领域为东洋史。

愿意教我韩国语。她在中国留学四年，中文说得很溜。约好明天见面。

8月27日

9：30到图书馆，见到了朴小姐。其很健谈，因在北京师范大学读研究生，汉语说得很好。她刚回韩国，愿意辅导我的韩国语，当然她也想多说汉语。

11：30回到宿舍。这本书马上就学完了，现在应将前面的复习一遍，然后再学习第二册。

下午去尹先生处，将校对的稿件给他，一直到17：00。尹先生请吃饭，18：00上课，只来了三位学生。还是翻译翦伯赞主编《中国史纲要》第一册。尹先生9月20日要结婚，他说韩国婚礼与中国的不同，到时邀我参加他的婚礼。

崔永洙送一个相框，将妻及儿合影放进去，很是好看。

8月28日

早上先去银行取钱，然后去书店，想购《韩中词典》，但挑选而拿不定主意。

10：00去尹先生处，帮他校改《庆北史学》第21辑的稿子。他问我徐扬杰著《中国家族制度史》中的问题，并拿出他未婚妻的"庚帖"让我看。这东西在国内已不多见，看后很是惊叹。中国文化在韩国仍然保留很多。"庚帖"全是汉文，书法工整。在古代这是定亲后婚约的仪式。

11：30尹先生邀一块去吃饭，他参谋购两本词典，西门书店的书价格便宜，只花了7万元。而尹先生帮助我（交纳）2万元，这使我很受感动！

下午去研究室，见到朱先生。先生正草拟一报告，可能我的奖学金出现问题，然后我们一块来到史学系权延雄教授研究室。他们用韩国语说话，我也听不懂，也不知道以后的情况会如何，心里颇为不安。在研究室看书，与同室的柳文奎师弟谈话。

18：00 回到宿舍，刘先生正在门口等着。前天我送他从中国带来的茶叶，他执意要和我一起吃饭。饭后去东大邱市场，又去茶房。他拿出20万韩币，说他是前辈，应该照顾后辈，而且我送他茶叶了，一定要让我收下。我说感谢推辞等话他也听不懂，我无可奈何，不然他说我看不起他。我只好收下，说以后再还给他，心里惴惴不安。他是商人，也可能是重友谊的人，但认识不久，就热得这么快，心里不知道如何是好。这大概是我送茶叶的缘故。

20：30 回到宿舍。应整理昨天上课时的笔记。

8月29日

9：00 朴小姐来电话言有事不能来校。

自己学习，查字典。看李文基教授送的韩文论文（有关黑齿常之墓志铭考证的论文），查其中不会的字，太多。

中午吃得很少，冷面不习惯吃。14：00 与刘先生一起学习。15：00 许去金石柱研究室。17：00 回到宿舍，刘先生邀请我去看天主教堂，我因对此不感兴趣，婉言谢绝。刘先生信奉天主教。

回到宿舍，看从金石柱处拿来的《亚洲周刊》杂志。吃完饭后去昨天去过的西门书店，购得《三国史记》一书。《三国史记》是韩国现存最早的史书，对以后的学习很有用。昨天该书店只有上册，约好今天16：00以后让去。

翻看新买高丽人金富轼的《三国史记》。此书前面是韩国语，后面则附有汉文原文，两种语言对照编排；译注者是韩国古代史研究的权威学者李丙焘教授。晚上想给妻打电话。明天还要去任先生处，应尽快将那篇论文起草完，不然每周末都是如此。虽然这样也可解除平日学习韩国语之累，但觉得挺无奈的。因为这学期主要是学习韩国语，如果语言不过关，其他一切都不起任何作用。《三国史记》上、下册定价韩币 16000 元，但只收了 13500 元。同研究室的柳文奎买的《三国史记》却是 34000 元，只是精装，但却贵了 20000 余元。韩国书价格之高令人咂舌。

吴先生早上来电话，说送我去庆州参加文化博览会的门票，并邀我下午去小王处吃饭。我因有刘先生之约，只好婉辞。吴先生人挺不错。

8月30日

起床很晚，也没有吃上饭，只有泡方便面了。昨晚做梦，也不知妻该怎么办！她在电话中说学校马上就要拆我们住的楼了，而东西却没有地方放，我让她放到师大，但搬一次家谈何容易？而我又不能回家。

昨晚给妻写信，又给同学王永安①写信，让他将师大我的房子腾出来。

10：30 去任先生处，晚上 19：30 回到宿舍，今天终于将论文写完了，十分累！21：30 接到朴小姐电话，说她找到了工作，以后不能和我一起学习了，并说了很多客气话，非常感谢。

8月31日

去研究室，没有见到同研究室的柳文奎师弟。下午到图书

---

① 王永安，大学同班、同宿舍同学，毕业后留校从事行政工作，担任陕西师范大学党委副书记。2023 年初退休。

馆学习，这本韩语书最后学完了，这一周从头到尾再学一遍，然后购买第二册继续学。

晚上学校礼堂有摇滚音乐会，我受不了那种震撼，一首歌没听完就出来了。

9月4日

去研究室，李玠奭教授给我辅导韩国语，他人很好，中午请我及柳文奎两位吃饭。

下午到图书馆学习，晚上和小王联系，到 Price Club 购得彩笔一盒，明天即寄回去，估计 15 日前家里就能收到。

昨天宿舍里来了新的舍友，仍从延边来，攻读土木建筑硕士学位。

9月5日

9：00 去邮局，寄走彩笔，心里很高兴！又去语学堂购书，那里的老师很好，他送我一本한국어第二册课本。在研究室看书。

13：00 到人文学院史学系教室，金贤雅给我辅导韩国语。15：00 回到宿舍，而宿舍正在消毒，气味很大。给妻打电话，她说本月 25 日学校要将我们住的楼拆掉，我让将电话移至岳父家。在异国他乡留学，也帮不上家里的忙，心里很不是滋味！儿子已经睡着。

晚上和崔永洙一起去他的实验室上网，21：40 许回到宿舍。

9月6日

11：00 到任先生研究室，将上周日的文稿整理完毕。12：30 吃完饭回到宿舍。

14：30去图书馆，朴小姐今天来给我讲韩语语法。17：00回到宿舍。因中午有午休的习惯，今天事多并未午休，累极！

晚上在宿舍看电视新闻，朝鲜前天发射了一颗人造卫星，韩国吃惊不小。

午饭时听延边来的朴真子老师讲了一些事情，还是她想得多，但我和她的情况又不同。看下学期入学后情况如何。

9月9日

15：00许尹先生打来电话，说要去学校本部办有关手续。在学校行政楼本部上上下下几来回，后史学系办公室助教许宗先生带我去学校银行，看来免学费的事情没有问题。又看到许助教给我报了课程，心里纳闷，该不是这学期要真正入学了？

17：00许匆忙去校福祉馆照相，花了4000韩币，明天早上9：00可以取照片。

晚上在宿舍看书。

9月10日

9：00取到了照片，然后去研究室。天气热，研究室条件差，男男女女人又多，连大风扇也没有，确实不好。

中午将照片交予许先生，他负责给我办理学生证等事宜。下午在宿舍看书。

明天是庆州国际（世界）文化博览会举办的日子，吴先生代我买了票，但如何去庆州还不知道。本来今天18：00要上翻译课，但尹先生来电话说他忙，不能上课了。尹先生9月20日结婚，最近肯定很忙。

9月11日

给朴小姐打电话，她不能来学校给我辅导了。自己看课本学习。中午本来有课，但也不能上。给尹先生打电话，想听他们本科生的课，他说随后给我答复。下午听录音读课文。

给马驰老师写信。任先生来电话，说庆北大学图书馆想购买史念海主编的《中国历史地理论丛》杂志，但要看详细目录说明，故而给马老师写信，明天寄走。

天气仍闷热，不想去研究室。看电视新闻，得知金大中总统到庆州出席庆州世界文化博览会开幕式，可见韩国对这项文化活动的重视。

9月12日

给张文昌①写信，11：00去邮局发走。

16：00和任先生一起去旧货市场，购得古旧电视机一台，花了35000韩币，看起来效果还可以，这无疑对我学习韩语、练习听力有用。

身体不舒服。昨晚吃了包方便面，今早就不想吃饭，中午只吃了一块面包，下午又吃得少。喝了带来的药。周六很难过，想给妻打电话。

9月14日

早上去研究室学习，李玠奭先生明天要去北京出席学术会议。

12：00许去北门，张丞延要请我吃饭。14：00去图书馆，和任大熙先生介绍的学生崔小姐学习韩语。15：00许回到宿舍，看书，精神不振。中午不休息不行啊！

---

① 张文昌先生，师从台湾大学历史学系高明士教授，此时已硕士毕业，后考取台湾大学历史学系博士。1995年曾来西安考察参观，我陪同到乾陵、杨贵妃墓等地，随后我们书信来往很多。

给妻及哥哥写信，放心不下家里，常做梦。复习第一册中的内容。

任先生来电话，说本月 24 日他带学生要去汉城参观，问我是否去，我答应了他，说愿意去。他说费用由他负担，这挺好，非常感谢任先生！只是要向尹先生先说明一下，因为毕竟出去三天，时间不短。

9 月 17 日

中午给尹先生打电话。今天仍上课，18：00 去人文学院，上课一小时，很好。

今天是庆北大学 OPEN HOUSE（开放日），这种活动好像在中国的大学没有听说过。学校开放日这三天时间，男女同学可互相到宿舍串门，但到晚上 22：00 后必须离开。每年 3 月、9 月各举办一次这样的活动。很奇怪，韩国大学这方面事情似乎控制得很严；只是每当周日晚上，常常在校园看到男学生背着喝醉酒的女朋友，或者要好的女同学扬长而去！在中国大学校园绝对不会出现这种情况。韩国的酒是勾兑低度酒，一般 23 度以内，喝起来好像喝凉水，但很快就上头，头痛得厉害。

晚上学校组织表演节目，学生们唱歌、跳舞，非常热闹，看了一个小时回到宿舍。

在宿舍记诵韩语单词。

9 月 18 日

中午吃饭碰见中文系郑仁淑教授，吃完饭应邀去她的研究室，她很客气，谈了一些学习中的事情。13：30 许回到宿舍。

任先生打来电话，又去任先生研究室。14：00 赶到图书馆上课，16：30 许下课。

中午没有休息，很累，故一直睡到 18：00 吃饭为止。

晚上在宿舍看电视、学习。

9月20日

8：00起床。今天停电，在宿舍看书，楼道静悄悄的。

11：30坐公交去参加尹先生的婚礼，很远的路程，12：50许才赶到结婚场地。虽然服了乘晕宁，但还是晕车。参加婚礼的人很多，国立庆北大学总长朴教授主持婚礼。婚宴是自助餐，宴会上认识了史学系的金钟健先生，另外还有李学鲁、朴春泽、金某某等先生。入乡随俗，也送了3万元韩币礼金。见到尹先生，他批评我说：自己没有钱为什么还要送礼金！

宴会后坐金钟健先生的车回学校，很累！昏沉沉地睡了两个多小时才醒来。晚上看书。

9月21日

去研究室，看《韩国古代史研究》杂志，只能看个大概，这是纯粹的韩国古代史研究专业杂志，主要刊登百济、新罗史等关联论文。

下午在宿舍看书。18：00去师范学院历史教育学科，参加他们举办的学术研讨会。会上两位学生宣读了他们写的论文，听不太懂。任先生让我上台自我介绍，我用韩语简单介绍了自己，主要是听学生们演讲发言。21：00活动结束。

虽然听不太懂，但还是觉得挺好。24日要去汉城，和学生们熟悉认识会好一些。

9月22日

去研究室，要给朱先生送食宿费单子，但朱先生不在研究室。

学习韩语。下午在宿舍查字典，看韩文论文，看不懂，只有一个单词一个单词查阅，好在好多都是汉字词，发音和汉字较接近，如果多重复几遍，以后看书就能方便一些了。

晚上去研究室，就我一个人，23：00前回到宿舍。

今天收到张文昌信，获知他考取了台湾大学历史研究所的博士班，祝贺他如愿以偿。

才这个季节，但天气凉飕飕的。

9月24日

昨天晚上有点失眠，凌晨2：00多才入睡。

7：00起床，未能来得及吃早饭，到庆北大学日新谭前集合。已经有几位学生来了，但一直等到8：10许，所有人才到齐出发。

坐车首先到汉城附近的水原市，参观水原城墙。其实城墙很低，墙体材料不是砖，而是石头。砌墙也好像没有规矩似的，和西安的城墙根本没法比，但在韩国却是很珍贵的文化遗产。水原城是朝鲜时代所建，距今200余年，底部是石质，上面有的地方是石头，有的却是不规整的砖。这里与武汉附近的荆州城规模相当，1995年出席中国唐史学会年会时曾去参观过。水原城墙有西将台、华西门、长安门等。

中午在城墙边吃饭，饭是从庆北大学寄宿舍食堂带的。韩国学生对老师特别尊敬，有专门负责老师吃饭的学生。饭后去附近的幸州山城参观，看到幸州大捷碑、纪念馆及权慄将军铜塑像。去江华岛，参观高丽宫地遗址，看到这里正在开展考古发掘。在江华岛还看到支石墓，两块石头支起一块大石头，很是特别。又去了垫城壕。

随后去登摩尼山，好几年没有爬过山了，上去很累，同去的金汉植先生60多岁，他也爬上山顶了。下山时已是20：00了，在江华岛旅馆住宿。十分疲乏，两腿疼痛。

9月25日

6：00起床，随后去了传灯寺。寺内有一口宋朝运来的大钟，上面有"大宋怀州修武县百岩山崇明寺　绍圣丁丑岁"铭文。韩国寺庙和中国寺院的殿房排置分布有所不同，比较散乱。去广城堡，该处是朝鲜后期抗击美国的战地，地势显要，是江华岛的重要设防处，有武器库、铜炮等设施。

去汉城市，路过国会大厦、六三大楼。汉江两岸风景如画，令人流连忘返。

参观朝鲜时代的景福宫，有光化门、勤政殿、庆会楼、思政殿等。看到很多穿着结婚礼服的人，他们都喜欢在这里照相。

参观国立中央博物馆。博物馆地下有三层，展示出许多颇有价值的文物。又有瓷器展、美术作品展。又参观了朝鲜宗庙，石村洞百济古坟公园。随后去了骊州郡，晚上即住在骊州的旅馆。

昨晚学生们和金、任两位先生一起联欢，唱歌跳舞，喝啤酒，一直到23：00才休息。今晚更是热闹，学生先是演出节目，随后喝酒，我是凌晨1：00睡觉，而任先生他们是凌晨3：00才休息的。

9月26日

7：00起床，随后参观神勒寺。神勒寺内有多层石塔、大藏阁记碑、石灯、祖师堂等遗迹遗物。又乘车去高达寺，寺院只是遗址而已，但其中的元宗大师慧真塔址、双狮石灯，以及元宗大师慧真塔碑龟趺、螭首、石佛台座等，刀法精湛，堪称精品，均为高丽时代的遗物。

又去了英陵、宁陵。英陵是朝鲜太宗大王的陵墓，规模很大。宁陵规模较小，但墓前石刻多。

12：00许到达大汉山城。我和任先生向金先生及学生告别,我们要去汉城参加韩国魏晋南北朝隋唐学会举办的报告会。先乘巴士,后换乘地铁八号线,再换地铁四号线、二号线,14：30到达会场南大门附近的大宇财团办公楼。

参加这次报告会的有朴汉济教授、金铎敏教授①等十余人,听他们讨论。朴先生介绍我的情况。17：00许随他们一起吃饭。还认识了金先生、李先生,两人均曾留学中国。还有韩南大学的李周炫教授、高丽大学博士生郑淳模先生②、搞敦煌研究的金大正先生。吃完饭,任先生又和他们五人一起喝啤酒,一直喝到22：00许才散场。

随后路过南大门市场,又乘地铁,23：40许到达任先生父母家。任先生的老母亲很热情,老人家送我一双袜子。据说到韩国人家里做客住宿,女主人一般都要给客人送一双袜子,这样体现出对客人的尊重。我睡在他们家的书房。很累,一躺下就睡着了。

9月27日

7：00起床,见过任先生的父亲,老人家很慈祥的样子。我们吃完早饭出来。乘地铁四号线,换乘二号线,最后到达汉城车站,乘11：30的火车,经过三个小时十分钟,到达东大邱火车站。

15：00许回到宿舍,结束了这次三天多的踏史参观活动。

这几天的费用全是任先生提供的,在汉城的费用也是如此,非常感谢任先生提供这个了解韩国的机会。虽然很累,但

---

① 金铎敏,韩国高丽大学东洋史教授,有中国古代土地制度方面的著作出版。现已退休。
② 郑淳模,现为韩国国立忠南大学人文学院历史学系东洋史研究方向教授,主攻隋唐史。

十分高兴。

9月28日

周一下午去图书馆上课，16：00结束。到研究室见到禹英兰、柳文奎及崔允精小姐，崔允精中秋节过后去南京大学。

晚上在宿舍看书。昨晚及今晚均给家里打电话，但无人接听。估计已将东西全部搬完，电话也断了。过几天再给家里打电话吧！

小王晚上来电话，说是老吴将一起去海印寺、桐华寺时拍的照片洗出来了，到时他拿给我。

9月29日

天下雨，凉飕飕的。

在宿舍看书。11：00许，老吴打电话来，说中午请吃饭，12：30在北门和老吴及小王见面，吃完饭又去大邱体育场，这里有商品展销会。

回到宿舍已是14：00。雨仍下个不停。

下午去研究室，朱先生今天来了，但未能见到。先生说10月10、11日在庆州举办新罗史学术研讨会，问我是否去。我答应去，这是好事。

李玠奭教授给我纠正韩语发音，在他的研究室一直到17：00。先生为人很好，和朴汉济教授是同学，出自汉城大学东洋史学系。晚上给忠南大学的金善昱教授打电话，但无人接听。小王打电话，请我找一名朝鲜族留学生去庆州。

9月30日

刮台风，大雨不止。浦项市降雨达608毫米，大邱降雨285毫米。如此降雨强度在西安根本不可想象。在西安如一天有100毫米降雨,渭河就要发大水了!

下午、晚上均在宿舍看书,心里很乱。

给母校赵世超校长写信,给妻及大学同学徐万发①写信。

10月1日

早上雨停了,去研究室。下午发信,准备晚上上课。

给任先生打电话,借有关书籍。寄走信后,心里平静了一些。不知何时家里的电话能接通。今天是国庆节,这里没有人谈及,国内肯定很热闹。

晚上打电话,电话已通。

10月3日

9:30起床,看了一会书。韩国开天节,放公假,食堂停止供应饭食,故只有去学校外面的饭铺吃饭了。

下午中国留学生集会,来的人不多,踢了一会足球,天气很热。

晚饭要聚餐,每人交纳一万韩币。而我因提前和任先生有约,故没有参加他们的聚餐。

下午18:30到任先生处,还有一位殷小姐在,我们一起在外面吃饭,后又去喝茶。22:00许回到宿舍。同舍的小田同学喝得大醉,呼噜声震天撼地,根本没有办法入睡。

夜里0:00许去地下室看电视,1:30睡觉。

10月5日

9:00起床,外面冷冷清清,中秋节放假的缘故。看韩

---

① 徐万发,大学同班同学,师从著名学者赵吉惠教授,现任教于西藏民族大学马克思主义学院,教授、博士生导师。出版《宋庆龄与陕西》(合著)等专著,发表论文近百篇。

语书。

12：00去外面吃饭，饭铺都关门，只好买了两个面包，回到宿舍泡方便面吃。

下午去北门外，店铺全关门，又回到宿舍。

中秋节是韩国最重要的节日，全国放假三天，电视上全是亲人团聚、思念故乡的画面，看后令人伤感。晚饭凑合着吃了一些。洗衣服，看电视。

晚上想给家里打电话，但外面商店全部关门，买不到电话卡，只有等到周六再打了。明天再坚持一天就过去了。

10月8日

去研究室，复印严耕望先生《新罗留唐学生与僧徒》论文。严先生的这篇论文以前看过，是从牛志平教授处借到严先生《唐史研究丛稿》一书，不知何故，当时还专门复印了一份。现在看来很是想不通，当时为什么要复印这篇论文？

见到朱先生，说13：00在他研究室见面。和朱先生用韩语谈话。15：00许，李仁哲先生[①]来到朱先生研究室，明天我们一起去庆州，故他们讨论李先生发表的论文。

17：00许匆匆吃完饭赶到尹先生研究室，上翻译课，19：30结束。

中午未休息，回到宿舍觉得很累。看电视，休息。

10月9日

8：00和李仁哲先生一起去大巴站，9：00许朱先生也到了，乘9：50的大巴，经一个小时到达庆州现代酒店。会议主

---

① 李仁哲，韩国古代史研究学者，已亡故。出版专著《新罗政治制度史研究》，发表数十篇学术论文。

题是有关新罗时代建立的芬皇寺。12：00 论文发表正式开始，中间吃了一顿炸酱面，一直到晚上 19：00 才吃晚饭。发表形式比较呆板，发表人在讲台上宣读论文，每人半小时，但其他人很遵守纪律，没有一个人不耐烦或者交头接耳。

晚饭后到酒店大厅喝啤酒。23：00 许又去外面喝啤酒。一个小时以后，几个人才跟跟跄跄回到宾馆，而还有三个人在继续喝酒，凌晨 2：00 才回来。

韩国人好喝酒，由此可窥一斑。住的房间很大，我和朱先生一个屋，很累，但好久才入睡。

10 月 10 日

5：30 起床，6：00 拿着朱先生给的桑拿浴票洗澡。第一次洗桑拿浴感到很新鲜。浴室有暖房、桑拿浴池，设备齐全奢华，其他星级宾馆的情形可想而知。

9：00 许开始讨论，由发表人指定的讨论人发言，气氛不错，像个讨论会的氛围。

下午 14：30 研讨会结束。随朱先生坐芬皇寺住持宗水法师的汽车到芬皇寺参观。芬皇寺正在考古发掘，新罗时代的遗物不是很多，但芬皇寺塔却是很有名的。宗水法师的禅房干净有序，电脑、书籍整齐排放。他热情地为我们斟茶，送书及唱片。好像宗水法师还有夫人，我们进寺院大门时，一个妇人开门，而且很热情！

16：00 许，乘日本学者福士慈稔教授[①]的汽车，随朱先生回到大邱。很累，睡觉。

这次参会，朱先生对我很好，很使人感动。东国大学庆州

---

① 福士慈稔教授，主要从事新罗佛教等领域研究，出版《新罗佛教研究与〈花郎世纪〉》等著作。

分校的金福顺教授①也很热情,她懂一点汉语,和陕西省社科院的陈景富先生认识。另外,韩国和尚开汽车、有手机、用电脑,很是气派,而中国的僧人却比较传统,和古代没有什么区别。

晚上给家里打电话,妻已定做了毛衣,说很快就会寄来。儿子说了几句话,很感动!

10月11日

一直睡到12:00才起来,很累!

下午看电视。任先生来电话,说李文基教授约我16日去大田参加百济史学术会议,谢谢李先生。不过,应提前和朱先生打招呼,毕竟是两个学院的事情。很快了解到朱先生也出席这次会议,这样会更好一些。其实我已知道这次会议,因为同校的胡戟教授应邀来韩国出席。另马驰教授前年因故未能与会,故任先生说还没有胡先生的消息。明天要制作名片。

小王来电话,他在庆州。21:30给他打电话,没人接听。

10月13日

去研究室,朱先生的专著《新罗地方统治体制的整备过程和村落》出版了,但还没有见到书。获悉韩国国立忠南大学百济研究所将于本月16日举办"百济历史上的战争"国际学术研讨会,导师朱甫暾教授将赴会并宣读论文。下午去尹在硕教授研究室,让其向朱先生转达我想跟随前往参会。另据了解,汉城大学东洋史学系朴汉济教授等在国内认识的老师也参会,

---

① 金福顺,韩国东国大学(庆州)国史学科教授,主攻新罗思想史,出版《新罗华严思想研究》等专著,发表论文数十篇。本人留学期间翻译过金教授的论文,金教授对我也多有帮助。

而之前颇多来往的前辈老师胡戟教授也应邀前来韩国参会。

借《春史卞麟锡教授花甲还历纪念文集》。韩国大学教授六十岁时大多要出版一本花甲还历纪念论文集。卞麟锡教授在台湾学习过,专业方向为隋唐史、东亚史,这本论文集上有几篇探讨唐与新罗关系的论文,很有参考价值。

电脑不显图像,也不知道是什么地方有问题。

10月14日

因为洗衣服,早上未去研究室。记单词,读课文。

下午任先生来电话,说朴汉济先生要来庆北大学。我先去福祉馆取名片,后到任先生办公室。找李文基教授,给他说明情况。又回到宿舍。

17:00许,朴先生在住处打电话,我又去任先生研究室,和朴汉济先生交谈;李玠奭先生也来了,他和朴先生是大学同学。晚饭到城里吃,颇有风味。听他们说韩国语,大多不能明白,只有少量能听懂。22:00许回到宿舍。

10月15日

去研究室,听同研究室的禹英兰说22日留学生要组织去庆州。

下午14:00许,尹先生来电话,说一起去朱先生研究室。朱先生送我一册他新出版的《新罗地方统治体制的整备过程和村落》专著,很高兴,应借助字典阅读。约好明天早上7:00前在东大邱火车站会面,一同去大田的忠南大学百济研究所。

18:00去尹先生研究室上课。学生崔炫希送我一本韩国人学中文的教材。

晚上要给忠南大学人文学院金善昱教授打电话。

10月16日

6:00就起床,6:40许到达东大邱火车站,导师朱先生7:10许到达。启明大学以研究韩国古代百济史著名的卢重国教授①,庆山大学博物馆从事考古发掘的金馆长也来了,我们一起去大田国立忠南大学出席学术会议。

9:30左右到达忠南大学百济国际学术会议场所。看到胡戟老师已到达会场,前去握手问候。和故乡来的老师在异国他乡见面,让来韩近半年,其间艰难度过生活及语言适应期的我,感到十分高兴和激动!

12:00到忠南大学学生食堂吃饭,泡菜米饭,胡老师似吃得很香。汉城大学朴汉济、高丽大学金铎敏两位教授也到会,参会的还有台湾淡江大学来的一位老师和日本早稻田大学的李成市教授。见到了这次会议的组织者,忠南大学百济研究所所长金善昱教授。1995年在武汉大学和金先生见过面,来韩国后不久又给他打电话,先生对我能跟随导师参会表示欢迎。金先生在台湾大学历史学系获得博士学位,他最了解留学生的苦衷和辛劳。朱甫暾先生下午在大会上宣读论文,题目是《百济初期历史中的战争与贵族的出现——以部体制为中心》。会议主要围绕"百济历史上的战争"主题发表论文,并展开讨论。

晚上和胡老师同住一屋,朱先生安排的。我们去了大田市最高档的酒店——儒城酒店,朴汉济、金铎敏、张寅成②、李

---

① 卢重国(1948~),韩国启明大学教授,韩国古代史研究领域著名学者。出版《百济政治史》《百济的对外交涉与交流》《百济复兴运动史》等著作,发表大量学术论文,在韩国学界享有极高的声誉。
② 张寅成,韩国国立忠南大学人文学院教授,在台湾大学获得博士学位,出版多部学术著作,其中《韩国古代道教》被翻译为中文出版。

润和①、胡老师及我同去，23：00许回到住处。很累！

10月17日

9：00许学术会议继续进行，参会教授们宣读论文。胡老师宣读《中国水军与白江口之战》论文，日本京都橘女子大学猪熊兼胜教授宣读《百济遗民与飞鸟文化的形成》论文，讨论者提出问题，发表者答复，会议平稳进行。其间朱先生和朴汉济教授商议会后胡戟老师的参观行程。胡老师希望去韩国古都庆州，并说我同他一起去比较好，我听到朴先生向朱先生转达情况，朱先生答应从中安排。最为叫绝的是，胡戟老师竟从国内带来一只北京烤鸭，黄澄澄、沉甸甸的。北京烤鸭驰名中外，在韩国来说，这是一件很叫得响的馈送礼品。胡老师委托我转送给朱先生。朱先生收到烤鸭十分高兴，我也感到非常有面子，谢谢胡老师！

综合讨论十分激烈，好像吵架一样。胡老师提出："如果我说白江口之战唐军战胜百济和倭军，客观上有利于新罗统一，你们能不能接受这种说法？"话音刚落，四位韩国学者群起叫嚷，会场氛围突变。翻译者金善昱教授说是"胡闹"，从中调和，气氛才有所缓和。

当然，胡老师不懂韩语，金先生也不可能完全翻译这些学者的话，故他只看到那些人脸红脖子粗很生气的样子。我能听懂一些，只感到韩国学界一些学者炽烈的民族主义倾向，国内学术会议绝对没有这种火药味。

晚饭在另外一个地方用餐。自助餐，有各种海鲜产品，琳琅满目，但我看到有煎饺，这顿饭几乎全吃饺子了。朱先生问我，是吃不惯海鲜类食物？我说很喜欢吃，但作为中国西北出

---

① 李润和，韩国安东大学东洋史学科教授，研究方向为中国史学史。

身的人，近半年几乎没吃过饺子，所以饺子就是第一选择了。晚饭后，朱先生乘坐20：30的火车返回大邱市，而我明天则和胡戟老师一起去百济遗址参观考察。

忠南大学张寅成教授的夫人金仁淑教授送我一本她的专著，张教授的夫人也是在台湾大学获得博士学位。金善昱教授开车带我们去百货商店购物，胡老师很高兴，来来回回看，买了一些东西。

10月18日

早上9：30许，金善昱教授驾车带我及胡老师去公州、扶余两地，到百济古都城遗址参观。韩国古代百济历史分为三段，就是汉城百济、熊津百济、泗沘百济，还有学者将百济复兴军短暂盘踞的周留城时期独立称为周留城百济。而公州市所在，就是熊津百济的中心区域。

公州博物馆的造像石刻、佛像、金冠，武宁王陵出土的木质枕头、墓表、墓砖等很有价值，此前来武宁王陵时恰逢博物馆内部修整，未能看到陵内设施展示，有点遗憾！武宁王陵园像个公园，保护得很好。随后去了扶余市，而扶余市所在就是泗沘百济故地，也就是百济灭亡时节的中心区域。

国立扶余博物馆位于百济都城扶苏山下，其建筑很有特色，国内洛阳博物馆正在此举办展览，好像洛阳和扶余市是友好城市。扶余博物馆的展品很有品位，最著名的是一尊上部是凤凰，中间是人间的各种生活景象，下面是一条盘龙的出土文物香炉，它是百济出土文物的代表。其无论从造型还是精致度上讲都堪称百济时代文物的珍品，当然也是扶余博物馆的镇馆之宝了。

又去百济王城，但因周日的缘故，关门早，到达后大门紧闭，冷冷清清，没有看成。晚上应邀去金善昱教授府上。这是一栋独立的三层小楼，楼前有一个小院落，有几棵大柿子树。一层有厨房、客厅、居室，二层为客房、居室，金先生的书房也在二楼。书房很大，因为书多，觉得就是一个图书馆的氛围。书房中、日、韩中古史的著作应有尽有，国内《历史研究》《中国史研究》他都有订阅，也有一些英文著作。一些很难见到的书，在金先生的书房均能看到。

金先生的博士生全莹①来自吉林延边大学，她协助金先生招待我们。只见金先生从屋内拿出一盘用蜂蜜浸过的人参，据说他们家的地租给其他人耕种，主要作物就是人参。第一次看到真正的人参，金先生说一人三根，随便吃，很是慷慨。只是胡老师不敢吃，说人参火力太大，害怕头发掉得快，引起哄堂大笑。金先生又请我们去外面吃烤牛肉。在韩国招待远方的朋友，如果能请吃烤牛肉，特别是号称"身土不二"的韩国当地产的牛肉，说明招待者确实把你当成真正的朋友了，谢谢金先生！金师母很热情，他们邀请我过春节去他们家做客，此前金先生已经说过几次，我答应去。

22：00许，金先生送我们到居住的宾馆。全莹小姐今天和我们一起去了公州、扶余两地参观，非常感谢！

10月19日

9：00许，全莹小姐和她的同学开车送我和胡老师到大田车站。12：20到达东大邱火车站，尹在硕教授在出站口接我们。这显然是朱先生的安排，但确实难为尹先生了。我们先到庆北大学教师食堂吃午饭，其间碰见任大熙教授。13：15尹先

---

① 全莹博士获得学位后回国，现任教于延边大学朝鲜韩国研究中心历史研究室，研究方向为朝鲜古代史、中朝关系史。翻译《韩国史学史》（合译），著有《东亚的文化交流》（合著）等学术著作，承担教育部重点研究基地项目、韩国韩国学中央研究院项目等。

生开车陪我们去韩国古代新罗的都城庆州。从大邱到庆州，不堵车的话四十分钟左右就可到达，只是目的地国立庆州博物馆周一休馆，没有看成，很是遗憾！

随后尹先生带我们去佛国寺，这里有古都庆州极具代表性的国宝级文物，很是吸引人。新罗时代的双塔，造型惟妙惟肖，国内似没有这种样式的佛塔。吐含山背面的石窟庵建于8世纪中期，佛像雕造别具一格、品位更高，参观者很多。因为尹先生介绍我们是中国来的教授，故获特许进入石窟内观看。我们仔细观看，胡老师拿出一万韩币放在佛像外面的功德箱中，尹先生伸出拇指表示赞赏。我双手合十，默默祈求佛陀保佑我的全家平安，保佑我在韩国学习生活顺利，完成学业。胡老师对石窟庵旁小摊上卖的小和尚旅游品很感兴趣，他挑选了六个形态各异的小和尚，购买打包，很满足的样子。

返回路上，尹先生在裤袋来回找不到车钥匙，等走到车旁，看到车钥匙竟然明晃晃地挂在车门上。心想可能是韩国经济发达，每家都有车，大家都不稀罕，故才有车钥匙挂在车门上几个小时没有人理睬的事情发生。

路旁有烤板栗的小摊，尹先生请我们吃烤板栗，板栗个头很大，每个300韩币，味道还真不错。来佛国寺、石窟庵参观的人很多，其中中学生、小学生占很大比例。盘山道路左拐右转，但对佛及文物的仰慕，使得如此多的人来到这里。回来路过庆州世界文化博览会会场，但未进去。尹先生请我们吃披萨饼，可能是饿了的缘故，感到这里的披萨饼非常美味，很是感谢！

20：00许回到大邱，住在市东南部的东亚宾馆。和尹先生约好明天行程，尹先生回家。我则与胡老师出宾馆到大邱街上散步。来韩国快半年了，韩国的饮食没有油水，以清淡为主，其风格和西安的大相径庭，学校寄宿舍食堂每天三顿都是米饭,加上各种各样的泡菜,我已基本习惯了这里的生活。但是,胡老师几天来一直吃韩食,好像有点对付不了了。他问我最想吃什么,我说最想吃馒头,几个月没有吃馒头了,韩国当地也没有。胡老师不信,于是,我们耐心地在街上一家家饭店找,但走了好长一段路,几乎跑遍了沿途饭店、食堂,就是没有找到卖馒头的。他开玩笑说,回到西安,给我寄一些馒头来。

10月20日

9:00许,尹先生驾车带我们到大邱博物馆参观,陪同参观的一位毕业于庆北大学,故很是热情,送给我们三本图册,非常珍贵。又来到庆北大学人文学院史学系,参观系资料室、庆北大学露天博物馆,上博物馆楼内参观,又到尹先生的研究室喝茶等。

12:30许,尹先生和我送胡老师到东大邱火车站,看着他坐上车。胡老师今天到汉城,朴先生在汉城火车站接站,然后从汉城机场搭机回国。

胡老师这次来大邱,尹先生开自己的车陪同一天半参观考察,对此我非常感谢和感动。胡老师要给我留十万韩币,我没有要;他还给我儿子买了小玩具,我本不想要,但他执意要送,也使人感动不已。因为年龄辈分差异,和胡老师在国内交往不算多,但仍得到胡老师的很多帮助;他交友圈广泛,出版《武则天本传》和一些颇具分量的论文,在学界有很高的知名度。异国他乡和同在一个学校的老师相遇,并得到韩国老师的帮助,一起参观名胜古迹,很是高兴。真应好好感谢导师朱先生及陪同我们参观的尹先生两位了。

晚上给妻打电话,妻已将衣服寄出,11月15日左右可能收到。李玠奭先生请我吃饭,他教我韩语。

📅 10 月 22 日

9：00到校本部前集合，庆北大学留学生有近五十名，而中国留学生则有三十余名。10：00许到达庆州，史学系的崔贞焕教授也一同去了。我及禹英兰陪同崔教授一同参观。博览会没有多大的意思，午饭是崔教授请我们吃的。

17：30回到学校，18：00去尹先生研究室上课。

中国留学生聚会，我因有课没有去。

📅 10 月 26 日

今天是来韩国满五个月的日子，时间过得真快，不知不觉。应好好总结总结这段时间，以便对以后的学习生活有个总体的期许和安排。

在研究室，给牛先生发信。

下午有课，16：30回到宿舍。想如何将电脑修好，但又想不出好的办法。晚上在宿舍看电视，记单词。23：00许，韩国现代集团郑周永董事长的第二批耕牛通过坡州道路，用特制的卡车送往朝鲜。金正日要和现代集团郑董事长会谈。

📅 10 月 29 日

去研究室。14：00许尹先生来电话，说今天有事，不能上课了。

今天是母亲的周年忌日，6：00许即做梦，都是老家的情景，醒来时不禁鼻酸泪流。身在异国他乡，只有默默地怀念母亲。

前次打电话让妻给哥哥寄去100元钱，也不知妻寄了没有。晚上学电脑打字。

11月5日

在研究室。下午在宿舍将以前翻译课的韩国语输入电脑,练习打字。

18:00 去尹先生研究室上课。尹先生问胡戟老师是否来信,我感到有点惭愧,胡戟先生确应向尹先生写信表示感谢,也许他刚回国忙碌吧!等几天再说,若不行,应给其打电话。上课收获很大,但晚上睡得很晚。

11月6日

在研究室。下午有课,但又想去参加师范学院历史教育学科李文基教授的学生崔弘昭小姐①硕士论文答辩式,因和任先生未联系上,只好作罢。

14:00 去图书馆上课,李同学和中文系的另一研究生一起来学习,晚饭在福祉馆。

晚上在宿舍学韩语,南开大学中文系金昌吉先生来寄宿舍洗衣服,和金先生交谈。

去地下室看电视,睡得晚。

11月7日

去研究室。下午练习在电脑输入韩语,将《岭南日报》6月12日韩锡钟教授介绍我的文章输入电脑。

晚上看电视剧《爱和成功》,很是吸引人。看电视可以练习听力,对学韩语肯定有用。

周末时间很难过啊!看《三国史记》相关传记。

---

① 崔弘昭,博士同学,硕、博士指导老师均为李文基教授,在国立庆北大学师范学院获得博士学位。

11月8日

10:00许才起床,看课文,练习打电脑输入韩语。晚饭后去西(后)门书店,购《三国遗事》。这个书店的书均为八五折,上次就是在这家书店购买的《中韩词典》。

给赵老师写信。晚上看《爱和成功》电视连续剧,很有意思。

汉城大学东洋史学科朴汉济教授来电话问候,他下月12日要去中国西安、洛阳两地考察。本月12日,四川大学历史学院的方北辰教授[1]将来大邱庆北大学,到时和他见面。

11月10日

早上、下午均去研究室。同舍的小田感冒,宿舍太热太干燥,外面则太寒冷,已将来时带的毛衣穿上了。想去找朱先生,但又犹豫未去。

现已将十六课学完了,但只是过了一遍,单词和句型还要好好记诵。

看《三国遗事》。韩国古代文献很少,像《三国遗事》之类,韩国学者非常重视;其实这部书文辞、编集均很一般。

今天韩国总统金大中先生访问中国。

给尹先生打电话,谈及寒假想做一些事情。韩国假期无论是暑假还是寒假,均是两个多月,如果寒假还是像平时这样过的话,确实是一件难过的事情。同时,来时带的钱也快花完了,因而心里非常着急。尹先生说他和朱先生商议后再说。

任先生从台湾出席学术会议回来了,前几天给他打电话无

---

[1] 方北辰教授(1942~),四川成都人,著名学者。曾任四川大学三国文化研究中心主任,出版《三国志注译》等专著。

人接，原来如此。

11月12日

去研究室。下午不想去图书馆。

金大中总统在北京大学发表演讲，KBS（韩国放送公社）全程转播。韩国总统为选举产生，所以他们经过选举的历练，讲话都不用看讲话稿，很是佩服。

17：00任先生领四川大学的方北辰教授来，住在寄宿舍二楼。匆忙去尹先生研究室上课，只有我和金明智同学二人去。19：00许下课。

任先生让陪方先生一起去甘味庄饭厅，乘出租车去。吃完饭又去市中心的酒楼喝咖啡，22：30回到宿舍。任先生买了水果送方北辰教授。

与方先生约好明天早上一起吃早餐。

11月13日

与方先生一起吃早餐，随后去研究室。方先生在师范学院做学术报告。

下午去图书馆上课，但李银姬小姐未来。16：00许回到宿舍。

任先生来宿舍，说明天一起去汉城，朴汉济教授安排我们的食宿。

11月14日

8：00许与方北辰、任大熙两位先生一起坐出租到东大邱火车站，然后乘9：36的火车去汉城。12：00许大田来的李周炫教授和我们一起去火车餐厅吃饭。13：00到达汉城火车站。

乘出租前往高丽大学。高丽大学是韩国最有名的私立大学，建筑很有特色，其材质全为石质。到达高丽大学师范学院历史教育学科，朴汉济教授等已在此等候。今天是方北辰教授做演讲。

见到了何元洙教授①、李润和教授、池培善教授②、金铎敏教授，以及郑淳模、金大正等先生。听演讲者为来自韩国各地从事东洋史学科教学研究的学者。李润和教授则是从安东大学来的。方先生的演讲很受欢迎，原计划17：00结束，结果18：30才讲完，其间包括学者们互动提问环节。

在高丽大学附近吃饭，延边大学的李玉顺小姐也来听演讲。饭后乘坐朴汉济先生的车去汉城大学外宾旅馆住下，又出来与朴汉济、金铎敏、李润和教授及金裕哲、任大熙、方北辰等先生一起喝酒，谈一些趣事。这几位先生的中文均不错，所以交流均没有什么困难，而我则希望他们多说韩语。

23：30左右众人各自散去，我及方教授回到汉城大学宾馆住下。

11月15日

8：00整，郑淳模先生陪我们去游览汉城。先吃饭，乘巴士，再换乘地铁二号线，转三号线，到达国立中央博物馆、景福宫。9月25日曾来过这两个地方，因而没有特别的兴奋感。

14：00许我们回到汉城大学人文学院楼前，朴先生正在这里等待。乘朴先生的车游览汉城大学校园。先到大门口，大门造型奇特，是用韩文字母之形意制作；又去以收藏古籍而著名的奎章阁，在门口拍照；再去朴先生的研究室参观。

---

① 何元洙，韩国延世大学教授，研究领域为唐代科举制度。
② 池培善，韩国成均馆大学教授，研究魏晋南北朝史，对入唐高句丽遗民也多有研究。出版《中世东北亚史研究：慕容王国史》《中世中国史研究：慕容燕和北燕史》《高句丽百济遗民故事》等著作。

来韩国去过几位教授的研究室,其中任先生的书多,但很乱;朱先生的书也多,但研究室很小;金善昱教授的书多,但因是单独住宅,书房很暗;尹先生的研究室书相对不多,但很宽敞。而朴先生的研究室书多又宽敞,举凡魏晋南北朝隋唐时代的书,古人的、今人的,中文的、日文的、韩语的、英语的应有尽有。研究室的现代化设备也相当先进齐全,书桌据说是1990年花一万元人民币在北京买的黄花梨木,颇费周折运回汉城。朴先生还有许多学界名人签字的书籍,如周一良教授,其中故事令人感动。

朴先生送我去年他出版的个人传记《人生:五十自述》,此书出版后引起很大反响,各大新闻媒体纷纷报道,成为当时很受欢迎的畅销书之一。我现在的韩语水平还很有限,等过一段时间再认真阅读。

17:00 许在汉城大学附近的饭馆吃饭。19:00 许郑淳模、崔某某两位陪我们到火车站,我同朴先生、方教授告别。方先生明天早上9:00乘飞机回国,我则乘20:00的火车返回大邱。

23:10左右下车,本想乘出租回学校,但想着又要花钱,而东大邱站离学校并不远,故而经半个小时走回学校。妻上月15日寄来的毛衣等衣服已放在宿舍,是同舍的小田帮忙签收的,很是高兴,马上给妻打电话说明已收到。儿子还未睡觉,说了几句话;妻有来韩国的想法,应给其写信谈谈相关情况,商量看如何做更好些。马驰老师9月30日写的信今天也收到了,信中的话语令人感动,马老师对我非常好,要尽快回复;他还寄来《中国历史地理论丛》的征订单,征订单要赶快交给任先生。

这两天来回奔波,非常累,但很高兴!见到了许多过去的朋友、老师,这对我枯燥而又紧张的留学生活无疑是一种很好的调节。

📅 11月17日

去研究室。到朱先生研究室，没有见到先生。李恩珍小姐在，给其送方北辰教授送的《三国志》明信片。李小姐做朱先生的助理，每次给我具体办理交纳食宿费事务，很辛苦！

14：30去任先生研究室，修改以前写的论文。上火了，牙龈肿胀，晚饭只吃了很少一点。天气寒冷，妻寄来的衣服正好用上。晚上22：30许回到宿舍。

📅 11月19日

去研究室，11：30左右发信，回到宿舍已是12：06了。大概吴先生打电话我没有接上，中午小王来电话说明其中情况。

下午去研究室，见到朱先生，说了几句话。18：00去尹先生处，但学生没有一个人去，我们谈了一些其他事情，19：30回到宿舍。尹先生说以后每周给我出一个题目，让我用韩语作文，然后拿给他看并修改，以提高我的韩国语水平。

妻寄来的毛衣、毛裤、外套、皮鞋，穿上都很合适，心里很是温暖。

📅 11月20日

去研究室，柳文奎送来橘子。

预习韩语课本第十七课语法，查单词。下午去图书馆上课，旁边的两个韩国学生听见我说中文，赶快坐到另一边。据说是看了葛优、巩俐主演的影片《人生》（疑为《活着》）电影的缘故，并说害怕中国人云云。看来韩国大学生对中国的了解也太少了，单是一个电影的皮毛，就有如此反应，一般人对中国的了解可想而知。

16：00左右回到宿舍。天气很冷。

11月24日

早上、下午均去研究室，做作业，复习学过的单词、句型。

晚上看电视专题片《韩、中、日的佛教艺术：丝绸之路》，其中大多是在中国拍摄的，龙门石窟研究所所长刘景龙、偃师博物馆馆长王竹林等出现在画面中，其中龙门石窟中有"新罗石窟"造像，非常珍贵，以后有机会一定要去看。山东登州（今山东威海市）法华寺院新罗院，青州唐代寺庙遗址发掘，出土了许多佛教造像，是研究唐朝与新罗关系必须了解的东西，以后有机会要去，没有机会也要创造机会去。

11月25日

去研究室，与柳文奎师弟说韩语。

下午学校露天博物馆有电视台拍摄节目，数千学生聚在一起，喊声不绝，真是韩国式风格。晚上在宿舍打电脑、看电视，今晚仍有昨晚看的专题片（第二部），介绍丝绸之路上巴基斯坦、印度等国家的佛教美术。

11月27日

9：00去师范学院会议厅，参加人文学院主办的"韩国中世的历史和文化"学术会议，见到了人文学院的文暻铉教授、师范学院的张东翼教授、李秉庥教授，崔贞焕教授宣读长篇论文。中午吃简单的饭。

15：00回到宿舍，找朱先生，但他研究室一直无人。

11月29日

11：00许去小王处，我们包饺子，今天做的饺子很好吃，下午15：00许回到宿舍。看书。晚上洗衣服。

11月30日

去研究室，下午去图书馆，又去中文系研究生研究室，见到了李钟某，他是学中国古代文学批评的，想和我一起学习。

在研究室将第十八课课文及语法过了一遍。17：30许小王和朴先生来，在休息室说话，21：00许他们回去。朴先生在西安住了八个月，对那里很有感情。

今天早上将食宿费单子交给了李恩珍小姐，并让她和朱先生联系。

12月1日

在研究室，晚上在宿舍。

小王虽来得早，但也在认真学韩语；他在电话中将第十八课课文过了一遍，等于帮我复习一遍，很好的事情。

也许是快放假了，而我又不能回家，心里很难受，时常想起家里的一切。

21：00起一直打电脑，两个小时左右才结束，头晕乎乎的。今天下午还去了图书馆，看《人民日报》《今日韩国》等国内报刊，也看了台湾出版的有关报刊。看到中文书刊很是亲切。

12月2日

去研究室，15：00任先生来电话，说是有几位博士需要学汉语，并给一些报酬，让我去他的研究室。

到研究室后才发现，原来是上次见面的金钟健先生，说是有三个人，每人每月3万元，每周两次，一次一小时。我觉得很好，多认识几个韩国学者，钱多钱少都行，如此就答应了。又回到研究室，15：00许回宿舍，感到有点累。

需要背诵的东西很多,但现在这方面的工作做得还很不够。写作业,晚上去研究室,原因是宿舍太热,23:30回到宿舍。小王来电话。

12月4日

去研究室,看到柳文奎师弟桌子上放一本《庆北史学》第21辑,翻看其中的文章。

找朱先生,先生让李恩珍给我交纳了生活费。其实朱先生的收入并不高,但他还负担我的生活费,应认真学习,攻克难关,不辜负先生的一片好意。

14:00许给尹先生打电话,他说让我去他的研究室。尹先生送一本精装的《庆北史学》,又送我钟表,并问我冬天生活情况,很是感动!

在研究室。19:00许金钟健等三位来到寄宿舍,给他们教汉语。其实报酬不多,但和他们在一起也可学韩国语,并可多交个朋友,这样心里就平衡许多。

12月6日

起来晚。朴汉济教授来电话问候,很是感动!他原定12月去中国洛阳、西安两地,但行程有所改变,以后再去。

下午在宿舍休息,打电脑输入韩语。晚上看亚运会开幕式。

昨晚给妻打电话,家里一切安好,很是安慰。

12月10日

全天均在研究室。复习此前学过的单词语法等。

晚上和任先生联系,想查阅相关的书籍,去任先生研究室。任先生给10万韩币,说让购买冬天的衣物等物件,谢谢任先生！来韩国是任先生牵的线，到学校后又提供各方面的帮助，我的留学生活因此才顺利有序进行。

马驰教授来信，谈到唐史研究所的情况及中国唐史学会年会筹办概况，心里很是温暖。

任先生打电话给大田忠南大学的金善昱教授，表示问候！金教授的老母亲周日去世。我本来昨天要给金先生打电话，但因其他事而未能，过几天再给先生打电话问候。

看朱先生能否为我找到活干，应很好地安排寒假生活。

12月11日

15:30前在研究室。朱先生今天没有来。

15:30去师范学院愚堂会议厅参加韩国中国史学会年会，见到了9月份一起去考察的金汉植教授，晚饭在福祉馆吃。还认识了岭南大学的金真经先生、大邱晓星宗教大学历史教育学科的李京圭教授。

早上曾给高明士教授写一短信，让先生代找中文的《韩国史》《韩国史大观》。任先生给寄，说买书的钱他负责。

韩国与科威特足球赛，韩国1:0胜出。

这几天查单词，将一些韩语句子转化成汉字，在电脑中找寻。晚上在宿舍，很累。

12月14日

去研究室，同屋的柳文奎师弟在大邱博物馆打工，一周不来。

看韩国语，做十九课后面的语法练习。中午去图书馆，但李银姬同学今天没有来。又去研究室看《三国史记》。16:00许去理发所理发，每次3000韩币，挺贵的，还不洗头。又去书店看书。

今天韩国与泰国足球赛，韩国被淘汰，也算爆出了冷门。给妻发信，同时将我的身份证也寄出，以备其他之用。

12月15日

去研究室。下午去语学堂，见到这里教中文的成润淑老师，向成老师借韩国语第二册课本录音带，她让周四早上去取。我准备将其转录后，再认真听。第二册基本上是自己自学，许多东西都很难理解，听录音可以帮助记忆。

快放假了，心里不是滋味。回家多好啊！亚运会中国男女排都获得冠军。

晚上和金钟健、朴春泽两位先生一起学习。

12月16日

去研究室，背诵第二十课课文。下午在宿舍，看中国足球队和伊朗队比赛，结果中国队以0∶1失利。

查字典，看朴汉济教授赠送的个人传记《人生：五十自述》一书，这本书以前翻看过，查字典看能好一些，可以明白书中所写内容。现在要多看韩语的论文或其他韩语书，下学期要写课程报告，不能看论文谈何写论文，任务很艰巨啊！

12月17日

去语学堂，但办公室的人不知道韩国语第二册录音带事情。回到研究室，想来想去，又到语学堂，将成润淑老师的手机号码要到，给其打电话，她说11∶00后到语学堂再联系，让我到时去。

13∶30到语学堂，成老师和其他人联系，未果！说是至迟下周一答复我。这样中午也未能休息。

14∶40去工科学院，后又去本馆前，坐学校的巴士去大邱东南方向的一个酒店。今天是庆北大学留学生日,校国际部举办庆祝活动。这个地方离上次我和胡戟老师住的东亚宾馆不远。吃自助餐,后来大家一起联欢,很是热闹,玩得很开心!大家跳舞,满头大汗地跳着喊着。20:40回来。

活动承办者给每人发一个水杯,还有其他纪念品。22:00许给小王打电话,但未有人接听。庆北大学有47名留学生,其中中国留学生32人,而汉族留学生只有4名,就我一个在学校寄宿舍住。

12月18日

在研究室,这几天食堂不供应饭食,早上只能吃方便面了。午饭、晚饭均在外面饭铺对付。

下午去图书馆上课,17:00许回到宿舍。

18:30和金钟健、朴春泽两先生一起学习,20:00结束。成老师打电话来,让明天早上去语学堂取磁带。

昨天美、英两国派飞机轰炸伊拉克,今天韩国军队击沉一艘朝鲜的潜水艇,这世界真是一天也不消停,让人不得安宁!和小王一直未联系上。

12月19日

9:00拿到了录音带,后打电话找录音机。12:30许托禹英兰从工科学院借到录音机。

13:30参加大邱史学会举办的学术例会,听他们宣读论文。17:30回到宿舍。

录制磁带。还差六盘空带,明天应去购买。

晚上和妻联系,和儿子说话;内弟的女儿起名李晨雨(小名聪聪),现在也已快八个月了。

中国国家男子篮球队112:92胜韩国,获得金牌。

12月20日

11：00许小王来电话，叫去他处吃饭。到达后就品尝小王做的鱼子汤米饭。后看电视。小王给我复印了他自己购买的韩国语课本第二册中的几课，该课本是用中文解释，很好理解。还送我一包奶粉。小王是河南省政府派来韩国庆尚北道的交换公务员，生活各方面均有保障，他也积极学习韩语，便于以后作为河南省外办人员，做好两个省间的各种交流事宜。他对我帮助很多，谢谢小王。

饭后去 Price Club，购一箱方便面及贺卡，明天要尽快将贺卡发出，已经是年末了，否则元旦前国内老师、朋友们收不到。

录磁带，22：00许才录完。不过还差第一盘和第十二盘，不知何故，成老师借我的带子只有十盘，事实上应该是十二盘。晚饭只吃了一包方便面和一块面包。

下周开始每天听录音带，以期将第二册的课文掌握得更加彻底，能背诵更好，直至融会贯通。小王将他录的韩语第一册的六盘磁带给我，让我录制，这样就不用再买了。他元月28日回国，作为交换公务员，整整一年在韩国，也不容易！

12月21日

填写贺年卡。虽然生活紧张，但一年一度邮寄贺年卡还是必须坚持的。

给史先生、马驰老师、牛先生、赵先生、赵世超校长、孔令兴兄、高明士教授、张文昌先生、徐庆全先生、李锦绣女士、妹尾达彦教授、王锋、任士英两学兄、杨金平兄、许道勋先生、俞钢先生写贺卡。下午寄送贺卡，送还成老师的磁带。每张贺卡300韩币邮费，较国内的邮费便宜得多。

晚上在宿舍看书，听录音。和金钟健等先生一起学习。

12月24日

去研究室，看小王复印的用中文解释的韩语教材。给朱先生写了贺年卡送去，先生今天来学校了，但又去系上开会，没有见到人。

14：00去朱先生研究室，和先生交谈，他说明年8月份在庆州举办学术研讨会，主题是"新罗文武王时代的唐与新罗关系"，让我准备论文，以便到时宣读，并给我说应该看什么书等，非常高兴！先生说下月初让我去考古发掘现场打工。这样我就放心了。

去图书馆，因明天是圣诞节，图书馆17：00就闭馆，同柳文奎师弟只好回到研究室。

晚上小王来宿舍，同小王、崔永洙一起到外面吃饭。

21：40又同金昌吉、禹英兰两位一起到校外喝啤酒，因金26日回国，禹英兰请客。金将他的自行车转送给我，很好的事情。喝啤酒不多，但头晕乎乎的，凌晨1：00才入睡。

12月25日

起得晚，公休日。

14：00给任先生打电话，他说送我一本书。去他的研究室取书，15：00许回来。

吃过晚饭后，19：00乘地铁，和崔永洙一起去大邱西区的一个地方，参加教会举办的圣诞晚会。对于基督教的宣传，我一向是不以为然的，但在宿舍又没有事情，抱着什么都见识一下的心理去的。到会的约有三十余位，多是从山东来韩国做工的中国人，牧师是一位台湾人，他们唱圣歌、读圣经，觉得挺新鲜，但我却不能融入这种氛围。庆北大学还有两位女留学生去了。吃蛋糕、做游戏，22：00后教会派车送我们回到学校。

有点晕车，参加这种集会，没有什么感觉。明天好好看韩语，这是最重要的事情。

12月26日

7：00起床，送金昌吉先生到北大邱机场，他今天回天津。返回后一直到10：00才去研究室。又去邮局给薛平拴①、杜文玉②、许正文三位，以及朱士光先生、金善昱教授、李斌城研究员③、朴汉济先生等寄贺卡，购买申滢植著《统一新罗史研究》。

中午食堂吃面条，很好，吃了两碗！下午借助电脑读所购书，学习韩国语。

晚上和金钟健等一起学习。给妻打电话，家中一切均好；儿子晚上有时夜哭，脾气很大，不知何故！在家时也有这种情况发生。不知陕西师范大学唐史研究所给我发奖金了没有，下次打电话时要问一下，因为我毕竟还是唐史研究所的在编人员。

12月30日

在宿舍，老吴打来电话，说中午一起吃饭。12：00许，与小王、老吴一起在道厅旁的饭馆就餐。吴先生刚从中国回来，计划明年9月份去河南中医学院读中医专科学位。这种操作很

---

① 薛平拴，中国古代经济史学者，陕西师范大学教授、博士生导师。出版《陕西历史人口地理》《长安商业》等专著，发表论文数十篇。
② 杜文玉（1951～），陕西师范大学教授、博士生导师，唐五代研究著名学者，曾任中国唐史学会会长。出版《五代十国制度研究》《狄仁杰评传》《五代十国经济史》《大明宫研究》《唐代宫廷史》等专著，发表学术论文数百篇，在海内外学术界极负盛名。
③ 李斌城（1938～），曾任中国唐史学会副会长，中国社会科学院历史研究所研究员、博士生导师。出版《隋唐五代社会生活史》（合著）、《唐代文化》等著作，在海内外学术界享有极高声誉。

让人不理解，他有固定的很好的工作，但却要辞去工作到中国去学中医，也不知道他的家人如何考虑。

下午在宿舍看书，复印金文经教授发表在《韩国服饰》上的论文。借《古代韩国关系史研究》一书，应复印书中的论文。

12月31日

在研究室，中午柳文奎师弟请去中国料理店吃包子。复印两篇韩语论文，下午去书店购买《韩国的历史认识》上、下册，为研究韩国史学史的论文集，降价书。明天就是新年（1999）元旦了，学校放三天假。

给尹先生打电话贺年。

看电视，和小田一起去他的研究室，过了一会，又回到宿舍。去地下室看电视，很累。但又不想一个人待在宿舍，这样，睡觉就很晚了。

以后三天应多看书，不能放假了就放松，现在还不是放松的时候。下午去朱先生研究室，但朱先生今天没有来学校。

1999年

1月1日

11：00才起床，听收音机，看昨天买的《韩国的历史认识》一书。14：20许与同学崔永洙一起去市内，看了一场电影，但没有意思，只是出去走走还是比较好，待在宿舍非常闷。快18：00回到宿舍。

看电视，打电脑，将韩国近现代史著名史学家及名著输入电脑。与兰州农大来的张若明交谈，他在大邱市待了两年，来韩国也已三年了。听录音机学韩语，韩国人预测1999年的经济发展状况，也提到中国的经济发展现状，他们对中国的经济发展非常关心。

又一个新年开始了。

回顾过去的1998年，来韩国前心里慌乱，那一个多月只是做一些具体的准备工作，到达韩国后每天都在学习韩语，适应新的环境，过得很苦很苦，现在这种情况已经有所好转，相信以后的日子会逐渐得到改变。在新的一年里，应继续学习韩语，同时要对付博士课程的学习，另外还要准备今年9月在庆州举办的国际学术会议论文，想来也是不轻松的事情。

现在应有一个计划，不然时间一天天过去，而任务完成得不理想，说不过去。过了元旦后，看几号能去考古现场打工。禹英兰说听李熙俊教授谈过此事，朱先生给博物馆李白圭馆长及李熙俊教授均打过招呼。

韩国语第二册还要再复习，继续听录音带，记诵单词。

1月2日

10：00起床，休息日；其实早就醒了，躺在床上听录音，就是不想起来。

11：00许吴先生来电话，说是想约一起出去喝酒，他们下午13：30下班。在食堂吃面条，后去"味香"中华料理饭店喝酒；15：30去市内，17：00许回到宿舍。头晕乎乎的，喝的是竹叶青酒，酒劲不小。

晚上给金善昱教授打电话，先生元月底要去西安，和陕西师范大学历史系建立院系级友好关系。我给先生打电话问候，他很高兴，并邀请我春节去他家过年。给任先生打电话，他让明天去他的研究室。给妻打电话，妻说《陕西师大学报》1998年第4期上已刊发了我的论文，应该谢谢编辑许正文老师了。马老师他们为我争取了1998年的奖金。虽我仍是唐史研究所的人，应该发奖金，但还是应该感谢马老师等人，他们对我关心备至。儿子这一段时间身体很好。和儿子说话，心里十分激动高兴。

1月4日

去研究室，10：00许回宿舍，不料我刚回来，朱先生就找我。

中午吃饭时，禹英兰告诉我饭后去研究室。等到15：00朱先生回来，他给博物馆李馆长打电话，说后天再去考古发掘现场，看让我具体干什么事情。

中午未睡觉有点累。19：00和金钟健等先生一起学习，他们今天给了我一个月的报酬，韩币10万元，很高兴。因为这是来韩国后通过劳动获得的第一笔收入。收到宁亚楼兄信及金善昱教授的贺卡，非常高兴！

1月6日

去研究室，11：30与朱先生、禹英兰一起去博物馆，见到李白圭馆长。12：00许与朱先生等人一起吃午饭。13：30和朱先生及李熙俊教授去岭南埋葬文化研究院，此机构在八公山东北方向，坐李先生的车需要半个小时。再见到李馆长，以及朴升圭、金浩燮两先生，他们安排我去考古现场。

回来路过考古发掘地，见到了发掘地领队车顺喆先生，明天8：00要到这里来。

回到学校见到尹在硕、许宗两先生，和他们一起吃饭。晚上20：00回到宿舍，有点累。

明天就要去干活了，也不知道情况如何。

小王来电话，说本月26日回国，明年可能再来；其妻子也想来庆北大学上学，具体学什么还在考虑。我觉得选一个相对容易些，但在国内还能用得上的专业比较好。

1月7日

6：30起床，7：20许到庆北大学北门乘603路巴士，没想到十几分钟就到了大邱西兵洞考古发掘现场，而原定时间却是8：20许。站着听录音，天气真冷。8：20见到了庆北大学史学系的四位学生、考古系的两位学生，我们一起来考古现场。我及三位学生一起被分配到三号遗址地，共同从事发掘。活确实不累，但一直蹲着，腿疼。午饭吃带去的饭。

18：20回到宿舍。给尹先生打电话，他让马上去他的研究室。匆忙去人文学院教授研究楼，四位学生已经等待多时，尹先生预定的外卖，吃完饭上翻译课。20：00回到宿舍，很累！借禹英兰的饭盒。

1月8日

7:00 起来,到发掘现场 8:00,还是早。

中午竟然发掘出一个半月形的石刀,十分高兴!17:00 许回到学校。

18:00 许和金钟健等先生一起学习。19:50 去庆北大学北门,考古发掘队车顺喆队长请参与发掘的人吃饭,我因吃过饭了,只是喝了一点酒。回来后看电视,有点疲劳。

1月9日

8:10 到达发掘现场办公室,今天仍在三号遗址发掘。

中午发掘出陶片、碳化木等。因今天是周末,故 16:00 许发掘就结束了。

晚上洗衣服。小王他们来说闲话,同来的还有道厅的李先生,他对历史很感兴趣,说的全是这方面的话题。明天要预习翻译课课文。给妻打电话,她说唐史研究所要求填写今年的科研成果表,以便统计上交学校。故乡同村同学拜金良①发来贺卡,说是工作调动到一个律师事务所了。香港一机构要选我为所谓的名人,很是荒唐,我让妻将其信寄过来,看看到底是怎么回事。

1月11日

7:00 起床,8:00 到学校北门口,603 路车好久不来,到达发掘工地办公室已是 8:40 了。

---

① 拜金良,陕西师范大学政教系本科毕业,曾任教于新疆石油教育学院。后考取律师证书,从事法律服务工作。现为新疆先觉律师事务所党支部书记、主任,克拉玛依市律师协会副会长。

早上还是在此前所在地发掘，11：00 竟然发掘出一个珏，圆形，中间有孔，很好看。下午转向另外一处，其位于发掘地的另外一端，有陶器和半月形石刀发现。

18：00 许回到宿舍。学韩语，打电脑。

1月12日

准时到达发掘现场，今天主要是清理 B 地发掘现场，下午对其全面照相，这一处的发掘遂告一段落。今天不小心将鞋刮破，心里忐忑不安。

晚上看小王复印的韩语书，自己缝补刮破的鞋子。

23：00 给妻打电话，和儿子说话，妻已将香港寄来的东西寄出。打完电话，颇多安慰。

今天寄宿舍将下学期的食宿费 62.85 万元韩币费用单发了下来，见到朱先生时应交给先生。现在还没有钱，只有靠先生帮助了。

1月14日

早上很冷，仍旧发掘三号遗址地，发现先民炕址，下午清扫三号遗址。

17：50 匆忙乘巴士往回赶，到尹先生研究室，六位学生已等待多时。20：00 许上完课。

今天收到母校赵世超校长发来的贺年卡，非常高兴！

1月15日

早上转至一号发掘遗址。这是二次发掘，因而没有发现遗物，只是下午发现了炕址，明天要继续找柱孔址。晚上给金钟健等先生上课。

看电视，不觉眼泪长流，变得多愁善感了，可能是快过年想家的缘故吧。

小王来电话，闲谈多时。

1月19日

起床后，鹅毛大雪洒落大地，周围一片雪白。仍旧带饭去发掘现场。

因下雪，在办公室做文物黏合成型工作，主要是新罗时代的陶器，感到很新奇。

可惜雪下了一个多小时就停了，故而做文物黏合工作的时间很短。

17：00回到宿舍。给金钟健等先生上中文课。

晚上很累，看小王复印的韩语教材。

1月20日

准时到达发掘现场。今天仍在一号住居地清理，找到了几个柱穴，似乎没有多大意思。

给朱先生家打电话，师母接的，说先生晚上20：00可能回家；又给朱先生研究室打电话，先生在，说了交食宿费的事情，心里总算踏实了些。这次是交纳3月1日到6月16日的食宿费，很多，实在不好意思，但又没有办法。感谢朱先生无私地为我提供这么多的帮助。

20：30许，忠南大学金先生的学生全莹小姐来电话，她将在元月30日陪金善昱先生去西安的陕西师范大学，谈两个院校缔结友好关系事宜。周末给妻打电话应说明此情况。

到今天为止，在考古发掘工地已干了十二天了，2月13日结束。结束后再准备下学期的课程，还要准备会议发表论文，也够忙活了。

春节如何过？总是想着家里的事情。

1月21日

在一号住居地找柱穴，天气不是很冷，但找来找去就是这些东西，觉得吸引力不大。

17：00 匆忙赶回学校。吃完饭正好准时到达尹先生研究室，今天竟然来了13名学生，研究室快坐不下了。20：00 下课，主要是翻译。

21：00 许去任先生研究室还书，分别和朴汉济、金善昱两位教授通话。20：30 曾给朴汉济教授研究室打电话，但没有人接，朴先生计划下月5日去西安、洛阳两地考察。金先生30日去陕西师大，他说要见我的妻儿，并再次邀请我去他家过春节。很是感动，不过是否去，到时候再说。

一天的奔波，有点累。

1月22日

仍在一号住居地清理，17：00 许进行文物修补工作。18：30 回到学校，匆忙吃完饭，19：00 给金钟健等先生上中文课，真的忙得喘不过气来了。

小王来电话，我昨晚给他打过两次，但无人接。他26日回国，熬过了一年。明天或后天和其见面。看电视。

1月24日

10：30 起床，小王来电话，说郑小姐下午来庆北大学。

15：00~17：00 给郑小姐改稿子，是介绍大邱市情况的稿件。

洗衣服。20：00 去小王处。他要回国了，这几个月小王对我帮助很多，还送我许多东西，一起去过好多地方，在他的住处包饺子等，还到 Price Club 办理了会员证，很多很多！

小王 26 日早上离开大邱，明晚再给他打电话告别。他说有可能明年再来，这一年学到的韩语，如不巩固，很快就会忘记。的确如此。

明天仍去考古发掘现场工作。

1月25日

去发掘现场，下午转到一新的发掘地点，先做地面处理。

晚上任先生来电话，要送一本书给我。收到任先生赠送的《武则天研究论文集》，文集中也有我的一篇论文。给王双怀师兄打电话，他 11 月 30 日去了香港，合作研究八个月。给赵文润老师打电话，师母接的电话，赵老师出去散步了。

给小王打电话，但一直无人接听，他明天一早就回国了。

1月29日

天气特别冷，风仍呼呼刮着。

昨晚将围巾忘在了尹先生研究室。给尹先生打电话，17：40 到达尹先生研究室，先生送我几件他的衣服，又驾车一起先到东大邱站附近，后又到西边的商店，他给我买了一件羽绒服，黑色，质量很好。来韩后多有麻烦尹先生，他对我很好，真让人感动。

天气虽冷，但穿上尹先生买的衣服，不仅身上暖和，心里也热乎乎的。

到韩国来，朱、尹、任三位先生，以及其他认识或不认识的人，多方资助帮忙，很使人感动。我应努力学习，不负众望。

晚上给金钟健等先生上课。

2月1日

心里总想着给儿子寄衣服的事情，但又不放心地方邮局，明天再想办法。

考古发掘现场仍在十号住居地，17：00许回到宿舍。给尹先生打电话询问复学的事情，尹说他问过许宗先生后再答复。又给禹英兰打电话，她说许宗答应给我办，不用我管。应感谢具体办理此事的许先生，他帮我做了许多事情。

晚上上四层电脑室打电脑，不会操作，"南极星"软件也不能进，23：00回到宿舍。

新加坡国立大学李志贤教授发来贺春卡，应回复李先生。给金钟健先生等上中文课。

2月2日

早上按时到达考古发掘现场。仍在十号住居地发掘。11：00给尹先生打电话，他问我居民登记证号码，说其他事情不用我管，真感谢他们。给李志贤先生寄信，昨晚写的。

吃完午饭，给车先生请假。13：00到宿舍，很累。

给儿子寄衣服，曲折往复，语言不熟练真难办事。多亏禹英兰帮助，总算办妥此事，这样我心里感到安慰多了。过年时，儿子就可穿着我买的衣服了，估计12号左右妻就可收到，这个周末打电话时应该说明，让她注意查收。

看小王复印的韩语教材。小王回国一周多了，看到他送我的一些东西，就想到他。今年小王可能还会来韩国。明天早上零下八度，午后零度，可能要下雪了。下雪真好，也不知道西安下雪了没有。

2月6日

天气转暖，仍在考古现场发掘。

16：00返回学校。今天劳务费入账，但只是元月的二十一天，其余还要等到3月5日再次打进来。

晚上给妻打电话，妻说已见到金善昱先生了，金先生很热情，还送儿子礼物。给妻说了寄衣服的事情，妻已将印章寄来，估计明后天可以收到。和儿子说话。胡戟先生想让其女儿来韩国学习韩语，不知金先生如何想。

2月9日

中午给妻及同学拜金良寄信。给吴先生打电话，约好18：00见面。

下午搭吴先生车去东大邱巴士站预订巴士票，订到了票，这样15日去大田市忠南大学金善昱教授府上的问题就解决了。另外，还要给朱先生买一瓶酒，最好是中国出产的酒，先生爱喝酒，春节也算给先生拜年了。

到大田市后应买一些水果或其他东西，作为礼物带给金善昱教授。

给金钟健先生等上课。明天晚上应去 Price Club 买东西。

2月10日

今天从考古发掘现场回来，19：00许步行去 Price Club，买了两瓶竹叶青酒。见到柳文奎师弟，他明日要去汉城，与朱先生一起出席学术研讨会。

给朱先生打电话，告诉先生我春节要去大田忠南大学的事情。朱先生春节要回庆尚南道的故乡。又给李恩珍打电话，但无人接听。

2月13日

今天是参与考古发掘的最后一天。在发掘工地办公室整理日记，给考古发掘领队车先生送从国内带来的花手帕，他很高兴！14：00许和学生们一起去吃参鸡汤，15：00许回到宿舍，睡觉。

晚上去林秀景研究室看动画片，23：00许给妻打电话。妻已收到给儿子买的衣服，她们学校2月8日放假。宿舍停暖气了，晚上在五层的单人间睡觉。

明天要给金先生买礼物，理发，洗衣服。

2月15日

计划起早一些，但醒来已经是9：00了，匆忙收拾东西，9：40到达东洋巴士站。10：00乘大巴去大田市。

给金先生府上打电话，乘出租到达五山医院前，金先生已在那里迎我。车站离金先生家很近。金师母和她的两个儿子非常热情。13：00许吃午饭，排骨等做得很合口味。晚上金先生让我给家里打电话，妻儿等均好。

看中央电视台播放的春节联欢晚会，如同在家里一般，谢谢金先生一家。22：00许上楼，看书睡觉。金先生家是单独住宅，三层楼，有小院。其中二层是金先生的书房，另外还有两间房间，我住在其中一间。

2月16日

9：00许，金先生的弟弟一家来拜年。看他们举办春节祭祖仪式，很肃穆，严格按照嫡长子制度。先是金先生斟酒上献，他的弟弟及长子肃立两旁，后又将酒（用可乐替代）倒入一水盆中；次为他的弟弟斟酒上献，他的长子和长侄侍立两旁。按照此顺序，经过半个多小时祭祀仪式才结束。

随后吃饭。下午看了一会香港电影。

14：00许金先生和师母开车带我去鸡笼山东鹤寺。这里离大田市不远，故来这里的人非常多。在这里吃板栗、玉米棒子，吃烫饼。17：00许，回到金先生家。

20：00许吃晚饭。金先生给我找到了中文版《韩国史大观》，将他的博士论文书送我；又借我《二十五史抄》（上、下），以及全海宗、金庠基等韩国史研究名家的论文著作。如此，我准备论文写作的资料就解决一大半了。

21：50许回到房间，看书睡觉。

今天17：00许再给家里打电话。因是大年初一，金先生了解我的想法，故执意要我与家里联系。中午金师母给我预定好了明天回大邱的火车票，非常感谢金先生夫妇的关怀，真正使我有如同回家的感觉！

2月17日

8：00吃早饭，金师母为我准备了水果及甘酒，金先生送我到火车站，并付了买火车票的钱。随后和金先生告别，非常感动和感谢！9：30许乘"千里马"号列车出发，11：00到达东大邱站，步行回到学校。

晚上给妻打电话，了解家里的情况。学校的人很少，外面的食堂只有一家开门，所以去的人很多，吃得不好。看从金先生处借来的李丙焘撰《韩国史大观》中文版。

2月18日

去研究室，见到柳文奎及禹英兰两位。下午将酒给朱先生放在研究室，见到李恩珍小姐，她转来东国大学庆州分校给我的一封信，信中要求今年7月16日前要将稿件寄出，8月底举办第18次新罗文化祭国际学术研讨会。心里既高兴又紧张。

17：00许去尹先生研究室上课。

2月23日

在研究室，因开着煤油火炉，很热，味道却不好闻，只是同研究室的崔贤美先生怕冷，故11：00许就回到宿舍。可能是韩国不生产煤炭的缘故，冬天生火炉竟然烧的是煤油，甚是怪异。

去西门书店，旧书很多，但未找到有用的书籍，晚上看《旧唐书》。

张丞延小姐下午来，她带来延世大学编辑的《韩国语》第三册，以后应学此册。因为第三册已是韩语中级水准教材，看起来很难。

2月24日

在研究室，后又去图书馆杂志室。

看到《历史研究》《文物》《考古》《考古与文物》等国内杂志，又有如《大陆杂志》《故宫文物月刊》《成功大学学报》《华冈学报》《食货》《幼狮》等各种台湾的学术杂志，很是高兴。通过这些杂志，可广泛了解大陆及台湾地区，乃至东亚圈古代中韩关系史研究动态。

复印权悳永教授的《悲运的遣唐使——以金仁问为中心》论文，从副标题看，其主要研究以金仁问为代表的新罗赴唐使者，最初发表在《新罗文化祭学术发表会论文集》上，应查字典认真阅读这篇论文。

下午在宿舍，看复印的论文。

2月26日

在研究室，后又去图书馆。下午与学东洋史的徐锡霁一起去图书馆五层，他帮我借权悳永著《古代韩中外交史：遣唐使研究》、申滢植著《韩国史的新研究》等书。

在研究室，因来了几个人不能看书。去史学系资料室借日本人三品彰英著《新罗的花郎徒研究》。回到宿舍，思考论文的事情,但应先将复印的论文看完再说。

3月1日

起床晚,继续查字典看韩语论文。

14:00许和任先生联系,他已将朴汉济教授给我复印的韩昇老师的论文带来了。去任先生研究室,看到朴先生复印的论文,同时,朴先生还将他此前撰写的《对七世纪隋唐两朝的朝鲜半岛进出经纬的考察》抽印本(《东洋史学研究》第43辑,1993)送我参考,是有关7世纪隋、唐两朝征伐高句丽原因的论文,朴先生提出自己的看法,很好!谢谢朴先生。又借任先生一本论文集。

见到李文基教授。又和崔弘昭联系,明天要上课,问到时怎么办。约定明天早上9:00在史学系办公室见面。

晚上在宿舍看书,又看电视,锻炼身体。现在寄宿舍有专门的健身房,锻炼很方便。

想给妻打电话,问询儿子上托儿所第一天的情况,但又觉得还是再过几天打电话好。

3月2日

去系办,但没有见到助教。去研究室稍等,再去办公室,一同上博士课的崔弘昭小姐正等在那里,给权延雄教授打电话,得到答复是周四下午再上课。

下午去文暻铉教授研究室,教授说4月份开始上课。回宿舍休息。去图书馆复印三篇论文。今天还去了朱先生研究室,但先生全天均有课,没有见到人。

正月十五元宵节。老想着儿子上托儿所的事情,和妻电话联系,得知儿子还未去托儿所。昨天二姐、三姐去西安看儿子,很是高兴,儿子有几位姑姑关心,颇多安慰。她们在西安住了一晚,今日返回大荔老家。

今天将权憙永教授的《悲运的遣唐使——以金仁问为中心》论文看完了。

3月3日

10:30乘金真经先生的车去岭南大学。上周和金先生约好的。岭南大学的校园特别大,我们一起参观这里的民俗村、考古发掘现场。在系办见到了이용이先生,他这学期开始博士课程,专攻秦汉史,以前在同学金石柱宿舍见过。

16:30金先生送我回到宿舍,很累。

晚上休息一个小时,看《韩国古代史的新研究》一书有关章节。金真经先生讲授"世界文化史"课程,他在美国夏威夷大学读的博士,在台湾待过一年,中文说得还可以,现在主要是研究东亚近现代史。

3月4日

在研究室查字典,看论文。12:00许听崔弘昭说权延雄教授的课今天不上了。

下午在宿舍,想到马驰教授曾经在《文物》杂志上发表过的一篇论文,好像和"李谨行"有关。15:00许到图书馆查找,但马先生的论文是有关史道德墓志的考释,故也没有什么用。

回到宿舍,收到马驰教授的信,他谈到金善昱教授来师大,但他没有见到,并让我向金先生说明其中情况。马老师还鼓励我刻苦努力,实现自己的目标。谢谢马老师,他对我帮助很多,而且在学校一直替我说话,使我的工资能够如期发放。给马老师写回信。

看李丙焘著《韩国史大观》一书。尹先生在我桌上留条,说晚上有事不能上课了。给他打电话询问情况。给任先生打电话，我需要的书他还没有从家里带来，等后天再联系。

3月5日

去研究室，看美国学者约翰·查尔斯·贾米森1969年撰写发表的《罗唐同盟的瓦解》一文，这篇论文发表于韩国权威杂志《历史学报》上。

10：00许崔弘昭打来电话，让赶快去李秉庥先生研究室，今天有李先生的课。匆忙到李先生研究室，但他只讲了几句话，说本月19日开始上课。

去史学系办公室，问办理学生证的事情，许先生说等本月8日一起办理。

15：00许到图书馆，复印三篇论文。17：00去尹先生处上课，18：00结束。19：00给金钟健先生等上中文课，今天给他们讲中国历史，21：00结束。

今天收到金善昱教授信，先生寄来两张照片，其中一张是妻儿的照片，儿子长高了，非常高兴！另一张是去年在忠清南道扶余郡和金先生、胡戟教授的合影。金先生勉励我努力学习，争取早日将论文写出。

这几天一边看论文，一边构思，觉得很复杂。给朱先生打电话，先生从这学期开始，兼任国立庆北大学博物馆馆长，很忙。他说下周一见面。

这一段了解韩国学界情况，似20世纪80年代之后，韩国学界发表的论文观点有点极端，而且往往感情用事，这种研究历史的态度不好，很难做到客观。今天看《军史》杂志上发表的全荣来、李钟学两位先生的论文即这种情况。这样的论文似乎学术价值并不大。

3月10日

先去研究室，禹英兰说朱先生认为选"韩国近现代史"课和以后的研究方向无关，故改选朱先生的"韩国古代史研习"课。去系办办理改课手续。

复印刘健明编《黄约瑟隋唐史论集》中的三篇论文。去大邱银行办理账号，颇费周折，主要是庆北大学将我的名字搞错的缘故。借已故著名学者金毓黻著《东北通史》，这本书很好。晚上在宿舍看书。

给介永强①师弟写信，想让他找有关黄约瑟先生的其他论文。

3月11日

15：00去权延雄教授研究室上课。权教授兼任学校图书馆馆长，很忙，本来13：00上课，推迟到15：00。

到权先生研究室，先生和蔼可亲，能说几句中文。他的课主要讲朝鲜时代赴中国朝贡使者的《燕行录》，即明清时代的中韩关系史，让我们看朴趾源《热河日记》，以及其他朝贡使臣及其随从文士所写游记等。他还让复印一本没有公开的《燕行录》，作者为卢以渐，以后讲课就以这本书为蓝本。很新鲜的事情。

去尹先生研究室，借《文博》1993年第1期，上面刊登有马驰教授的论文。19：00和尹先生一起吃饭。他问了一些情况，并说有什么事情就给他说，以便解决。

回到宿舍，看复印的论文。

---

① 介永强，陕西师范大学历史文化学院教授，兼任中国唐史学会秘书长，主要从事隋唐佛教史教学研究。出版《西北佛教历史文化地理研究》《隋唐佛教文化史论》等专著。

和妻通话，儿子这几天慢慢适应了托儿所的生活，但和他说话，他还是说不愿意去托儿所。相信过一段时间会好的。

3月12日

在研究室，整理这一段时间所思所想，并记录下来，以备下周开始写论文之用。

下午去系办，问许宗先生办理学生证的事情，随后到行政楼—史学系—大邱银行—福祉馆，最终将学生证办妥，下周就可以取到学生证了。

复印两篇百济建国的论文，是朱先生上课时布置的任务。查字典看复印的论文。

给金钟健他们几位上中文课。今天将给介永强写的信发走。

3月13日

在研究室看韩语论文。10:00去图书馆，今天史学系资料室不开放。

在图书馆未找到《热河日记》一书，只借到沈阳社科院刘永智研究员所著《中朝关系史研究》，以及申滢植著《新罗史》等书。在宿舍看借到的书。

去东大邱市场借《地球天地》录像带，看电视。

因周四刚给家打过电话，今日就不再通话了。道厅的朴南基先生来电话，说他明天要去中国出差，先去郑州，再到西安，问我给家里带什么东西否，我对其表示感谢。朴先生本月19日返回韩国。

3月15日

借到《热河日记》（上、中、下）。写《文武王时期的对唐关系》论文前言部分。

下午去权延雄教授研究室上课，先生讲朝鲜时代朝贡使节书状官卢以渐的出使日记《随槎录》，讲得很详细。他让我看全海宗先生的论文，即将全先生寄给他的《韩中关系史研究》一书的中文本借给我看。这本书我从《今日韩国》杂志中已了解过，想邮寄购买好久，不意想在权老师处借到，非常高兴。晚上看卢以渐《随槎录》全文。以后要写读书报告，现在必须通读全书才行。

今天浦项机场发生飞机脱离跑道事件，万幸没有人员死亡，只有八名乘客受伤。

看电视新闻，金大中总统和韩国大国家党总裁李会昌会谈。

3月16日

在研究室，10：00李玠奭教授来，说想让我做中文系学生"东洋文化历史"课程助教，每月30万元韩币，从下周开始，很高兴。

下午去上朱先生的课，原来是朱先生和李玠奭教授商议让我做助教的。16：30下课，在研究室看书。

给金钟健等先生上中文课。看韩语单词，明天应继续写论文。

3月17日

去研究室，又去图书馆找有关金仁问的研究论文，但没有找到。

复印李熙俊先生博士论文一部分，以备下周朱先生的课程之用。下午在研究室写权延雄教授布置的作业。崔弘昭送来复印的卢以渐《随槎录》手写本，异体字很多，很难认。完成作业，看论文。

禹英兰来电话说系办助教找我，让明天早上去。

晚上睡得很晚，睡不着，喝咖啡的缘故吧。

3月18日

在研究室看论文，整理所思所想。去图书馆复印有关《新罗文武王碑》的论文。看《金仁问残碑》《大唐平百济国碑铭》《唐刘仁愿纪功碑》。

下午天下雨，去尹先生处上课，19：00回到宿舍。

看朴趾源《热河日记》，很有趣！朴趾源1780年随朝鲜朝贡使到燕京，又去避暑山庄，回到朝鲜后，朴氏撰写出这部《热河日记》。权教授明天上课要提到这本书，故翻阅预习，以备明天上课之用。

3月19日

去研究室，开始写论文。下午去权先生处上课，不过十分钟不到就下课了。权老师15：00有会议，他布置作业后就走了。

在研究室看书，觉得写这篇新罗文武王的论文很有难度，如何写心里还没有底。

收到赵世超校长一封信，其中颇有勉励之语，很受鼓舞。

晚上给金钟健先生等上中文课。

3月20日

去图书馆，复印朱先生及金寿泰、赵二玉等先生的论文。

下午去任先生研究室还书，和金善昱教授通话，谈论其他事情。回到宿舍看论文。

周六，觉得很无聊，今晚要和妻通话。去地下室看了一会电影。同舍小田他们要去喝酒，我不想去，一个人在宿舍。

儿子不习惯去托儿所，这几天就没有送，妻说等下学期再送。小孩子平时和老人在一起，受到呵护多，不适应新的环境，这是可以想象的事情。只是想来心里很不好受，若我在身边，情况可能就会好一些。放下电话，很是不安。

3月21日

周日8：00起床，吃完饭后看复印的论文。

11：30休息。寄宿舍食堂饭不如上学期的好，特别是周日，更不好。和对门的小林去外面饭馆吃饭。下午在宿舍看书，休息。看电视至21：00，准备明天的作业。

权先生让校对卢以渐《随槎录》，校对无疑是一个非常细致的工作，应认真细心才是。其实，朴趾源是和卢以渐同时去的清朝燕京，朴趾源是随行学者，卢以渐则以这次使行的三把手书状官身份前往，返回后卢以渐就撰写整理出这部往返日记。不过，听权先生讲这本日记并未公开，不为学界所知。20世纪90年代初，日记才从卢以渐后裔住宅的墙壁中发现，后来就被庆北大学图书馆收藏。权教授申请了研究经费，专门研究这本日记关联问题，以便更多人了解。

和妻通话，让给儿子买一些画书，以免落后于其他同龄小孩。和儿子说话。

这学期时间过得真快，曾向金善昱教授允诺4月底拿出论文初稿，应按时完成才对。

3月23日

7：00就起床，构思论文。去研究室，准备下午的课。

陕西师范大学
SHAANXI NORMAL UNIVERSITY

地址：中国·西安　邮编：710062　　Add: Xi'an China　Zip: 710062
电话：029-5308992　传真：029-5307025　Tel: 029-5308992　Fax: 029-5307025
电子邮件：xzb@snnu.edu.cn　　　　E-mail: xzb@snnu.edu.cn

根兴先生：

　　信函收悉已有数日，未能及时回复，请谅。

　　时间过得真快，转眼你去韩国学习已近一年时间，想来生活语言都已习惯。长期以来，我校特别是文科系的教师出国学习交流的机会很少，此次你赴韩国庆北大学学习，成为中国留学生学习新罗史的第一人，当要加珍惜这一良机，当地报纸对你的介绍，也是一次很好的宣传我们学校的机会，希望你能充分利用庆北大学的条件，潜心于学术研究，早日完成学业返校，为学校的发展做贡献。

　　家里诸事亦请放心，有什么困难，请来信来电告知，学校和我定将尽力相助。

　　即此

赵世超

一九九九年三月五日

赵世超校长来信

12:00 金贤淑博士[①]请我和禹英兰吃饭。上朱先生的课，16:00 许下课，很累。金贤淑也是朱先生指导的学生，已获得博士学位，但还没有找到工作。她送我一本论文集，上面收录有她的一篇论文。

晚上给朴春泽先生等上中文课。这几天应给赵世超校长、赵文润师及妻写信。小王打国际长途来，让给他买韩语书，让老吴明天去中国时给他带上。匆忙到学校北门书店，万幸购到了所需书籍，又给吴先生打电话，总算将此事办妥。

小王回国后仍坚持学韩语，精神可嘉！他在这里对我帮助很多，故帮他也是理所当然的事情。

3月25日

去研究室，到图书馆复印资料。

朱先生请我及禹英兰吃饭，他想今年11月举办有关出土木简的国际学术研讨会，拟邀请中国方面研究木简的专家学者一人，询问我应邀请哪一位。其实我对国内研究木简的学者了解得并不多，只知道甘肃放马滩、长沙走马楼等地有大量木简出土，故而答应先生回去查查再说。

17:00 上课，尹先生知道此事，说他想邀请中国社会科学院历史研究所木简研究组的学者，这样我就不管此事了。从尹先生处要到很多稿纸。韩国学者均开始用电脑，稿纸已经没有用了，但目前稿纸对我来说用处很大。

3月29日

在研究室。给妻及赵校长、赵老师，以及香港国际交流出

[①] 金贤淑研究员，同门师姐，韩国国立庆北大学文学博士，韩国东北亚历史财团研究人员，从事韩国古代史研究工作，2023年退休。

版社等发信。

14：00 上权教授的课。回到研究室准备明天朱先生的课。

收到新加坡李志贤先生信,他想知道我是否和台湾《历史月刊》编辑部熟悉,这几天应给其回复。给尹先生打电话,说不想随史学系去京畿道参观考察,因为去年曾去过一次,主要是有博士课程。尹先生认为还是去好一些。如果去的话,后天就要动身了。

3月30日

在研究室,下午去朱先生处上课,听不太懂,心里很着急。

任先生给我找到了已故黄约瑟著《薛仁贵》一书,下午在宿舍一直看。

晚上给金钟健等先生上中文课。金先生送我韩国中国史学会编辑《中国史研究》杂志,因我现在已是中国史学会会员的缘故。

吴先生来电话,说他已从中国河南郑州返回大邱。小王让他给我捎来一包茶叶,吴先生说明天送来。

3月31日

早上匆忙去"东洋历史与文化"课教室,李玠奭教授说不让我听他的课,只是交给我学生的近 100 份作业,很多。在宿舍构思写作论文。

收到小王捎来的茶叶。去图书馆还两本书,稍有超期。

在宿舍写论文。需要查阅《资治通鉴》,但宿舍没有。还应找岑仲勉教授《唐史余瀋》一书,其中的论文可以参考。

4月1日

去研究室,预习下午的课。

上完课继续撰写论文。收到介永强寄来的复印的黄约瑟的论文，小介很好。

晚上很累，看韩语书。天下雨，淅淅沥沥的。

很想妻儿，晚上做梦，多是和妻邂逅，但总是遗憾！心中知道是梦，也是无可奈何。今年暑假看能否回国探亲。

4月3日

在宿舍看书。去邮局给李志贤先生发信。顺便去史学系资料室借书，但资料室门未开。

下午在宿舍开始批改学生的 reporter，开始看得很慢。

给妻打电话，儿子第二次去托儿所，表现好多了，也受到老师的表扬。听儿子说话，他唱有关澳门的歌曲，大概是因为今年12月中国政府将收回澳门，中央电视台播放有关澳门的电视剧，他每天听插曲的缘故。

东国大学庆州分校新罗文化研究所又来信，说7月1日前应将宣读稿件寄去，并要求准备另外的论文简介。今天是我的生日（农历二月二十一日）。因对门的小林生日也是今天，他们几个去喝酒，我问为什么，他说生日，我才想起今天的日子。一个人在国外，日子就这么一天天度过，做梦也多是家里的情景！

4月5日

写论文，分析唐高宗《与百济王义慈玺书》，探讨唐朝改变百济策略的时间。

4月6日

在研究室，准备朱先生下午的课。

13：30上课，三个小时，中间不休息。从老师变为学生，角色转化很不容易，上课眼睛打架，累得打瞌睡，没有办法，自己拧大腿，才不至于睡着。下课后头晕乎乎的，去图书馆复印资料。

晚上给金钟健等先生上中文课。

今天复印了两篇论文，借李基白、申滢植两先生的书，以备撰写论文时参考。

4月8日

在宿舍写论文，进度很慢。去权先生研究室上课，15：30结束。

17：00许又去尹先生研究室上翻译课，18：30结束。

现在每周上八次课，如果再加上给中文系学生的两次，累计十次，十七个小时，是否多了些？论文撰写应加快进度，争取4月底将初稿写出。

4月9日

13：00去文暻铉教授研究室上课，上了不到半小时，先生布置了要看的书籍，就结束了，并说下周接着上课。这门课两周安排一次。

16：00许和中文系的三名学生见面，谈给他们上课事宜。每周一次，每次两小时，但未谈及上课费用事，下周一见面时应谈此问题。

18：30去学校正门，参加史学系硕博士集会，共30余人，22：30结束。和他们一起吃饭，饭后还去歌厅唱歌。天下雨。

4月10日

10：00去305教室，参加史学系韩国古代史硕博研究生组织的每周一次的论文发表会，均为文暻铉教授与朱先生的学生。今天是崔弘昭用韩语解释《三国史记》卷八《新罗本纪》"孝昭王""圣德王",听后很有收获。12:00 结束,天下雨。

在宿舍休息看书。晚上给妻打电话,儿子已睡了,妻因劳累嗓子发炎。儿子去托儿所已基本习惯,每天早送晚接。

4月11日

周日,一直在宿舍看书、看电视。

天下雨,午后稍停。樱花因雨飞落飘扬,到处都是,令人心烦。

晚上看韩国人气女演员崔真实主演的《玫瑰与豆芽》电视剧,崔真实长得漂亮,也是妥妥的演技派。论文进展不快,应加快速度,按计划完成。

4月12日

在研究室,去图书馆复印论文。找到了(韩国)《国土统一》杂志,该杂志有 1971、1972、1973、1974 年四年合刊,复印其中的五篇论文。

下午去权先生处上课,先生有事,崔弘昭亦未来。

17:00 去应中文系学生之约教其中文,但其变卦,白跑了一趟,着实可恶!以后像这样的事情应多考虑,不要费那么多口舌。

晚上在宿舍看复印的论文。0:00 左右与他们几个去地下室看电视,凌晨 2:00 才休息。

4月15日

上权教授的课,17:00 又去尹先生研究室上翻译课。

今天权教授布置了学期论文报告书,要求 6 月 14 日之前完成一篇论文,论文题目自己确定。还有两个月,这样在完成

8月会议论文的同时，还要写这篇学期报告书，如此还是挺有压力的呀！

晚上应给妻打电话。

4月16日

在宿舍看书。下午去权先生研究室上课，是补周一欠缺的课。

去图书馆借《东史纲目》《资治通鉴》两书。晚上给金钟健等先生上中文课。

看《东史纲目》，其为朝鲜18世纪安鼎福所著，似乎只是将《三国史记》《三国遗事》重新编排而已。当然，这只是古代部分，而中世纪部分对《高丽史》如何处理还不知道，只有等以后再看时才能了解。

4月17日

去参加硕博士论文发表会。下午与柳文奎师弟一起去市内书店，18：00许回到宿舍。市内书店和韩国古代史专业方向关联的书非常多。

晚上在宿舍看电视，又是一个周末。

导师朱先生当选为韩国古代史学会会长，本月23日将在庆北大学博物馆举办韩国古代史学会论文发表会。

4月18日

给家里打电话，和妻儿说话。下午在宿舍。

现在记忆力退化得很快，可能是平时太专心的缘故。如向自动贩卖机投500韩币，结果剩余了350韩币，竟然忘了取回，径直就走掉了，几次都是这样，想起来就有点生气，怎么能这样呢？

下午在宿舍看书,应尽快将论文初稿写出,然后再修改。今天给任先生研究室打电话,但没有人接听。

4月22日

将借任先生的两本书中的主要论文全部复印。

去权先生研究室上课。17:00后又去尹先生研究室上翻译课。尹先生让外卖将饭送到研究室,吃面条,不错。

去任先生处还书,先生将他此前制作的资料卡片全部送我,厚厚的几大摞。如果要写卡片,应该很有用。

给妻打电话,她已将购买的《全唐文补遗》第6辑寄出,估计一个月左右可以收到;和儿子说话。

4月26日

在宿舍写论文。下午去权先生研究室上课。

今天撰写论文进展顺利。晚上去任先生处,所里寄来三本刘统著《唐代羁縻府州研究》,因上有任先生的名字,故收发室就送到了任先生处。我将两本拿回宿舍。任先生还想让我与他合写另外一篇有关唐代州县变迁的论文,但现在很忙,暂时还不能做。

4月27日

准备朱先生的课。下午去博物馆馆长办公室上课。

送朱先生三本书,即《武则天研究论文集》(赵文润等主编)、《唐代羁縻府州研究》(刘统著)、《中国唐史学会会刊》(马驰主编),以及小王捎来的茶叶,先生很高兴。

晚上仍在宿舍写论文。今天论文初稿已完成,下面的任务就是修改了。

5月3日

仍修改论文,但心里却想着权延雄教授课程报告书,因为先生没有布置具体题目,让自己决定。这样虽然也好,不过还是要动脑子思考,写什么样的题目能好些。

下午去权教授研究室上课。天下雨。

晚上在宿舍预习朱先生课中涉及的内容。

5月4日

在宿舍查字典,读朱先生赠送的《新罗地方统治体制整备过程和村落》专著。下午上朱先生的课,一直到午后16:00许。

去李玠奭教授研究室。李先生6日要去台湾出席学术研讨会,但携带的会议论文要翻译,翻译成的中文他又不满意,故找我帮他修改,一直到23:00才告一段落,很累。

明天是韩国的儿童节,但李先生的事情还没有最后做完,仍要去他的研究室。

5月6日

在宿舍抄改论文。

下午去权教授研究室上课。确定课程学期报告题目为《〈燕行录〉中有关满洲风俗纪事述论》。收到大邱市市长信件,受邀出席5月末将要举办的大邱纤维节。

17:30去尹先生处上翻译课。回来稍作休息。

抄改论文,进展顺利。给马老师、杜文玉先生写信。等将论文的事情办妥,应给老家哥哥写信;去年写过两封信,今年还未写。

5月8日

12:00与道厅来的朴南基先生、崔真宁小姐一起去吃饭。小王的毛毯在他们处存放，现在看小王再来大邱做交换人员似不可能，故将其转予我。

大邱市厅的郑惠汀小姐来电话，说29日大邱市要举办一个外国人参加的活动，问是否愿意去。我回答说到时再看。

北约轰炸南联盟，竟然将中国驻南大使馆炸毁，听到消息气愤之至，美国等西方势力太野蛮霸道了。国内北京、广州等地的市民、大学生纷纷到美国大使馆、领事馆前示威抗议；联合国安理会也紧急召开会议，秦华孙大使谴责北约的罪恶行径。真不知此事件该如何解决并收场。

给妻打电话，家里一切正常。

5月9日

整天在宿舍抄写论文，看电视。

汉城大学朴汉济教授来电话，询问生活情况。先生夏天将去中国考察。

在研究室抄写修改论文，准备明天的课程。

5月10日

下午去权延雄教授研究室上课。

国内示威游行，抗议以美国为首的北约的罪恶行径。看报纸，心里颇多愤怒不平。也没有如何制衡美国的办法。中国大使馆被炸，国内的反应可以理解，但也有点担心。

5月12日

去上李先生的课，但原来教室一个人也没有。去尹先生处，谈论论文之事。

晚饭时，李玠奭先生、尹先生约我一起去吃参鸡汤，很好。

将抄写好的论文交予朱先生，先生说看后再说，并说翻译为韩文不用我管。先生同意我放假后回国，很高兴！

国内情况已渐趋平静，美国道歉，来中国访问的德国总理也道歉，美国驻中大使馆的抗议者已剩得不多了。

给任先生打电话，但无人接听。

5月13日

去权延雄教授处上课，要马上准备本门课程的报告书。

去尹先生处上翻译课，一同上课的学生送我一件T恤衫，他们太客气了。

后天是韩国的教师节，非常高兴。

去学校行政楼本馆办理了"在学证明书"，明天要去大邱市法务部办理外国人在韩居住延长手续。

5月15日

去参加一个小型的学术研讨会，直到下午15：00才结束。

16：00去任先生处还书，任先生希望和他再合作写论文，但现在上博士课，时间很紧，难有剩余的时间。如果暑假不回国的话还可以，但我要回国。任先生送去年去台湾参会的论文集一本。

晚上和妻通话。国内的示威抗议还未停止，但时间长了也不好；儿子去托儿所已习惯，吃饭很好。看台湾诗人余光中写的《湘逝》诗，颇有感触，其将杜甫流离湘境的心情淋漓尽致地刻画出来。

这几天应多休息。下周开始查阅资料，准备权先生课程的报告书。

5月18日

去博物馆上朱先生的课，复印周五文先生课提及的《隋书·东夷传·新罗》译文，这几天应预习。给金钟健等先生上课。

李先生将学生的作业带来了，共88份。借李先生的《兴盛与危机》一书，作者为金观涛、刘青峰。该书十年前在国内似已看过，约略记得书中的内容。学生的作业即以此书为蓝本。不过，这本书在国内已不受欢迎，其中主要意图是想借用现代自然科学研究方法，代替马克思主义理论体系。金观涛其人现似在香港。

心里想着权先生的报告书，但借书证却因超期不能使用，很着急！

5月19日

去听李先生的课。用电脑打字，后去系资料室，借到《热河日记》一书。

去图书馆，复印一篇论文。

给大邱市厅外办郑惠汀打电话，答应29日去参加市厅举办的活动。

接到小王电话，很高兴！他因在河南省外办工作，7月份出差来韩国，而我到时已经回家，所以不能见面，很是惋惜。来韩后小王对我多有帮助。

5月20日

上权延雄先生的课。随后又去尹先生研究室上翻译课。

借书证不能借书，造成权先生课的报告书不能即刻动笔撰写，很是无奈。

预习文暻铉教授的课，明天要上。

5月21日

中午去文暻铉教授研究室上课，但他最近很忙，故通知6月4日再上课。

去图书馆，复印三篇论文，是有关新罗统一的论文。

收到台湾大学高明士教授信，先生在信中多有勉励鞭策，并水运寄来他的书和论文抽印本。想给高先生寄去新写的这篇论文，但又怕麻烦他，心里颇为踌躇。又看写好的论文，还发现有个别错别字，很是惭愧！

学生交来作业，利用休息日批改。李先生也看了一部分。

晚上给金钟健等先生上课，很累！

看朴趾源的《热河日记》，上个月看过，现在录出当时满洲地区风俗方面的纪事，以便撰写权先生课程报告书。

5月22日

今天是佛诞日，公休日，在宿舍休息，看电视。

12：00去学校北门口，与吴先生、董理①，以及义城郡姓郑的公务员一起吃饭，郑先生7月要去中国，故想随我学习中文，昨晚来电话谈及。饭后与吴先生、董理一起去把溪寺，看举办法会，16：00许回到宿舍。

元月在考古发掘现场一起干活的金贤雅等来电话，请一起去喝酒，我婉拒了，因为刚回到宿舍，不想再出去了。

看电视剧，与妻儿通话。唐史研究所老同事任鹏杰兄最近要来韩国，故要我的电话号码；平拴兄给我写了信，但还没有收到；老家邻居、在西北工业大学毕业的拜会平弟去西安，哥哥让捎带花生等。儿子说话很好。假期回家，若因搬迁缘故没有地

---

① 董理，天津南开大学来庆北大学的留学生，当时在校外租房住。

方住，还要租房住，确也不便。但出国一年了，回家之念甚烈。

5月23日

周日看电视、休息。去 Price Club，购一毛巾被、短袖衫。今天韩国选美，选出韩国"真、善、美"美女，电视直播，每年均如此。美女长得确实漂亮，但给人感觉差别不大。

5月24日

复印一韩国博士论文，花费5000韩币，上朱先生的课要用。

去权延雄教授研究室上课。晚上在宿舍看复印的博士论文。

给老家哥哥写一信，半年多没有和他通消息了。又想给高明士教授写信，但只写了开头，还是等其他时间再写吧！

5月25日

预习课程，下午去博物馆馆长室上朱先生的课。这几天是大学生们的祝祭日，共三天时间，学校非常热闹。

可能是晚上没有休息好，感到很累。

晚上给金钟健先生等上中文课。任先生捎话来，说有关韩中关系史研究的书出版了。给任先生打电话，但没有人接听。明天去任先生研究室。

5月27日

权教授休课了。尹先生来电话说有事情，下午的翻译课也不上了。

去图书馆看杂志，复印荣新江教授《唐与新罗文化交往史证——以〈海州大云寺禅院碑〉为中心》论文，刊于杭州大学韩国研究所编辑的《韩国研究》第3辑上，探讨一位没有留下姓名的新罗僧侣对唐朝与新罗关系的贡献。论文写得很好。

中国台湾和韩国足球赛,结果韩国 7∶0 胜出。

听说西安交通大学来了一位搞机械研究的先生到庆北大学,但未见人。

给哥哥发信。

5月28日

整理思绪,撰写权先生课程报告书。今天是庆北大学的校庆日,校内图书馆、系资料室均关门。真是想不通,校庆应该将公共设施全开放才是呀。

给高明士教授草拟一信。从任先生处拿来一本韩国学者金翰奎著《韩中关系史》,两大厚本,这几天一直翻看,不过写到唐代与朝鲜半岛政权关系的内容却很少。

5月29日

9∶30 与崔永洙到达大邱市府门口集中,等到 10∶00 才同参会的其他人一起乘巴士到达大邱乡校所在地。大邱乡校始建于李氏朝鲜初期的 1398 年,其中有大成殿,有孔子像。大邱市长文熹甲先生到会讲话。

活动先是演练韩国式的结婚仪式,两个西洋人穿着韩服,很认真地演示韩式婚礼,很滑稽。又欣赏用四种乐器演奏的乐曲,其中听到钟、锣、鼓声。然后是品尝韩国食品,有紫菜包饭,有韩式米糕,还有其他韩国食品。

见到南开大学来岭南大学教中文的刘姓教授夫妇,也见到大邱晓星宗教大学的李京圭教授。12∶00 活动结束,总共有五十余人参与活动。购买一裤子及短袖衫。

晚上和妻通话,说了假期回家的事情。妻所寄《全唐文补遗》已收到,也看到其中夹寄的《陕西师大学报》,去年的第 4 期刊登我的一篇论文。

📅 5月31日

看收到的《全唐文补遗》,去图书馆。

下午去权先生研究室上课。复印资料论文,花费5000元韩币。

找朱先生,谈回家及课程报告书事。先生同意我下月回国,只是回国前要交上报告书。

📅 6月1日

在研究室预习朱先生课目所布置的论文。下午上朱先生的课。

给高明士教授发信。去博物馆资料室借《韩国服饰》杂志,复印其中一篇通过《燕行录》研究朝鲜时代服饰的论文,作者为韩国东国大学史学系的林基中教授[①]。

给金钟健先生等上中文课。

📅 6月4日

前去教授洞上文暻铉教授课,我用韩语宣读论文,很紧张,满头大汗,看来韩语发言还有待进一步提高。今早去福祉馆,询问飞机票价格等事。汉城—青岛往返机票26.5万韩币,大邱—汉城机票2.34万元,很便宜。

参加韩国古代史学术研讨会,14:00许才回到宿舍。

晚上给妻打电话,儿子唱歌,向他们说明了回家的事情。

📅 6月6日

在图书馆,见到国内30年代的杂志《国立北平图书馆

---

① 林基中教授,主持编集《燕行录全集》100册。2004年在浙江大学韩研究所所举办的国际学术研讨会议上见过面。

刊》，共十一卷，上面有关于新罗真兴王巡狩碑、高句丽好太王碑、高丽大藏经等研究论文。很高兴，以后将其复印，以便参考。又翻阅人大复印报刊资料，发现赵克尧、孔祥星、欧阳熙有关唐代里正、坞壁的论文，其中孔祥星教授的论文很有参考价值，对准备朱先生课报告书很有作用。

晚上预习明天课程，看复印的论文。很快要回家了，心里有说不出的期盼和焦虑。和其他留学生同学说闲话。回家的东西还没有买。明天交纳购买飞机票款项，以便取回机票。

6月9日

全天在宿舍抄写论文，只剩下八页了，尽快抄写完毕，给高明士教授寄去。

尹先生请我吃饭，他在中国待过两年，故颇有感情，谈及中国饮食，多有留恋与思念之意。暑假回国返回时可给其带一些。

6月11日

从头到尾再通读了一遍论文，复印了两份，去朱先生办公处，但未见先生。

12：00坐朴春泽先生的车，去永川市韩国第三陆军士官学校参加中国史学会学术研讨会议。在会上见到了金善昱教授、中国社科院历史所童超研究员，以及此前认识的其他先生。童超研究员此前在西安举办的魏晋南北朝学会年会上见过面，他还记得我。

晚上21：00回到学校，想起朱先生报告书的事情。

给妻打电话，说已经购买到了飞机票。

6月13日

去图书馆，复印下午发表的报告书，天气很热。

下午13：00许，汉文系的黄渭周教授打来电话，说是朱先生介绍的。他和其他两位先生8月份要去西安，希望我给他们做向导，并想约下午16：00见面。

14：00去权先生研究室，先是崔弘昭宣读论文，而我用韩语发表还有一定困难，故下次再宣读论文。心里很紧张，朱先生课的报告书还没有动笔，晚上在宿舍一直构思。

6月14日

在图书馆，先想写新罗方面的报告书，还想翻译，下午在宿舍翻译又觉得力不从心，因而决定还是写唐代地方基层组织方面的报告书。

翻译所写的报告书，周四要宣读。

6月15日

早上监考，李玠奭教授的课完全结束。

下午翻译报告书，很难！李教授、小林等帮助我改，压力很大。一边查阅《中韩字典》一边翻译，反正这一关要过。以后翻译工作是必不可少的事情。

今天韩国西海岸平静下来，但美国的潜艇及航母过来了，十分可恶。

6月17日

在研究室，同室的崔贤美帮我修改翻译稿，多谢。

下午宣读论文，权先生对我的发表及表现予以很高的评价，还给我20万韩币奖金，以感谢我在这门课中的表现，很是高兴。上课还能拿到奖励，谢谢权老师。

在宿舍准备朱先生课的报告书。

6月20日

周日,去西门市场给儿子、岳母买了礼物。只是还未给妻买。

打电话,妻去监考,妻弟接听的。晚上将报告书最后写完。

崔弘昭将权先生的《随槎录》论文稿转给我,权先生让我假期做好中文标点工作。顺便将借来的全海宗教授的《韩中关系史研究》书,让崔弘昭转交权老师。

6月21日

去给朱先生交报告书,先生正和岭南埋葬文化研究院的李院长谈话。先生送我10万元,让回家买些礼物,谢谢先生!

下午给任先生还书,他给我书费150元(妻所寄书),说多的部分作为感谢金。任先生对我帮助很多,只有感谢了!

任先生还给赵老师捎礼物,给我儿子买礼物,随后又请我吃晚饭。给高明士教授寄去我写的论文,但还未收到高先生寄来的书。

6月22日

早上将宿舍的书籍转到研究室。宿舍假期7月18日起要住其他人,故要将东西收拾起来。

见到汉文系的黄渭周教授,他将他的护照复印件给我,以备去西安旅游订购飞机票时所用。

去 Price Club,买到一些东西,又去学校小卖铺购一些小玩意,将东西收拾完毕。将两个银行储蓄折子交予对门好友崔永洙保管,反正带在身上也没有用。再将电脑、衣服等交予同舍小田保管。

给尹先生打电话辞行。明天就回国了。

第二季

（1999年8月～2000年6月）

庆北大学露天博物馆

1999年

8月18日

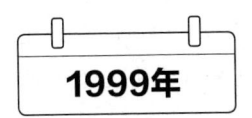

9:00起床，与妻儿一起去岳父家。假期两个月转眼飞逝，今日又要飞赴他乡，心里几多酸楚。收拾东西，与儿子说话。

10:00多从岳父家出来，妻儿送我到乘车处。几次亲吻儿子，与妻话别，妻已眼泪盈眶。岳父亦赶来相送。至西安咸阳国际机场已是12:30许。

乘13:20的航班先到青岛，飞机很小，只能坐三十余人，震荡不已！至郑州又降落下来，17:00许到达青岛机场，已感疲惫不堪。

晚上住机场宾馆，住宿费很贵，但为避免一系列不便（明早10:00许起飞赴韩国），只好如此。在宾馆看电视，想给家里打电话，又无磁卡电话，只有等明天早上再说了。

8月19日

7:00许起床，简单吃了一些东西。

9:00进机场安检，10:25准时起飞，韩国时间13:00到达汉城金浦机场。第二次来这里，已无陌生感觉。

至15:30又乘韩亚航班飞赴大邱，正点到达北大邱机场。到学校已感到疲累异常。

晚上几次给家里打电话，但均未打通，不知何故！今天中午登机前曾给家里打电话，岳母在家，妻儿还没有回来。

8月20日

和朱先生联系，去博物馆，给先生送带来的西凤酒，他很高兴！朱先生让我看翻译好的我提交的庆州学术会议论文，并提出修改意见。先生还让我准备韩语论文提要，本月 30 日庆州学术会议上，我宣读论文提要就可以。去史学系办公室申请本学期科目。

下午又去朱先生处，见到考古学系的李白圭教授。朱先生说 KBS 要制作有关苏定方的专题片，他们要来庆北大学，想见我了解一些情况。

晚上给家里打电话，与妻儿说话。看《旧唐书》《新唐书》"苏定方传"。

8月23日

和尹在硕、任大熙两位先生联系上了。

11：00 许，任大熙、李玠奭两位教授领着台湾清华大学历史研究所萧启庆教授夫妇来，中午和他们一起吃饭。

下午陪萧教授及尹先生他们去海印寺参观。海印寺去年曾去过一次，这次萧教授来庆北大学，尹先生盛情邀往。17：00 许回到宿舍，很累！晚上在宿舍。

8月24日

在宿舍写论文摘要。下午系办公室来电话，说请参加萧教授讲演会，又说朱先生请明日去博物馆，KBS 有记者要来，请我谈有关苏定方事迹。下午参加萧教授讲演会，晚上看书。

萧启庆教授专攻元代史，看起来很瘦，个子在 190 厘米以上，待人平和，曾经留学美国，在美国获得博士学位，在蒙元史研究界颇有声誉。

8月25日

准备苏定方有关问题，以应对记者的采访。12：00 去朱先生处。

13：00许，在庆北大学博物馆门前石凳上，和KBS记者尹先生见面。尹记者说他们周内要去西安录制有关苏定方的电视专题片，见面除过了解一些唐史方面的问题之外，还希望介绍几位西安的唐史研究学者，以便他们采访录影。给他们提供马驰教授、胡戟教授的联系方式。谈至15：30左右，尹记者离开庆北大学。见到朱先生，17：30回到宿舍，很累。

18：20去尹先生处，参加欢送萧教授夫妇宴会。

21：00许回到宿舍。抄写宣读论文的韩文提要。

8月27日

去朱先生处，他让将韩语论文提要打印出来。

9：00许到研究室，用禹英兰的电脑，一直到16：00，很累，只打了一半！

今天与大邱晓星大学的李京圭教授有约，18：00在学校正门见面。19：00许到一饭馆吃饭，大邱晓星大学中国学研究所的教师和学生十余名参加。22：00许回到学校。

大后天，也就是30日8：00要到市内新岭南宾馆前，与朱先生碰头，一起去庆州出席学术会议。

8月30日

7：00许乘出租去新岭南宾馆前，8：00与朱先生、李明植先生、卢重国先生一起去庆州。安排我下午宣读论文。见到许多此前没有谋面、只知名字的韩国教授。我的论文已刊登在《新罗文化》第16辑上，会议给的发表费很多，感谢朱先生给我创造参会发表论文的机会。

23：00许回到庆北大学宿舍。

8月31日

下午去朱先生研究室上课,朱先生概论式讲述韩国古代文书情况。

借《日本书纪》《韩国古代金石文》两书,给李玠奭教授送去带来的中国西凤酒。

在宿舍看借来的书籍。

9月1日

全天均读韩国语。

给金钟健先生打电话,让将马驰教授委托的书转送安俊光教授。

晚上去研究室。给马驰教授起草一封信。

9月5日

周日,雨下得很大。去东大邱市场,想给儿子买些什么,但未找到合适的东西。又去 Price Club,买了两本书。

和妻通话,台湾《故宫文物月刊》杂志来电话,说要将我以前在该刊物发表的论文做成光盘,妻说要将寄来的信转寄过来。和儿子说话,这学期送幼儿园表现好多了,不再哭了。

明天要将购买的书寄回去。

9月6日

9:30去银行交学费条,又去系办公室改科目。从助教那里知道,这学期我给权延雄教授做助教,这样平时的零花钱就有着落了。

下午去权教授处,将标点的《随槎录》文本交予先生。见到尹先生,借了三本书。给儿子将昨天购买的书寄回去,只是写错了邮编,不知一周内妻是否能够收到。

📅 9月8日

背韩语单词、句型,看借阅的书籍。

有关韩国冷水里新罗碑发现及研究情况,《韩国古代史研究》第3辑上有7篇论文,这些都要一一翻看。

晚上在宿舍看电视剧。

📅 9月10日

下午13:00去师范学院李秉麻教授处上课,先生布置了本学期课程博士生宣读论文顺序,我被安排在10月25日,主要是关于韩国制度史方面的问题、研究动态等。

去图书馆复印《唐代海东藩阀志存》,该书为清末民初金石学家罗振玉编写。见到任先生。晚上看复印的书。

师范学院历史教育学科本月16、17、18日三天去忠清北道考察参观,任先生邀请我去,到时再说。其实我很想去。给权教授送去带来的西凤酒,先生很高兴!这学期我给权先生做助教,先生鼓励我好好学习韩语。

📅 9月11日

9:00去东门外做抽印本。《新罗文化》第16辑杂志只有一本,也未见其寄送抽印本,只好自己做了。

10:00去参加韩国古代史论文发表会,11:30结束。

13:30义城的郑在鹤先生来电话说想见面;在校小门外一起喝啤酒,15:00许回到宿舍。

和任先生联系,他18:00请我吃饭,19:30许回到宿舍。16、17、18日去忠清北道考察参观。任先生希望我继续写有关唐代历史地理方面的论文。

9月12日

10：00许起床，去 Price Club，未购到充电器。下午去东大邱市场，购一双旅游鞋，晚上和妻通话。

修改发表论文抽印本中漏掉的一段，其他人翻译，未经我手，漏掉一段实属不该啊！应好好学习韩国语，以后再有发表论文的机会，争取自己亲手翻译，以减少失误；因为书印出来后，想改也是不可能的事情。

看《唐代墓志汇编》上册，查阅资料。

9月14日

去研究室，汉文系黄渭周教授来电话请吃饭，但我下午有课，18：00又要参加师范学院参观考察前的准备发表会，故未答应。

下午上朱先生的课。晚上去师范学院参加考察准备发表会，很累！这几天早上7：00起床后到宿舍地下室练功房锻炼，刚开始不习惯。

借台湾学者毛汉光《中国中古社会史论》一书，想写论文。又因要准备选学课程报告书，迟迟不能动笔。

9月15日

送师弟柳文奎论文抽印本，借新罗史方面的四本书，复印李宇泰有关《新罗冷水里碑》的论文。系助教让去系办，说是登录金问题。我已缴纳，说明后始回到宿舍。

下午看李基白《新罗政治社会史研究》，看有关"上大等"的论文，要借助字典，这样就能看懂其内容了。给任大熙先生修改有关动态论文，其拟在台湾的杂志上发表。

晚上收到妻寄来的台湾《故宫文物月刊》协议书，是要将我的一篇论文做成光盘,很好,填写表格。明天要去韩国忠清南、北道一带考察参观。

和任先生联系,但无人接电话。

9月16日

8:00出发,11:00许到达全罗北道益山市王宫里,这里正在进行考古发掘,地面上有五层石塔。又到金马面基阳里的弥勒寺遗址,这是一个非常大的寺庙,据介绍已做过两次大规模的考古调查发掘,发掘出韩国三国时代及以后各时代的遗物。有一大型石塔,但已破损。日本占领时期修复了一面,南面新建一石塔,很是壮观。这座寺庙的规模给人留下很深的印象。午饭吃韩国寿司。后又到灌촉사,印象不深。

下午到扶余郡,先到陵山里古坟群。据李文基教授讲,这里的坟墓全被盗掘,只是韩国对文化遗迹保护得很好,坟上都种上草皮,绿茵如被,美观大方。宫南池遗址、泗沘城罗城遗址,都和百济王朝历史密切相关。扶余国立博物馆去年曾与金善昱、胡戟两位老师参观过,但这次最大的收获是看到了唐将刘仁愿纪功碑。碑竖立在碑亭之中,在博物馆大门右侧,上面少许文字还可判读,但百分之九十五以上漫灭不存(现在有朝鲜时代的拓片,可以了解纪功碑碑文的内容)。如果要写有关刘仁愿的论文,这是重要的资料。

来到定林寺遗址,这里有著名的《大唐平百济国碑铭》,在五层石塔底层的十六块石片上镌刻的,上次来也看过,均拍了照片。这些以后均可作为论文的素材,实地考察非常好。

18:00去扶苏山城,参观了著名的落花岩,对此《三国遗事》上有记载。

晚上就在扶余市住宿。学生们表演节目、唱歌,也让我讲话。能有机会参加这种活动,收获很多。

9月17日

8：00出发，参观无量寺，寺院古代文物遗存不少，而大殿等均是后代所建。到圣住寺遗址，这里周围山岳环抱，特别是新罗末高丽初崔致远撰写碑文的朗慧和尚白月葆光塔碑保存得很好，是我所见到韩国保存最好、最完整的碑石。又到寿德寺、普愿寺、瑞山摩崖三尊佛遗址、麻谷寺等地参观。

晚上在公州市附近住宿，大家喝了许多啤酒。李文基教授喝得最多，他和我争论《三国史记》卷七中的"新罗文武王答薛仁贵书"有关所谓"罗唐密约"问题，最后竟然互相谁都说服不了谁！过后想，不能和李先生争论，他是老师，我是学生，这样容易引起误会，影响以后双方的交流。凌晨4：00才睡着。

9月18日

8：00起床，大家9：00出发，参观公州市博物馆，百济武宁王陵发掘出土文物都收藏在这个博物馆。这里去年也来过，很累！参观武宁王陵遗址，去中原郡看1979年发现的中原高句丽碑。又去塔坪里看七层石塔，新罗时代的遗物。

法住寺是一个很大的寺院，占地面积可观，建筑物古朴典雅。其中有一古塔，纯中国式模样。又有一青铜大佛像，下面有地宫。寺院周边有合抱的松树，是一个国家公园所在，游人如织。

经过两个小时的路程，晚上20：00许回到大邱庆北大学。这次随韩国老师的古迹考察之旅圆满结束。回到宿舍，感到疲劳异常！

9月22日

去研究室，寄填写好的表格给台湾《故宫文物月刊》杂志编辑部。

给朴汉济教授寄论文抽印本及赵老师捎带的书。和农业学院留学生林国林一起去本馆。给权先生、尹先生、黄先生等送论文抽印本。下午去电脑室。

昨天台湾发生强烈地震，各地纷纷派人前往救援。

9月23日

9:00起床。中午与新来的蒋元力①及林秀景一起吃饭，饭馆给的量少，好像没有吃饱的样子。

下午看到黑板上写着中国留学生聚会的通知。中秋节放假了，也没有其他事。晚上前往参加聚会，每人交纳1万韩币会费。吃烤肉、喝啤酒，又去歌谣房。22:00许我单独回来，其他人还在狂欢之中。

看电视，想着报告书的内容，但心里却认为是假日，也不想动笔。

9月24日

今天是八月十五中秋节，也不知道妻与儿子在岳父家怎样度过。

睡懒觉，中午才起床。因外面的饭馆全关门，只有泡方便面对付了。

去外面的小商店买到面包及火腿肠，晚上与这里的在校留学生一起去安同学家里。安之前见过多次，但没有说过话，昨晚

---

① 蒋元力，在庆北大学从事博士后合作研究。现为河南能源化工集团研究院副院长，郑州大学化工能源学院教授。

一起吃饭才说上几句话，他妻子也在庆北大学留学。大家一起在安家包饺子，并唱歌玩耍，很是快乐，真有一点留学生会的感觉。

22：30回来。聚会前和妻通话，得知内弟购买了小公交车，跑车，这样终于有点事情做了。唐史研究所发了月饼，但妻未去领取。和儿子说话，家里一切皆好。

台湾发生地震，余震不断。大邱一直下雨，人都要发霉了。

9月25日

8：00接到张若明电话，说让15：00去他家，上学期他也邀请过，只是我当时有事未去。张是甘肃人，来这里留学已有几年，妻子、女儿一起来，在这里又生了儿子。

中午泡方便面吃。15：15乘史学科学生张贤雅兄长开的车，金贤雅与其姐姐、母亲一同去张家。张若明的妻子做了好多好吃的，又包饺子，一直到19：00才回到宿舍。回来时张用摩托送我，非常害怕。以前坐过一次摩托车，开得很快。

去寄宿舍地下室，那里有电视机，可以收看到中央四套，今天晚上有沪港台三地中秋联欢晚会。

9月30日

在研究室，报告书已有眉目，就只剩动笔起草了。只是慎重起见，还应再看一些资料。

下午在宿舍。明天就是10月1日国庆节，在国外，心里仍很是向往。

晚上去地下室看凤凰卫视，但未能看到中央电视台的节目。舍友小田从国内返回，一起去外面喝酒。给吴先生发邮件。

10月1日

8：00接到崔弘昭小姐电话，说下午李先生的课不上了。

9：00去地下室看中央电视台国庆五十周年阅兵式，气势恢宏，在座的中国留学生无不欢欣鼓舞。

13：00回到宿舍看书，本来有尹先生的课，但打电话过去，没人接听，可能没在研究室。电脑修不好，是否硬盘坏了？

西安第四军医大学来了一个女研习生，但没有见过面。

10月2日

9：00去参加韩国古代史论文发表会，13：30回到宿舍，去电脑室看新闻。

去蒋元力研究室发送邮件，蒋元力来自郑州大学化工学院，来庆北大学做博士后合作研究。给张文昌、吴成宽两位发邮件。晚上看电视。

与蒋元力去找第四军医大学来的研习生，未见到。

与妻通话，所寄书仍未收到。

10月5日

在研究室。中午汉文系的黄渭周教授请吃饭。朱先生的课本周不上，因其他学生出去考察，未及准备之故。

下午给崔弘昭打电话，文暻铉教授的课明天开始上。任先生传话，说周四KBS来人要采访我，因而让提前做一些准备。

晚上给金善昱、朴汉济两位先生打电话表示问候。写《苏定方生年考疑》论文，刚开头，只是有此想法，等报告书写完之后再全力以赴起草。

10月6日

在宿舍写报告书，下午在宿舍。16：00许去崔永洙家帮忙，匆匆忙忙。17：00许去文教授研究室，但他今天不讲课；

后与崔弘昭、申衡锡①等说话，18：30回到宿舍。

仍旧写报告书。昨天收到《新罗文化》杂志编辑部寄来的25册论文抽印本，很好，这样就不用我再制作了。

10月9日

9：00坐大巴去岭南大学，岭南大学的李炯基先生领去参观该校的博物馆、民俗博物馆。博物馆规模大，藏品较庆北大学博物馆多得多；特别是一层中央大厅陈列着仿广开土好太王碑（拓本贴在一四方柱上），很有气势。岭南大学占地很广，据说该校是韩国已故总统朴正熙提议建立的大学，其中教学楼很高，在70年代很有名气。

午饭后去岭南大学民族文化研究所，一起参观的李昌国、郑东骆（博士生）送《民族文化论丛》十余本，很高兴！

又去庆山市内政洞参观三通石碑。其中一个碑上刻有"竹亭□业"，一碑在一棵大树中夹着，上书"曲□乐□"。碑均形状原始，不规则形状，很是奇怪。

因为是周六，回来时乘李炯基先生的车，但堵车严重，20：00许才回到宿舍。

21：00和妻通话，儿子在外面玩耍。很累！

10月10日

10：00起床，给任先生改论文。下午看书，天大雨。

晚上这里的朴性风教授送我一张著名歌唱家宋大宽、太真儿演唱会票。

演唱会在学校大礼堂举办，听了一会，但觉得很吵的

---

① 申衡锡，在庆北大学人文学院获得硕士学位，同门师弟。现在韩国蔚山市博物馆工作。

样子。

又去看巴林与中国足球赛，没有意思。

10月11日

去研究室，看复印的论文。下午去史学科资料室，看《隋书》。

有关苏定方论文的第一部分，即苏定方生年问题已经考出，待他日修改抄出。

晚上在宿舍，舍监长找对门的蒋元力、林秀景，但似乎没有什么事情。

10月12日

去研究室。下午上朱先生的课。庆州东国大学新罗文化研究所寄来去年参加的有关芬皇寺的学术研讨会论文集。

借台湾新文丰出版公司出版的《石刻史料新编》，查到了《刘仁愿等题名》石刻铭文，标示石刻制作时间为乾封二年，这对进一步探讨相关问题很有帮助，很高兴！

该石刻铭文出自《山左金石志》。又查到《大唐信法寺弥陀像碑》。

10月13日

在研究室学韩语，查单词，看朱先生昨日布置的学术论文。

下午在宿舍看《旧唐书》，又发现《许敬宗传》中有苏定方的资料，很难得！这对探讨苏定方死后为什么不为后人所知，本传又为何疑点重重很有帮助。大概苏定方在李义府、许敬宗当政时期被看好，而李、许倒台后，苏定方受到牵连的缘故吧！

10月14日

看借来的《石刻史料新编》,下午权延雄教授找,让将上学期校点的《随槎录》最后部分再做校点,下周四就要。晚上在稿纸上抄写标点。

《九成宫醴泉铭》碑阴题字中有金仁问题名,很重要,对以后写论文可提供重要的依据。

10月15日

在研究室。下午有尹先生课,去尹先生处。

史学系办公室通知15:00去博物馆听报告,朱先生通知必须去。去博物馆会议室听庆州博物馆馆长姜有邦先生有关半跏思惟佛像的报告。

18:00去尹先生处,学生仍未来。晚饭尹先生请吃烤肉。

20:00许回到宿舍。收到妻寄来的书,很高兴。

10月20日

抄写报告书。复印日本学者池内宏《高丽大藏经考》论文,准备好给权教授点校《随槎录》的资料,明天一早给先生送去。

见到金钟健先生,他通知周六去釜山开会。此前没有去过釜山,很想去。

10月22日

阅读报告书,准备下午发表。下午发表很顺利,给李秉庥先生送去发表论文的抽印本。

本来有文先生的课,但文先生有事,故不上课了。尹先生来电话说晚上的课取消。

翻看资料，继续思考有关苏定方的论文。早早休息，明天计划坐金钟健先生的车去釜山。

10月23日

10：00坐金钟健先生的车，经过两个多小时到达釜山市的釜京大学校。

在会上见到从中国社会科学院经济史研究室来的江太新教授、延边大学来的金哲星先生。有三个教授发表，其中岭南大学金真经先生发表朝鲜战争相关论文，完全是韩国的立场，当然这也很正常。晚上20：00许回到大邱，到宿舍已快23：00，很累！

和妻通话，赵老师已给家里打电话了，他让妻去他家取我捎回的东西。儿子还未睡，和他说话。

10月25日

去研究室，看朱先生布置的论文。下午一直在图书馆翻看《唐会要》《唐史论断》《新唐书纠谬》《唐鉴》《新旧唐书互证》等书，这些书在国内都看过，这次是专门查找有关苏定方的资料。晚上去任先生处，他刚从中国回来，我向他了解出席学术会议以及西安其他老师的情况。

张文昌发来电子邮件。给吴先生发邮件，但地址却是用的张文昌的，真是可恶！要给其说明。电话故障，已经给办公室说了，但未见回音！今天给马驰老师发去一信，给高明士先生寄去发表的论文抽印本。

10月27日

去研究室，学韩语，看《新唐书》。今天继续写有关苏定方的论文，但想得比较多，下笔似仍有困难。晚上与蒋元力、单德斌①二人去喝啤酒，回来已是0：30了。

凌晨2：00许隔壁大喊大叫，我没有出去，外面乱糟糟的，听见舍监长的声音；似乎是隔壁几位同胞一起喝酒（也有其他宿舍的人），后来就打了起来。

开学一个多月，闹了三次了，真是不应该。这里的人对中国人的印象一定不会好。睡不着觉，一直到凌晨4：00才入睡。

10月28日

早上才听说是106室的两位同胞打了起来，一个动刀子将另外一个脸划破了，据说嘴唇也被划破了，身上也有刀伤。事情闹得够大了，住院缝了好多针。心里好不是滋味，一切都是由过量喝酒引起的。此前的几次事情也是因为喝醉酒。

开始动笔写第二部分。去任先生处借孙继民、王永兴、谷霁光等先生的书。借荣新江主编《唐研究》第1卷，又借《东国通鉴》等书，手头的工具书太少，不停地要去图书馆查阅书籍，何况有的书图书馆也没有。

10月31日

周日，校改尹先生委托的稿件，二十多页，是台湾清华大学萧启庆教授的论文。天下雨，外面很冷。

仁川市的一个歌谣房昨日发生火灾，烧死55名中学生，很惨。进入冬季之后，这种情况很让人担心。

---

① 单德斌，在庆北大学机械工程系从事博士后合作研究，其间对我多有帮助。现为哈工大金属精密热加工国家重点实验室副主任，教授、博士生导师。

11月2日

　　看论文。下午上朱先生的课。下课后去图书馆复印论文，但只找到其中一篇，其余三篇所在的论文集找不到。在图书馆看中文杂志，其中有一篇论文谈及明惠宗（建文帝）的下落，可能在现在印度尼西亚的一个岛上。如果此说属实的话，国内明史研究者应借鉴，说不定还能推动研究的进一步深入。

11月3日

　　在宿舍。昨晚做梦，似乎在家里，很想家。
　　学韩语，现在每天晚上在电脑上学一小时韩语。论文要准备的材料还很多，故下午去图书馆找材料，但所获有限。收到台湾故宫博物院《故宫文物月刊》杂志委托的广告公司信，说收到了我的意向书，以后寄版费时用记名支票或者其他办法。

11月6日

　　在宿舍看《文物》杂志，以及《咸安城山山城发掘报告书》。11：00去尹先生处，帮其修改稿件，一起吃午饭。
　　14：00许回到宿舍，两天中午均未睡午觉，很累。
　　晚上看电视，和妻通话，说儿子打预防针有反应，发烧；和儿子说话。
　　上十楼上网看新闻。

11月8日

　　在研究室看论文。去大邱银行，又去还书。下午在宿舍，给赵老师、妻以及金善昱先生写信，寄信。早就该给赵老师写信了，但一直未写。
　　晚上又开始写苏定方论文。

宿舍暖气很足，没有一点冷的感觉。只是一天生活很单调，除过学习就是在宿舍转悠。这篇论文没有可参考的东西，真的不好写啊！

11月9日

今天朱先生忙，课没有上成，但李秉庥教授让下周发表，匆忙间复印论文，选高丽时代"妙清之乱"涉及的问题。

明天中国社会科学院历史所一研究秦汉史的谢姓（桂华）研究员来庆北大学。尹先生打电话来，让到时陪同谢先生。借书。

11月10日

在研究室看论文，先理清头绪。看《高丽史》有关传记，《金富轼传》《妙清传》，看李丙焘主编《韩国史》及申采浩的有关论述，觉得牵涉的问题很多。晚上在宿舍，一直到22：30才入睡。

尹先生带历史研究所的谢桂华研究员来，和谢先生见面。在这里见到国内的专家学者，倍感亲切。谢先生很随和，和我谈国内学界的情况，以及这次应邀来韩国出席会议所见所闻。尹先生让明天早上陪同谢先生一起吃早餐。

11月11日

7：30起来，随后陪谢老师一起吃早餐。9：00许去博物馆，朱、谢两位先生谈话，我翻译。10：00参观庆北大学博物馆，又去历史系资料室参观。12：00和尹、谢、朱三位先生一起吃饭。15：00在愚堂会议厅听谢先生的报告。18：00许与史学科崔贞焕教授、李玠奭教授、任先生、朱甫暾教授、尹先生、谢桂华先生等一起吃饭。

19:30坐尹先生车去金海市，因晕车缘故，一路上很难受，呕吐不止。快22:00到达金海市，参加"韩国城山山城国际学术会议"，到会的先生已有多位。

晚上与谢先生住在一起。金海市位于釜山市西，在海边，釜山国际机场就在金海市辖区内。

11月12日

9:00许学术会议正式开始。由于昨天来金海路上晕车，晚上又没有休息好，很累！

见到韩国史学界著名学者李基东教授。早上朱先生发表论文，下午谢桂华先生及其他先生发表。朱先生的其他硕、博士学生都参加这次会议。

晚上21:00返回，回到庆北大学已是23:00多了。没有感觉到很累，回来还好，竟然没有晕车。会上赠送《咸安城山山城发掘报告》一书，全面展示了1990~1993年城山山城发掘的情况。这次会议主要研讨当时发掘的木简文字。研讨会上学者们争论得相当激烈。

11月13日

10:00许尹先生来电话，让坐他的车一起去庆州参观，因写论文本不想去，但尹先生让陪同谢老师，故答应一起去。先去福祉馆办事，后乘车去庆州。

到庆州佛国寺、石窟庵，去年曾来过一次，兴趣不怎么大，但看一次就有一次新感受。因时间关系，本来要去庆州国立博物馆而未能去成。

18:00许回到大邱，19:00送谢老师到机场。尹先生及嫂夫人一起送我到宿舍。与妻通话，儿子进步很大，现在可以穿全裆裤了。晚上早早休息，很累！

11月14日

周日，看书休息，很累！下午朴性风教授来电话，让和他一起去书店。去了一个地下书店，此前去过一次，但没有需要的书。

晚上仍在宿舍，将《随槎录》又看了一遍，明天早上即送与权先生。给张文昌发邮件，不知是否能够收到。

11月16日

仍抄写报告书。下午上朱先生的课，三个小时不休息，很累！任先生来电话，说是他已经给赵老师说好，要在论文集中收录我的论文。发表之后应再整理论文寄送给赵老师。

昨天黄教授说的话很有意思，也有道理。他说韩国的历史学者不希望进行重大考古发掘，因为如此就有新的出土文书、石刻资料出现，这些东西发现得多了，现在一整套学说就不能自圆其说。这些话足以反映韩国"民族主义史学"的现状。汉文系教授的看法与国史学系教授迥然不同，他还说"我们祖先用了一千多年的汉字，现在竟然和我们没有关系了"云云。

11月17日

全天准备报告书。今天复印李丙焘《韩国史》中世部分。现在已经完成一大部分，明天简单做个结论就可以了。目前不愿意在此问题上多费功夫，以后回国后再对相关问题做仔细探讨论述。

26日庆北大学留学生组织去安东，去年8月份去过，再去一次也好啊！

11月18日

抄写报告书。收到张文昌传来的《1998年台湾隋唐史研究综述》（12页），很高兴！回复张文昌邮件。找徐锡霁帮忙翻译。

这几天忙着准备报告书，其他事情也只好放下。要给赵老师寄论文，任先生来电话说过。

11月23日

提前准备朱先生的课。看上学期复印的日本学者今西龙的论文。今天的《朝鲜日报》上刊登有朱先生的论文，他反驳西江大学李钟旭教授的论点。

下午上朱先生的课，课后复印三篇论文。晚上在宿舍复习韩语，看复印的论文，思考这一段时间写论文的得失。明天继续准备论文。

11月26日

9：00坐庆北大学国际部的大巴出发，这次去的留学生不多，中国人十余名，其他国家的有二十余名。11：00到达河回民俗村。今天才真正感受到冬天的寒冷。这里去年和任先生、妹尾达彦先生一起来过，故没有什么新鲜感；到一棵600年树龄的大树前，上次来过这里，在此留影。

下午去陶山书院，是朝鲜时代儒学者李退溪讲学的地方。20：00许回到宿舍，看到此前复印的书，很好，以后其他论文也应这样装订保存。

11月27日

周六，早上参加韩国古代史发表会，探讨高句丽婴阳王时期史事，即隋炀帝征伐高句丽关联事宜，中午一起吃饭。15：00许回到宿舍，继续整理论文。晚上和妻通话，妻未和赵老师通话，不快。去四层电脑室看新闻。

12月1日

在研究室。论文已准备完毕,晚上给雷闻[①]写信,今天任先生才将雷闻地址给我。此前和雷闻多有交往,他现在在北京大学攻读博士学位,很有希望。

明天应找权延雄教授。复印纪念"黄花岗七十二烈士"的论文,看后十分感动。

12月2日

在研究室,复印权惪永教授的《古代韩中外交史:遣唐使研究》一书,读将要发表的报告书,查字典、学韩语。

12月3日

在研究室。13:00去朱先生处上课,发表完后即回宿舍。15:00后去文暻铉教授处,但文教授另有约会,课就不能上了。

在研究室翻看《石刻史料新编》,17:00去尹先生处学韩语,课后就在研究室吃饭。

给唐史研究所上官姐打电话。尹先生寒假将带学生去西安,让打听西安的宾馆价格之类,故和上官姐联系。下周一再联系。晚上做梦梦见妻儿,醒来竟是梦,颇为惆怅。

12月4日

去图书馆,取装订的《古代韩中外交史》书。下午在宿舍,

---

① 雷闻,曾在中国社科院历史研究所供职多年,现为北京师范大学历史学院教授、博士生导师。在《历史研究》《中国史研究》《世界宗教研究》等学术期刊上发表学术论文数十篇,出版《郊庙之外:隋唐国家祭祀与宗教》《官文书与唐代政务运行研究》等学术专著。

很累，睡觉休息。晚上和妻通话，儿子说他妈给他买了皮鞋和羽绒衣，妻已给赵老师打过电话了。又给二姐家打电话。她家昨天刚通电话，马上给西安家里打电话联系。军平昨天结婚，二姐夫、二姐很高兴，大姐亦在二姐家。

12月7日

昨天晚上抄写论文到凌晨2：00才睡觉，又睡不着，早上起来没有精神。只是论文已经抄完，去图书馆复印论文。下午上朱先生的课，先生布置了学期报告书，给朱先生一份论文复印件，先生让翻译成韩语。

12月9日

在研究室。不知何原因，头晕乎乎的，看书也不入味。晚上在宿舍亦是如此，23：30就睡觉。大概是这几天没休息好，给赵老师寄去论文后心里放松的缘故。但还要写报告书，故不能如此。

俄罗斯总统叶利钦访问中国。

12月10日

在研究室。开始写报告书。中午姜文求先生请吃饭。15：00上文曝铉教授课，这学期第一次，先生让准备《冷水里新罗碑》《凤坪新罗碑》内容的报告书，下周一发表。

去尹先生处，18：30结束上课。晚上在宿舍。昨天借图书馆三本书，竟发现《文史》杂志改为季刊，成为连续出版物，以后有稿件的话，也可向其投稿，看是否能发表。

12月11日

早上参加韩国古代史发表会。韩国现在最新的注释本《三国史记》（五卷本）中，竟然将长孙无忌注释为唐太宗的庶子，可见注释者并未看《旧唐书》《新唐书》"长孙无忌传"。

下午去 Homeplus，购买一箱方便面。晚上和妻通话，她说他们系让她做教研室副主任。不过我真担心她是否有这方面的能力，而且这是个出力不讨好的工作，应给妻写信让其注意。又去上网看新闻。

12月13日

在研究室，下午去文先生处上课，读《冷水里碑》，回到研究室，读《文史》杂志上下孝萱先生的论文。研究室太热，16：00回到宿舍。看书，晚上在宿舍。

报告书进展很慢，周四要提交上去，心里很着急，但时间又抓不紧，很是自责！

12月14日

在研究室。下午去柳文奎处，他让判读《圣住寺碑》，有的地方意思很难准确判读。放假后要专门抽时间解读这件碑文。又《新唐书·东夷传·新罗》所记新罗真骨、圣骨亦很混乱，让人摸不着头脑。

听说汉城至西安的航班本月底开通，很高兴，以后回家就方便多了。

写报告书。

12月16日

在研究室。下午去博物馆朱先生处提交报告书。本来是23日交，但我们都听成16日交了，昨日才纠正为23日，我已经写完，索性就交了。先生问了一些情况。

去权延雄教授处，权先生让看《随槎录》校样，下周一给他；校样问题不少。

提交了报告书，感到非常轻松。

12月17日

看卢以渐《随槎录》校样。下午去尹先生处上课，以后改为周五15：00开始上课。尹先生送挂历一份。晚上在宿舍，看周一良先生论文集。

周一良教授1992年到陕西师范大学出席魏晋南北朝学会年会，当时导师赵文润教授全权负责会议的筹备，他让我陪护周先生在西安的起居生活，故会议期间陪先生参会，又一起去临潼、法门寺等地参观，颇受教益。会后周先生还专门给我写信表示感谢，并寄赠他的《魏晋南北朝史论集续编》一书。[①]

中午和柳文奎一起吃饭，自16日开始寄宿舍食堂不供应饭了，直到元月2日为止。

12月19日

周日，8：30起床，看韩国语。9：30与林秀景、单德斌二位去上街，天气特别冷。买李基东《新罗骨品制社会与花郎徒》；找李基白《新罗政治社会史研究》，未见。12：00许又去林国林家，与蒋元力、林秀景、单德斌、许光日一起包饺子。15：30许返回宿舍，很累。休息，看新购的书。

22：30去地下室看电视，今天澳门回归，看香港凤凰卫视，交接仪式空前隆重，十分高兴。中国的统一是每个中国人的心愿，默默为祖国祝福。凌晨1：30睡觉。

---

① 参拜根兴《一封珍藏三十年的书信：追忆周一良教授》，见"澎湃私家历史"，2022年3月28日。

12月20日

早上购贺年卡10张,下午在研究室,将校对好的《随槎录》校样送与权先生。李玠奭教授让改他去年5月份写的论文。

晚上看书,给赵校长、马驰老师、赵文润老师、牛老师、高明士先生、张文昌先生、杨金平兄、李志贤先生、金善昱教授写贺卡。

12月21日

在宿舍,修改《苏定方事迹通考》论文,去邮局寄贺卡。下午给李先生将论文改好,看《册府元龟》,18:00随尹先生、李玠奭先生等五位去中国饭馆吃饭。昨天郑仁淑教授来电话,说让给一中学生教中文,一周一次,每次两个小时(4万韩币),我答应了。

明天见面商议具体时间等事项。

12月24日

去研究室。看《全唐文》,找到唐代人贺遂亮有关的一条史料。又去图书馆查阅《唐语林》《唐国史补》《因话录》诸书。

下午在宿舍,看《全唐文》,又找到相关的一条史料,是乾封二年八月造石像记。

12月25日

10:30许与蒋元力、单德斌、许光日三位一起去西区教会,听祈祷及看做礼拜,非常累。13:00许又去去年到过的教会,一直到下午18:30左右才回来,仍很累!基督教长老讲

《圣经》前，先将老子《道德经》大损特损一番，这不好。

邱神父（华裔）送我及蒋元力每人一本《圣经》。

12月28日

给朱先生写一贺年卡，下午去博物馆，朱先生未在。

看《全唐文》中初唐文学家、诗人陈子昂给一薛姓女子写的墓志铭，薛氏父亲为入唐新罗使者；墓志中又提到金仁问。这则史料很重要，以前未曾有人注意到。

12月31日

在宿舍写信。10：00许史学系办公室来电话，说是李玠奭教授找我，去时才知道是让我最后认定台湾萧启庆教授论文校样，还有李先生自己论文的修改部分。去图书馆还书，只是已经休馆。

正要去邮寄撰写的论文到台湾《大陆杂志》，遇见柳文奎师弟，一起去吃饭，后又上街买书，购买李基白《新罗政治社会史研究》，未找到李丙焘的书。16：00许去尹先生处，今天学生没有人来，坐了一会就回来，并让尹先生去西安时将购书的钱转给妻。

回到宿舍，张若明来电话，后与张一起坐公交车去他家。他夫人正在准备饭食，与其子女一起玩耍。吃饺子。张夫妻很热情，并希望我住下来，明天早上看日出，但我有点不习惯住在人家家里，告辞后乘大巴回到宿舍。

22：30又与单德斌一起出去散步。看香港凤凰卫视，一直到凌晨3：00许才睡觉。进入新世纪，各国以各种名义、形式举办活动，热闹非凡。

2000年

1月1日

10：00起床，看这几天查阅的史料。下午去打电脑，看到俄罗斯总统叶利钦辞职。

晚上给妻打电话，妻做监理很累，也没有休息日。儿子在家，元旦也不能上街去玩，心里颇不是滋味。

看韩国所拍的电影《쉬리（生死谍变）》，其中将朝鲜恶魔化，十足的冷战思维。

给金善昱教授打电话，先生问我近况，下周去大田先生处查资料。新的一年开始了，本年度应再写3~4篇论文，学好韩国语；应将《全唐文》、《册府元龟》及《资治通鉴》（唐代部分）全部过一遍，争取将此前人们未注意到的史料摘出来。6月末回国。到年底如有2~3篇论文发表，那是最好的事情。

1月3日

今天收到雷闻、王宏伟发来的贺卡。中午在研究室，李玠奭先生让改他的论文，并说要送我一台486电脑。重新审读前几天录出《全唐文》的部分内容。

晚上在宿舍看韩语。

1月4日

去研究室，天气很冷，学韩语，又看其他书。

去图书馆，无意中发现《路遥全集》，看其中的《人生》中篇小说，很亲切又感动。中午仍在研究室。李玠奭教授让系办公室的白先生找我，随后一起去李先生家吃午饭。李先生家中书很多，他们没有孩子，房子面积挺大。李先生夫人也是教授。

将486电脑带回，很高兴。电脑里还有李先生的资料文件，等复制后交给李先生，然后装 windows 系统就好了。大概也可以上网，并可以看国内新闻了。

1月5日

去研究室。中午朱先生请吃饭，让尽快准备论文。应先查资料，然后再撰写写作提纲、动手写。下午给中学生徐翰林教中文。去研究室，电脑让白先生带到图书室去了。

借《册府元龟》，今天给朱先生说了查到《馆陶郭公姬薛氏墓志铭》，他说启明大学的一位汉文系教授此前已有论文发表介绍。

1月6日

看新罗中代方面的书籍，初步拟定"新罗中代的对唐交涉"作为博士论文题目，因而需要复印有关论文。去图书馆复印卞麟锡先生的两篇论文，60年代中期发表于台湾中研院史语所编辑出版的《大陆杂志》上。

1月8日

去研究室，又去图书馆还书，因超期，等到13日才能再借书。找汉文系的黄渭周教授，想借有关陈子昂研究方面的书籍。以前查到陈子昂写的《馆陶郭公姬薛氏墓志铭》，想以此写一篇论文，但苦于这里没有外围的资料。下午开始抄写以前写的《苏定方生年考疑》小文，准备改抄后投往《中国史研究》，看是否能够刊登。

晚上给妻打电话，儿子在，说了两句话，妻要去工地值班。23：00再打电话，妻已回来，说了一些事情，很愉快。收到马老师明信片及杜文玉老师所寄《中国唐史学会会刊》。

1月9日

周日，天气阴沉沉，外面很冷。本想去Homeplus买东西，但没有人一起去，只好作罢。

昨天晚饭后亲眼见一骗子花言巧语，骗去留学生金承吉4万韩币，说是台湾驻韩国商务代办处的，到大邱办事将钱包丢了，不能回汉城，并说今天要来大邱送钱，但到现在也没有见来。金给台湾代办处打电话，结果证实根本没有这个人。

仍抄写论文。晚上20：00许开始下雪了，看到雪很高兴，这是大邱今年第一场雪。而西安至今还未见到落雪。听妻说因为天气干燥，大人小孩感冒的很多，甚为担心。看来明天想去大田市也就有困难了。

1月10日

在研究室，修改抄写论文。下午徐锡霁将电脑送来，声音很大，不如刚从李先生处拿来时的样子。今天在图书馆查《历史研究》杂志、人大复印报刊资料等，又借梁方仲有关户口统计的书籍，估计明天论文能够修改完毕。

1月11日

抄写剩余论文段落，又去图书馆校对所引用《资治通鉴》文字。仍有不满意的地方，需要修改。下午想将论文录入电脑，不过看电脑眼睛很累，可能是不习惯的缘故。上次去的教会，牧师送一本中文杂志，是在美留学生信奉基督教者编辑的。

明天应查《辞海》，搞清"脩县"的沿革情况。

1月13日

复印抄好的论文,下午给《中国史研究》杂志寄去,也不知道能否刊用。给杜文玉老师寄信,他这么远花邮费给我寄《中国唐史学会会刊》,十分感动!

论文寄出去就不想它了,不然放在自己手里,总想看看。下面就可继续专心从事资料收集工作了。

1月14日

在研究室。黄渭周先生来电话,说人文学院中文系李世东教授希望见我,并说可以的话12:00见面。去李先生研究室,向他提出想寻找有关陈子昂的研究专著,在学校食堂一起吃午饭。借中文系资料室《陈子昂研究》一书。下午有课。将给儿子买的衣服给尹先生,让他捎回西安,明天要打电话给妻说明。

又借岑仲勉先生的著作,以及王小甫教授《唐、吐蕃、大食政治关系史》专著。晚上在宿舍看借来的书籍。

1月15日

去图书馆,复印岑仲勉教授《陈子昂及其文集之事迹》论文,复印唐人张说撰写的郭元振行状史料。下午去 Homeplus,本想买酒,但改变主意,最后买了点心。找尹先生,研究室没有见人。17:30左右打电话,尹先生已回到研究室。将买到的东西让尹先生捎回西安。尹嫂子也在,他们送我一套内衣。在这里多次得到他们的关怀帮助,很受感动!

晚上与妻通话,西安也下了大雪,让妻买酒及茶叶送与尹先生、朱先生。尹先生一行20日早上到西安,在西安停三天两夜。

1月17日

在研究室，构思论文。中午理发。下午借《全唐文》、日本学者池内宏《满鲜史研究》（上世第二册），以及《高句丽史研究》。明天应复印今西龙《新罗史研究》中的一些篇章，此书对新罗文武王，以及其父亲武烈王在位期间史事多有论述。

韩国总统金大中先生接受韩国MBC放送记者访问，涉及很多问题。

1月18日

在研究室。去图书馆查资料，借《资治通鉴》三册，复印许兴植《韩国金石全文》中的一些碑文。电脑出了故障。下午将申滢植论文《新罗的宿卫外交》一部分录入电脑。找柳文奎师弟，看到《韩国古代史研究》第15辑，上面有两篇论文，都是有关新罗与唐朝关系的：其中一篇即是写陈子昂所撰《馆陶郭公姬薛氏墓志铭》，是启明大学卢重国先生所写；另一篇是张忠植先生撰写新发现的《含资道总管柴将军精舍草堂之铭》发掘报告，报告中有错误，可能是作者不懂中文，没有看《资治通鉴》等史书所致。

1月19日

9：00去参加韩国古代史讨论会，中午柳文奎、申衡锡、崔弘昭、权贤洙①、朴贤某等人一起吃饭。下午给学生徐翰林上课。16：00去系资料室，复印《满鲜史研究》中的论文，

---

① 权贤洙，在启明大学获得博士学位，博士指导老师为卢重国教授，后又做博士后合作研究，已身故。

并送去装订。收到张文昌先生所寄书，很高兴！张文昌以前也曾寄过几本重要的书籍，对我撰写论文帮助很大。这次寄赠的刘健明《隋代政治与对外政策》一书很有参考价值，是以后写论文的必备书目之一。

天下雪，很大，但太阳却高高挂起；风异常大，冷森森的。因周五要去启明大学看新发现的碑铭拓片，故去大田市只好推后。吴先生从郑州来电，但电话突发故障，未能说完就断了。

1月21日

9：30与柳文奎一起乘车到指定地点等待。后与卢重国教授，以及李炯基、权贤洙和另外两个启明大学研究生一起，乘车去金泉市看新发掘出土的石碑。大邱离金泉有一个小时左右的路程（70km）。11：30许在金泉吃饭，看来这里下雪不少，路滑，天气很冷！13：00到金泉直指寺。寺院很大，建筑物也不少，但白雪覆盖，不能窥其全貌，得其究竟。

直指寺博物馆馆长僧人接待我们，随后到其展室看碑石，判读碑文。该碑61厘米×68厘米，下面很整齐地断裂，因而文句上明显不通。《含资道行军总管柴将军精舍草堂之铭》中指出其为"武皇帝之外孙　太宗文皇帝之外甥　皇帝之外……"，因碑主姓柴，可能是柴绍之子，而文中又有"哲威"字样，似是柴绍长子，但《旧唐书》柴氏传附传中未见其来朝鲜半岛之记载。文中还有"龙朔"字样。此碑是朝鲜半岛又一次发现的和唐朝关联的碑石（除过《大唐平百济国碑铭》《刘仁愿纪功碑》外），可以推证660~668年的一些史事，但碑文中涉及佛教用语太多，而实际可资比正的文句只有几句，又互不衔接。无论如何，韩国学者已很重视，东国大学张忠植教授已有介绍文字刊出，惜错误不少。

今天判读铭文收获并不多，因为碑石文字损伤很多，不能做更深入的推论。只是通过看原物，使我对其整体的碑文构造有了了解，对今后撰写论文将有大的帮助，因为我正在做这段历史的研究。

晚上19：00许回来。李先生拿来两信让翻读。20：30回宿舍，头晕乎乎的。与妻通话，妻今晚和尹先生见过面，西安很冷，尹先生感冒了。给儿子买的背心正好可以穿。

1月22日

去研究室，电脑还未送来，天气很冷。

看《资治通鉴》中有关"沙吒忠义"其人记载，下午在宿舍查阅《旧唐书》，想以"金石资料所见七世纪的罗唐关系"为题写论文，但涉及面太广，无处下手。

1月25日

10：00许给朱先生打电话，先生让去他处。将食宿费单子送给朱先生，这次为韩币69万多，确实不少，很惭愧！但也没有其他办法。给朱先生送张文昌寄来的《唐律与国家社会研究》一书。

下午去图书馆查《石刻史料新编》，小田调整电脑，但不能格式化，不知什么原因。

1月26日

9：00许参加韩国古代史发表会，随后去岭南大学附近的一个发掘现场，墓群为6~7世纪时代，发现的土器不多。这个发掘现场在一座山下。13：30回到学校，下午有课。晚上小田继续弄电脑，他的同学亦来，终于在23：00许将windows 95装上，又拖延到凌晨1：30。能打中文了，以后写论文就好办了，很高兴！

2月1日

购买另外一种酒，因以为尹先生未回，而过年前需给朱先生送礼物。下午和尹先生通话，得知他昨晚回来。快过春节了，这几天打字，未见电脑有什么异常。

电视中播放中国女足来韩，一看鼻子酸酸的。春节过年三天假，该怎么过呢？

2月2日

李玠奭先生送来稿件，让最后看看。黄渭周先生来电话，说他已找到启明大学李教授论文的抽印本。去黄先生处，他送李教授论文抽印本及他自己的两篇论文。

李先生感冒了。我未看注释，他让晚上看，明天要用邮件发出。

凌晨2：00左右才睡觉。

复印张忠植、卢重国两先生的论文。收到马驰老师信，很高兴！

2月3日

9：30去李先生处，但没有见人，将论文稿从门缝中塞进。去尹先生研究室，正好他在，我说了马老师信的情况，即唐史研究所要申办古都学研究基地，要邀请外国学者担任顾问，马先生提出是否请朱先生。尹先生给朱先生打电话说明，先生答应了。请朱先生提供简历及论著目录。朱先生还要了妻论著的英文目录，说以后有机会可请妻来韩国参加国际学术会议，心里很高兴。尹先生将妻捎给朱先生的酒送达。

从沈阳来的金雯将任先生送的电脑键盘借走。对门留学生喝酒吐了一地，看门的大叔很不高兴，大骂不止。平时生活不注意，实在丢中国人的脸。

陕西师大中韩交流史研究室已成立，由我担任室主任。所里发了2000元奖金，马老师在信中提及此事，应给妻及马老师写信。收到李志贤先生寄来的贺卡，《故宫文物月刊》授权的威华文化公司也寄来贺卡。论文已打完。

2月4日

9：00起床，与蒋元力、小田、林秀景三位去Homeplus买过年的东西，每人交纳2万韩币，购买了很多东西。下午在宿舍看路遥的中篇小说。一起做晚饭，因整个楼学生已经走完，我们被转到附楼上。在附楼三层做饭，吃完饭给妻打电话，家里一切都好。

看小说，心里酸楚，在外面过年，不时想起家里的一切。给妻在电话中说了朱先生让将其论文目录寄来的事情。

看《亚洲周刊》杂志。晚上未去五楼睡觉，虽有点冷，但取出毯子盖上，觉得好多了。凌晨3：00才睡着，想看春节联欢晚会，但进不去，可能上网的人太多的缘故。

2月5日

9：00起床，仍看小说。好几年未看小说。在大邱学校过春节，难得如此过节。其他书不想看，就看小说、看电视。和蒋元力等一起做饭，晚上看凤凰卫视，心情激动！给妻打电话，和儿子说话，妻给二姐家打电话，二姐他们过完年要去西安。

2月6日

中午吃饺子。下午与朱小龙去Homeplus，回来看第一届中韩歌会，看见中国歌手唱歌，眼泪止不住向下流，想到家里的一切。

20：00又看周日演习剧《남의 속에 모르고》，上面有过年祭祀的片段，又想哭，眼泪直流。在外面，特别是在国外，情况就是如此。好在明天假日就结束了，若像国内十余天时间，其会是另外一种状况了。

应给妻及马老师写信。往年在家里能看春节晚会，在这里却不能，心里不是滋味。晚上买面包及方便面吃。

2月9日

去研究室，见到师弟柳文奎。本月11日在大田市举办韩国古代史学会年会，我想去，给朱先生打电话，先生让我找申衡锡先生，与他一起去。

下午去尹先生处，谈及毕业论文事宜，他建议将新罗在唐外交事务中所处位置写进去。这个建议很好。复印资料，苏定方有关论文正在起草。

与妻通话，让其将论著目录用传真传过来，朱先生说急着要。

2月11日

9：00与崔弘昭一起，乘坐权珠贤博士的车去大田市，12：00到达国立忠南大学校园。12：30金善昱教授来会场找我，将借先生的书及带来的礼品送上，先生让晚上去他家住，我也想去看他的藏书，因而就不在会议安排的场所住宿了。会议主题是"古代韩国的精神世界"，13：30开始发表论文，见到忠南大学的张寅成教授，会议安排他次日发表。

晚上20：00吃完饭，21：00金先生来接我到他家。见到金师母，他们夫妇非常热情好客。去金先生书房，看到有关中韩关系方面的藏书，如《汉唐外交制度史》（黎虎著）、《中朝佛教文化交流史》(黄有福、陈景富著)、《圣王肇业》(王颋著)等。金先生送我他制作的岑仲勉《唐史余瀋》,很高兴!一直看书,0:00才入睡。

2月12日

7:15就起床,8:00许吃早饭。金师母送我人参茶、梨等,不要又不行,盛情难却。9:00前和金师母告别,坐车到达会议场所。听学者们宣读论文,四个小时大家纹丝不动。午饭很简单,吃得不好。

下午综合讨论很激烈。认识了东国大学史学系的金相铉教授,他是研究韩国佛教史的。见到了汉城大学国史学科的卢泰敦教授[①],还有庆熙大学的徐永大教授、延世大学的赵仁成教授,以及以前见过面的几位教授。下午17:00会议结束,坐东国大学金福顺教授的车,同乘车的还有岭南大学的金贞淑教授。20:30到达庆北大学校园附近。金福顺教授对人很好,我将带回的梨送给她,以示感谢。

2月16日

9:00去启明大学西校区。校园很大,但教学楼并不多,天气冷飕飕的。

下午卢重国教授特讲。卢先生讲百济史关联问题,提到汉城百济、熊津百济、泗沘百济,后面的周留城时期该如何界定,他说还有待研究。我插嘴说是否可以界定为周留城百济?大家都笑了!卢先生的讲话虽不能全部听得很懂,但听讲过后

---

① 卢泰敦(1949~),韩国古代史研究著名学者,汉城(首尔)大学国史学系教授,出版《三国统一战争史》《韩国古代史》等多种学术专著,其中也有翻译为中、日文出版的。

仍觉得收获不少。

晚上20:00回到庆北大学宿舍。坐公交大巴实在受罪，晕车！

2月17日

在宿舍写论文。和朱先生通话。下午见到先生，将马老师寄来的信让朱先生看，说明了情况，先生答应下周会把他的简历、论著目录等转给我。

今天论文进展顺利，正在辩驳韩国学者李道学教授的观点。购买书板一个，这样打电脑时就可将书夹住，很方便。

2月21日

10:00起床。中午将论文完全录入并修改，就算一稿结束了。此文因与韩国学者商榷，故似乎不宜在韩国发表，等再修改后可投稿国内的杂志。下午收到学校登录金单子，我是免学费的，学校发来交纳学费单子，不知何故。赶快给尹先生打电话，尹先生又和朱先生联系。下午17:00前去学校本馆奖学室，可能朱先生已经打过招呼，我去只是例行公事而已。这个问题总算解决。

打印刚写的论文，需要修改的地方仍很多。李玠奭先生给50000韩币，对前段时间帮他修改论文表示感谢；当然也感谢李先生，他给了我这个机会，让我能够多学习一些东西。

2月23日

去找朱先生，商谈下学期选课的事情，并将先生的论文目录等要来。去系办公室报到。出去购买《日本书纪》一书，是韩国学者按原文翻译的，前面是韩语，后面附有原文，可以翻看学习。复制韩国国防军史研究所徐仁汉著《罗唐战争史》

一书。

2月25日

去图书馆复印昨天查找的书目，主要是查阅高丽时代后期庆州民乱发生的时间，以及引证高丽李奎报所写《祭苏挺方将军文》的日期。下午14：00开始上课，一直到17：00许，中间也没有休息。复印朱先生的论著目录，并且给妻及马老师各写一封信。

2月28日

去图书馆查资料，看到天津古籍出版社出版的《隋唐五代墓志汇编》，一大套书，很壮观；此书在国内没有看到过，所录墓志碑石只有拓片照片、简单的介绍，没有录文，看起来不方便。

下午在宿舍，很冷！想写介绍《含资道总管柴将军精舍草堂之铭》的文字，认真看此碑铭的介绍论文。

3月1日

公休日，在宿舍。韩国1919年发生著名的三一运动，这个公休日就是为纪念当时民众反抗日本殖民者而设立。据说中国的五四运动部分也受到韩国三一运动的影响。

将高丽时代著名文学家李奎报《东国李相国集》中的一篇杂文及《东明王篇序》录入电脑。此《东明王篇》在韩国学界很受重视。

看复印的几篇论文，要给赵老师写信。

下午食堂开始供饭了，这半个多月一直在外面买着吃，感觉特不好，寄宿舍D栋不能自己做饭。

3月2日

开始写论文,学韩语。下午去找柳文奎师弟,和朱先生通话。任先生已回到庆北大学。去图书馆查《史学研究》第50辑,上面有卞麟锡教授的论文,但没有查到。

同研究室的金贞美送我一本日历笔记本,很是感谢!借阅了东洋史资料室五本书,未见到徐锡霁。晚上继续写论文。

今天正式开学了。选了文暻铉先生、李玠奭先生、崔贞焕先生的课,下周开课。这一学期应加强韩文学习,再写一篇论文。

3月3日

在宿舍,论文写不下去了,很茫然。下午去尹先生处上课。去图书馆一层,有专门的电脑室、电视室。可以看香港凤凰卫视。

今天芮迺伟与李昌镐再次对阵,芮又中盘取胜。将电脑音箱装好,可以听音乐了。晚上看全海宗先生的两篇论文,其中一篇《韩国人的对外观》写得不好。最近要多查阅资料,争取将《论新罗在唐外交上的地位》论文尽快写出。

3月5日

9:00起床,没有精神。吃完饭后又睡了一会。给吴先生发邮件。找任先生,其夫人也在研究室,他们全家都回到韩国了。任先生让以后多和李文基教授交流,又让抽时间写一部《韩国古代史》书。借《全唐文补遗》第6辑。回到宿舍后,任先生又打来电话催《唐代剑南道州县变迁考察》论文事宜,只有以后再帮任先生完善这篇和毕业论文没有关系的论文了。任先生帮过我许多,他这点忙还是应该帮的。

3月7日

10：00去文暻铉教授处上课，见面后先生让下周再来。又去博物馆找朱先生，先生有课，未见到人。下午在宿舍看书。去电算中心要连接网络的接头，没有要到。

16：00去找李文基教授，和李先生谈话，想听其讲课，但这学期李先生上的是其他方面的课，只有等下学期李先生讲韩国古代史方面的课程时再听。李送一本书及他的论文抽印本。

收到赵老师信，很高兴！应尽快写回信。昨晚梦见牛先生，和牛先生说了很多话。过一段时间应给牛先生写信。

3月8日

继续写论文，学韩语。这学期课时安排一周前三天课少，后三天时间全排满。

《柴将军精舍草堂之铭》碑石长宽不知道，也不知道薄厚，找机会询问朱先生，看先生是否知晓。

天气转暖，西安应该也是，往年此时该想着到外面走走了。

3月9日

去研究室，又去图书馆查阅《全唐文补遗》《唐文续拾》，没有找到相同类型的"精舍草堂之铭"。下午将查到的有关朝鲜半岛与唐朝关系的金石资料录入电脑，费时三个小时，只是不小心全部消掉了，很晦气，但也没有办法。

晚上预习明天要上的"韩国史学史研究"课，看了三篇论文，高丽时代编纂《三国史记》及统一新罗时期的历史研究应是重点。

3月10日

10：00去崔贞焕教授研究室上课，没有讲什么。崔教授准备了21个题目，一起上课的有十位学生，每人选两个，分十次发表。我选了"对韩国古代史的认识"和"《三国史记》《三国遗事》在史学史上的意义"两个题目，需要提前撰写报告书，确定3月24日、4月7日发表报告书。

下午去李先生处上课。李先生也让发表两次，时间为4月28日、6月23日。看来本学期的课程繁忙，需要花费更多的时间，写论文的事只能向后推了。当然，这正好是我练习韩国语的好机会，希望本学期在这一方面能有大的收获。下午还去尹在硕先生处上课。

今天很忙，以后每周五均是如此。尹先生让我给五名学生讲授中文发音，下周一给其回复。这学期可能没有奖学金，教中文的话可缓解一些平时用度问题。谢谢尹先生对我的帮助。

3月12日

周日10：00起床。12：00任先生来电话，13：30去其研究室。主要是熟悉资料，直到晚上快21：00才回到宿舍，其间因他故和首都师范大学阎守诚教授①通电话，很是高兴！

阎老师此前是中国唐史学会副秘书长，几次开会见面，很是熟悉。他调离山西社科院到北京师范学院入职后，1991年我

---

① 阎守诚教授（1942～ ），山西五台人。1965年毕业于山西大学历史系。现任首都师范大学历史系教授、博士生导师，曾任首都师范大学历史研究所所长、中国唐史学会理事。主要从事中国古代史、中国古代社会经济史和隋唐五代史的教学与研究。著有《中国人口史》《危机与应归：自然灾害与唐代社会》等，在《历史研究》《中国经济史研究》《光明日报》等报刊发表论文近百篇。

赴北京为中国唐史学会办理登记事宜，当时就住在北京师范学院校园地下室快一个月，多亏他从中帮助。我们一起骑自行车几次去民政部、教育部，又得到社科院历史所李斌城研究员的支持，才使得学会登记问题最终解决。

3月14日

去研究室。又去图书馆查阅《资治通鉴》，下午将写完的论文最后录完，去给尹先生还书并说了写论文的事情，他让翻译为韩语，以备5月份《庆北史学》杂志之用。开始写崔贞焕教授课的报告书。准备将几篇论文编在一起，因为现在的程度还不具备用韩语写报告书的能力。

另外，中午本来有文暻铉先生的课，但先生临时有事，不能上课。已拿到复印的目录书了。

3月15日

去找朱先生，谈及最近写的《含资道总管柴将军精舍草堂铭》的论文，指出报告书撰写者张忠植先生论文中的硬伤问题，可能朱先生有所顾忌，故让我将指出张教授错误的注释去掉。想来先生的建议也许有益，不然让人家难堪也是很不应该的事情。

下午继续写报告书。

3月16日

去研究室，又去图书馆查阅《全唐诗》，下午13：00许吃饭，随后去尹先生处上课。又帮徐锡霁改信件，他可能要去台湾留学，是任先生联系的。

晚上仍起草报告书。

3月18日

参加韩国古代史周六 seminar，总共来了四个人，这次仍然是研读《三国史记》，梳理得很细致，其间参考由卢重国、权惠永等五位教授翻译注释的《三国史记》本。12：00 结束。下午在宿舍看电视，改论文。

晚上与妻通话，她明天要参加监理证书考试；儿子说了几句话。

3月19日

12：00 去任先生研究室，18：00 回到宿舍。因欢迎新来的中国留学生，又与其他留学生一起出去喝酒，22：00 许回到宿舍。有四五个人喝得很多，醉得不知东西南北，我也有点多，胸闷难受！凌晨 4：00 许才睡着。

荣新江先生发表在《文献》杂志上的一篇论文提到柴哲威，谈及此人曾任安西都护、西州刺史，其时间在贞观二十三年之前。

3月20日

早上没有吃饭，午饭吃了一点点，不想吃，都是喝酒惹出的问题。下午 13：00 许和史学系学中文的学生见面，从明天开始要给他们上课。

仍在研究室修改论文。借《唐研究》，并从《吐鲁番出土文书》（6）中查阅到一条乾封二年诏书，后面附刘仁轨、戴至德、赵仁本等署名，似乎可证明我论文中的推论，很是激动！

3月21日

下午给学生上课,因其还未购买到教材,故只能给他们教一些日常简单用语。

晚上修改报告书。又将查出来的金石碑志资料目录输入电脑。

3月23日

看书,学韩语。下午去尹先生处上课,17:00再给学生教中文,18:30下课。

晚上将写好的报告书拿给师弟柳文奎看,他改了近两个小时,可见自己写的韩语还是问题多多啊!回到宿舍又在自己的电脑上修改,0:00许才最后修改完毕,很累!不过,总算将报告书对付下来了,明天要在课堂上发表了。

3月27日

去研究室,借阅五本书,准备下一次发表的报告书。又修改有关苏定方的论文。

郑州大学博士后蒋元力先生将我写的论文提要翻译为英语,谢谢他,很好!给《唐研究》杂志投稿需要英文提要。给朱先生打电话,说明不能出去考察的事情。

3月28日

去研究室,看借阅的书籍。

下午给学生上课,只有三名学生,因为其他三位参加史学系的考察去了。

晚上看论文。听说有一种电话卡,韩币万元可通话三十分钟,这种电话卡只能在汉城附近的安山购买得到。如果能买到这种电话卡,当然很好,既省钱又可多通话。这一年多给家里打电话都是买 3000 元、5000 元一张的电话卡,通话时间短又昂贵。

3月29日

在宿舍修改论文。

下午去图书馆查资料,未找到吕思勉所著《隋唐五代史》上册。和同研究室的孙在贤先生①谈话,他在南开大学读博士,但由于家里的事情不能再去中国。晚上把 disk(软盘)交给金钟健先生,以《苏定方事迹考疑述论稿》为题的论文,大概 5 月份就可在韩国中国史学会主办的《中国史研究》杂志上刊出。

在宿舍锻炼身体。

3月30日

看韩语。下午先是看论文,其中有关《三国遗事》的论文很好,写得很细致。

17:00 给学生上中文课,来四个人,教唱邓丽君的歌,学生们都喜欢,不错。

晚上开始输入论文,以准备李秉烋教授课堂报告书。因学生们去考察了,今天没有去尹先生处上课。

3月31日

在宿舍,在电脑中输入论文。

---

① 孙在贤先生,曾在南开大学留学,2004 年获得博士学位,专攻中国现代史,在《韩国史学史学报》、《大邱史学》、(韩)《中国史研究》等学术杂志发表论文 20 余篇,现在任教于韩国国立庆北大学史学系。

下午去李秉庥教授处上课,今天是同门禹宣汀发表,李先生要求很严格,下次发表者、讨论者都要写发表要旨、讨论要旨。我下月28日发表,心里很是紧张。现在主要是将上学期写的《新罗真德王代的对唐交涉》一文翻译为韩语,这当然不是小事情。争取周日将论文先打印出来。

借北京大学出版的有关敦煌文书研究论文集,看有关《常何墓志》的论文,很受启发。

4月1日

昨天崔弘昭来电话,说今天不举行 seminar 了。起床后仍输入论文。

下午先是输入论文,随后又看电视。

晚饭后与单德斌出去散步,校园内樱花怒放,蜂蝶飞舞。只是樱花色彩单调,给人有点了无生机的感觉。水池中的金鱼来回游动,色彩斑斓,人走到哪儿,它们就跟到哪儿,令人爱怜。

晚上看完电视,又将手写论文输入电脑,22:30左右去楼上电脑室上网看新闻。凌晨0:20下来,想打电话,但又考虑时间太晚,明天再打吧!给赵老师写一封信,收到赵老师信件已快三周了,几次想写都未能。下周还应投稿,现在不知道将撰写的《新发现〈含资道总管柴将军精舍草堂之铭〉考释》论文投给哪个杂志好。是台湾故宫博物院编辑出版的《故宫文物月刊》,历史博物馆编辑的《历史文物月刊》,还是大陆著名的《文物》或《考古与文物》?这些期刊都很好,不过也很牛气!

4月4日

在宿舍写报告书。

下午本来有课，但学生说有事，故未上。去图书馆，查阅《石刻史料新编》收录的《宝刻丛编》，竟找出"唐左武卫大将军邢国公碑"史料，此应是苏定方碑，咸亨四年（673）立。很高兴！此可为我写的论文提供更重要的证据。

   晚上给任先生打电话，说明了情况。我将此史料加上，重新制作完成后，再将 disk 送给金钟健先生。

4月8日

   在宿舍打字。去 Miceclub，看书。

   晚上与妻通话，他们今天去了黄帝陵，是土木学院混凝土教研室组织去的。

   0：00，同舍的小田肚子疼，发高烧。与林秀景、单德斌陪同其到医院，凌晨3：00许回到宿舍，很累！

4月12日

   打印写好的报告书。在研究室见到孙在贤先生，请他帮我修改；修改的地方不少，看来韩语学习还要加劲啊。又拿去让金大建修改。下午17：00许修正后重新打印出来，这门课的报告书就告一段落了。

   明天是韩国选举日，放假。写完了报告书，感到轻松许多。

4月14日

   今天发表报告书。10：00将报告书复印多份，分发给一同上课的同学；宣读报告书后，崔先生说了一大段话，我发音不准，其多有指正。下课已是中午13：20许。下午16：00给学生上汉语课。

   晚上在宿舍，不想看书，休息。

下面要尽快准备李秉庥教授课的报告书。

4月15日

参加韩国古代史 seminar，12：00 同参与的四位同学一起去吃饭；启明大学权贤洙女士新联系了博士后共同研究职位，故她请大家吃饭。下午15：00 许回到宿舍。

在宿舍休息。准备28日发表的报告书，刻不容缓。

晚上与妻通话，她监理的学生宿舍三号楼已封顶；儿子也说了几句话。

4月17日

去研究室，开始翻译，下午输入电脑。

晚上仍学习韩语。任先生送从台湾购买的李丙焘著《韩国史大观》、简江作《韩国历史》两书（中文版），这些书只有在台湾才能买到，很高兴！

4月20日

在宿舍。下午去尹先生处上翻译课。今天学了"공교롭게도"（偏偏）"컨닝하다"（抄写）"이왕 어렇게 … 차라리 … 하는게 났다"（与其……倒不如……）。

17：00 给学生上汉语课，只来了三个人。

晚上仍翻译报告书。

4月25日

在研究室，后去找柳文奎，一起修改。

中午去味香饭店吃饭，这里的包子已卖完，只有吃面条了，很好吃。

下午仍改报告书，直到16：30 才停下来。去尹先生处，与其一起去披萨店买披萨；尹先生送我肥皂及披萨，很是感谢！报告书翻译完后让尹先生校改，这样最好。

今天在路上遇见人文研究所的韩锡钟教授，他说什么时候要找任先生及我一起吃饭。

4月26日

9：00去研究室，金贤淑博士在，如此就拜托她将昨日未改完的报告书做完，她很认真负责地帮我改，直到11：00许，非常感谢金师姐。随后又找柳文奎师弟，重新读了一遍。中午草草吃了一点饭，随后又在电脑上修改，亦无睡意。

下午15：00许去图书馆查引用《全唐文》资料，去资料室将其打印出来。而崔弘昭、禹宣汀、成某君三人正在等着要，随后将复印好的报告书交给他们。

17：00左右去找朱先生，先生正和其他几个人一起讨论编书的事情（好像是有关伽耶史）。将一份打印好的报告书交予朱先生，也让他帮我修改，看是否能够发表。

回到宿舍，很累，什么也不想干。饭后与崔永洙一起出去，购买一夹克衫，很便宜，才6000韩币。晚上在宿舍看电视。

4月27日

在宿舍，10：30许去图书馆，看一本《光华》学术杂志。

下午起来给《故宫文物月刊》杂志写信，并将早上打印好的论文一起寄去，看该杂志能否登载。16：00去尹先生处上课，17：30回来。接任先生电话，说将他换下来的电脑给我，并说明天在全罗南道的全南大学有学术会议，北京大学的李孝聪教授来韩参会。但我明天有课，不能去。将电脑取回来，因这个586电脑中没有hard disk（硬盘），故只能将原有的486

上的取下来装上。小田没有在，等回来后再说。

晚上不想看书，好像有轻微的感冒症状，赶紧休息。可能是这几天太忙，停下来就不好受了。

5月1日

去研究室，后去福祉馆语学堂报名学习韩国语。找朱先生，给先生说明暑假回家的事情。上次给先生的论文还需要修改，因为一些是中国式的韩语。

18：00去教养洞436号上韩语课；同时上课的还有美、日、德、蒙古、巴基斯坦等国的留学生。20：00下课，晚上仍复习韩国语。

5月2日

今天最后将《苏定方事迹考疑述论稿》论文交予任先生。下午给学生上汉语课，但无一人来。接李京圭先生电话，说月末请我去他们学校，给学生做"唐代文化与长安"演讲。很高兴，但应尽快准备！

借资料室《中国历史地理论丛》杂志，又借任先生购买的史念海著《中国古都和文化》书。应尽快调整。电脑不能用，很烦！

5月4日

去研究室，又去图书馆，借三本书。本来要复印论文，但未找到杂志。

去尹先生处上课。今天学生打来电话，说下午不来上课了。

晚上在宿舍，看借来的史念海先生《河山集》第5辑，开始构思月末的讲稿。

5月6日

周六，参加韩国古代史 seminar。一起参加读书会的李炯基先生找到了工作，他请我们吃饭。下午13：00参加朝鲜史学会例行发表会，李秉庥教授是朝鲜史学会会长。

16：00从会场中途溜出来，内容不熟悉，也听不懂的缘故。

5月7日

周日，8：00许起来。看书看电视。前天借的《韩国史》第9册中有朝鲜与明关系的章节，对照《韩国史大观》《韩国历史》两书，了解李朝初与明朝关系。

下午15：00去踢足球，活动活动真好。晚上在宿舍。

5月14日

9：00起床，看书。下午与几位留学生一起去 Homeplus，回来在东大邱市场购凉鞋一双。

晚上仍看书，看电视。明天是（韩国）教师节，想将以前买的酒送给朱先生，但不知好不好。

继续写报告书，《苏定方事迹考疑述论稿》论文校样 disk 来了。

晚上修改、排版，很忙！

5月20日

今天史学系有论文发表会，因为是韩国现代史方面的内容，故未去。

去图书馆，借钱穆先生《国史大纲》《中国文化丛谈》，以及两本《资治通鉴》。

下午与朱小龙一起去 Price Club，他要回家买东西。

晚上在宿舍看电视。与妻通话，没什么事情。

5月23日

在宿舍，15：00去图书馆，后去找尹先生帮我在网上查阅飞机航班；去李玠奭先生研究室，其送我论文抽印本，又帮我矫正韩语发音。

17：00许找柳文奎师弟，后与其一起在外面吃饭。

晚上在宿舍补充报告书，本来今天要和大邱晓星大学的翻译见面，但我打电话推迟到明天。23：00许与朱小龙、崔建中①两位去崔的研究室玩，凌晨0：20回来。

5月26日

在研究室，又去图书馆找有关书籍，但未查到。

16：00回研究室，金钟健先生翻译《苏定方事迹考疑述论稿》一文韩文摘要，约好下午16：30见面。学生有事，未上课。与金先生见面，估计几天后《中国史研究》杂志就可印出，很高兴。

17：00许小田来电话，后与单德斌、林秀景、小田一起去外面吃饭，不好。以后这种场合还是不去为好，花钱多，也没有什么好的东西。今天是来韩国整整两年时间纪念日，需要总结总结！

5月27日

去研究室。今天图书馆休馆，去校外复印《唐长安城坊图》。

---

① 崔建中，在庆北大学化学学院从事博士后合作研究两年，其间对我帮助很多。他也是2002年结束合作研究回国的。现为南开大学理学院化学系教授、博士生导师，从事无机化学教学科研工作。

14∶00坐大邱晓星大学中国学研究所的车,14∶30到达,15∶30开讲。时间短,准备得太多。给外国人讲演,没有经验,后面的问题就讲得简单了。讲了许多内容,他们只对安禄山大肚子感兴趣,无语!讲演酬金有10万韩币,还不错。与听讲的老师等一起吃晚饭,20∶00许回到宿舍。

5月28日

9∶30起床,看电视。

下午踢足球。看每年一度的미스코리아선택(韩国小姐比赛)。韩国国家足球队与南斯拉夫国家队比赛,结果是0∶0。

想以"苏定方事迹考疑再论稿"为题,专论苏氏在征伐百济中的事迹。论文已开头,争取回家之前将此文写到一定程度。

5月30日

去图书馆看杂志。《图书馆论丛》上有卞麟锡教授的一篇论文,以后应复印。

下午在宿舍,后又去给学生上汉语课。学生马上就要考试了,故忙于复习,上完本次课,本学期的课可能就结束了。

任先生来电话,说周四韩锡钟教授请吃饭。明天下午可能要去考察,只是孙在贤先生请吃饭,到明天再说。

5月31日

在研究室,去资料室复印资料。见到尹先生,下午学生要去参观,问我是否去,我因与孙在贤先生提前有约,故没有肯定答复。

14∶00许去讲堂前,但车已经开动。16∶30去研究室,17∶00许与孙在贤先生一起去吃饭,18∶00去语学堂上韩语课。

20：00任先生来电话，去他的研究室，又是合作写论文的事情。时间紧，只有草草处理这件事情了。

6月3日

上午与蒋元力、苏先生夫妇一起去市厅，9：50许乘坐市厅派来的大巴到达大邱乡校，与去年一样，先有韩国式的结婚仪式，后品尝韩国饮食品样，12：30回到学校。

大邱市外事部门每年都举办这样的活动，邀请在大邱的外国人参与，宣传介绍韩国及大邱地方文化，扩大影响。每次活动都有一二百外国人参加，大家玩得很好，充分了解儒家文化在韩国的传播和影响。

下午在宿舍看电视，写论文。晚上和妻通话，儿子说了很多话。

6月5日

在宿舍写论文。下午去研究室，又去学校福祉馆预订机票，往返机票花费625400韩币，6月20日返回，8月26日再来。

去上韩语课，下周三的课不想去了，老师不在，让助教上，加之我20日回国，不愿意再交纳25000韩币的学费。

6月6日

公休日，仍看有关书籍。下午将要写的东西全部写完了，再查对有关《唐大诏令集》及《旧唐书》、《新唐书》的资料就可以了。

晚上上网看新闻，似乎没有什么值得关注的。贾平凹又出版一本长篇小说，据报道其和之前的小说风格不一样。

踢足球，不小心将腿碰伤，不过只是伤了一层皮，但还是不方便，以后活动要小心一点。

6月8日

去研究室。下午去尹先生处上课，KBS将他们录制的《신라의 소정방이 피살사건（新罗的苏定方被杀事件）》录像盘寄来了，很高兴，这就可以给马驰老师交差了。

学生将上个月的讲课酬劳20万韩币送来，这样飞机票再添一半多就够了。

写崔先生课报告书，似乎定不下心来，而且也觉得没什么可写的。晚上借禹老师的录像机，看了一遍寄来的带子。

나는 소정방에 관한 논문이 모레에 나올 겁니다.（我写的有关苏定方的论文后天就可出刊了。）

李京圭教授来电话，说7月10日左右，他与其他三位先生一起去西安，李教授之外的几位都不懂中文，希望我给他们做导游。

6月9日

去崔教授处上课。下午在宿舍，有点心神不定，写报告书也不太安心。

晚上看书，明天要去全南大学参加韩国中国史学会会议。本不想去，路太远，坐车又常常晕车。只是光州市以前没有去过，这当然是个好机会。仍惧怕晕车！

6月10日

8：00从庆北大学出发，12：00许到达光州全南大学，在教工食堂吃午饭。

会场在本馆左侧，全南大学校园很大，有一个大的池塘

（湖）。出席中国史讨论会的学者二十余人，北京大学的李孝聪教授、苏州大学的姚先生发表论文。我对发表的内容不是太感兴趣。和李孝聪教授见面，说了一些客套话，他搞历史地理，和陕西师范大学历史地理所的老师多有往来。今天拿到了《中国史研究》第9辑，以及我发表的《苏定方事迹考疑述论稿》论文抽印本，很高兴！

6月13日

早上去大邱外国人出入境管理所办理再入境签证，很顺利。

中午在研究室。今天金大中总统去平壤，金正日总秘书亲自到机场迎接。全天的电视新闻滚动报道，全是如此。韩国的电视媒体若遇到大的新闻，总是不停地滚动报道，其他新闻全部下架；而且出现什么事件的话，批评、评议的占大多数，以批评为主。

下午和柳文奎师弟一起吃饭，送他上次来时带的玉石项链，让其送给他的女朋友。柳文奎对我帮助很多，非常感谢他。

6月15日

去研究室，给李文基、李秉庥两教授送刚发表论文的抽印本。

改论文。要回家了，很高兴，什么也不想干了。

去尹先生处上课。这几天金大中总统去朝鲜，看电视很多。朝鲜领导人金正日给人的印象平易近人，爱说笑话，酒量也了得。当然，不排除金正日利用这个难得的机会向国际社会推销自己，推销朝鲜的各种理念。

6月16日

去上课，报告书写得太简单了，崔先生有点不高兴。

下午去李秉麻教授处上课，18：00一起吃饭，崔弘昭、禹宣汀、成亨植三位一起去。最后他们三个付钱，我要付，他们不让，很惭愧！

晚上给金善昱教授打电话，说马上就回家的事情。金先生说胡戟老师的二女儿8月要来韩国了。

6月19日

中午尹先生请吃饭，同研究室的金贤淑、金正美、禹英兰三位也去了。

柳文奎师弟给儿子送一小礼物，是一个小书包。与柳文奎师弟说闲话。

准备回家的东西，给妻买一个钱包（지갑），买皮带和笔。

晚上收拾东西。

6月20日

早上6：00，同舍小田送我。

坐出租到北大邱机场。7：00飞机起飞，8：10到达汉城；10：00又乘机出发，两小时四十分到达西安咸阳机场。再乘出租车到家。出国一年后再回家，很高兴！

第三季

（2000年8月～2001年6月）

竺徕子研究室与图书馆

2000年

8月26日

昨天陪同汉城大学国史学科卢泰敦教授去法门寺、乾陵、茂陵等地参观，回到家已是晚上22：00左右，很累。

今早7：00起床，收拾东西。假期两个月飞驰而过，多少欣喜和留恋，无以用语言表达。理发，和妻儿说话。

9：00许出门，现在有自己的房子，不过又多了一份担心与牵挂。

去岳父家，与两位老人话别。妻儿、岳父母送我到西小门。吻别儿子。儿子小，倒也没有什么，只是此一别，又是一年时间。想到这一切都要妻子去经管和承受，心里挺不是滋味。

9：40许到新纪元宾馆，10：00许与卢泰敦教授一起到西安咸阳国际机场。

韩国时间下午17：00到达汉城机场，这里下大雨，因往返数次，已经是轻车熟路，未有一点陌生感。雨很大，去大邱的飞机晚点，直到晚上21：00才到达庆北大学校园。台湾中研院史语所《大陆杂志》来信，说要用我的稿件，并让稍作修改即尽快寄去。又一篇论文要发表了，很高兴！

给家里打电话，妻儿、岳母出去了，岳父接的电话。很累但又睡不着觉，直到凌晨才入睡。

8月27日

8：00许起床，下午寄宿舍才供应饭食。

中午与蒋元力、单德斌一起去林国林家,蒋元力博士后合作研究将结束,明天就要回国了。一起包饺子,喝啤酒。电脑可以上网了,修改论文。

8月28日

与朱先生联系,10:00 去朱先生处,给先生送从家里带来的东西,先生很高兴!

给梨花女子大学史学系的申滢植教授寄马驰教授的论文、发表要旨等。

与尹先生联系。下午去尹先生处,一起吃晚饭。

中午曾与任先生联系,其甚忙,本想向其借阅《唐太宗集》,但未能。想着修改论文的事情。

8月30日

去朱先生处,谈选修课的事情。准备选文暻铉教授、权延雄教授、尹先生的课。

去大邱银行,这学期有史学系的奖学金,虽然钱不多,但仍很高兴!朱先生让不要用这份钱,等以后毕业印刷论文时再用。

下午去尹先生处上课,主要讲睡虎地出土木简《日书》,此与以后毕业论文并无关联,可能是朱先生让我以此学习韩国语的缘故。《大陆杂志》登载的论文已修改完毕,明天早上就打印出来,应赶快给该杂志编辑部寄去。

韩语不过关,让人为难,故从今日起,6:30 起床出去学韩语,每天早上坚持一个半小时,争取使自己的韩语水平达到一定的程度。

不知道申滢植教授是否收到马驰老师的论文及发表要旨。明天应与其联系。

9月1日

去文暻铉教授处上课。因文先生去庆州参加世界文化博览会开幕式,未见到。

给《大陆杂志》寄去修改后的稿件。数次给申滢植教授打电话,均未有人接听。

下午到权延雄教授研究室上课,上"韩国史学史研究",内容主要是对20世纪韩国史学的看法及探讨。

晚上去听国立汉城大学国史学科卢泰敦先生的报告,去博物馆听讲的人不少。假期有幸陪同卢先生一起参观考察法门寺、乾陵等地,卢先生待人很亲切,平易近人。

9月2日

先帮同舍小田值班,10:00许到图书馆查资料。

去尹先生处上课,中午即叫外卖,在研究室吃饭。

15:00许坐车参加文暻铉教授停年退任庆祝宴会。本来定在16:00开会,但文先生18:00才回来,等了许多时间。晚上坐金钟健先生的车回到学校。

给家里打电话,妻已回到我们自己的房子了。尹先生让购买史念海教授主编、我也有幸参与编绘的《西安历史地图集》一书。

9月3日

周日,复旦大学苏先生来电话,约时间去尹先生处拜访。

下雨,又是台风。晚上0:00与妻通话,让她找高明士教授送的《战后日本的中国史研究》一书;儿子已上幼儿园,很高兴。准备以《唐代对高句丽战争时期国内状况研究》为题写论文,已开头。应尽快借书。

9月4日

去银行交纳学费，又去系办申请这学期的课程。去图书馆查阅人大复印报刊资料《中国古代史》。下午去研究室查阅《东洋史研究》（1984~1991）目录，很累。

今天和申滢植教授通了电话，他已收到我寄去的东西，这下就放心了。了解到卞麟锡教授不去机场接马老师，而且来韩国的时间也可能变化。应给马老师写信谈及。

9月5日

复印范文澜《中国通史简编》、吕思勉《隋唐五代史》、蓝文徵《隋唐五代史》三书有关唐与朝鲜半岛关系部分。

下午在宿舍。集中不了精神，很累；可能和早上起床很早，去外面学习韩语有关。平时的生活习惯突然改变，故才有这种反应。

晚饭后喝了一杯咖啡，晚上又好久睡不着，很难受。

准备明天上课的东西，和韩国史无关，但又想学韩文写作。

9月6日

7：00 未起床，也未能出去学韩语。8：00 才起来，去研究室。

向金贤淑博士提供一些资料，其要写"在唐高句丽遗民动向"的论文，但又缺乏史料支撑，故见"高"姓者均认为是高句丽遗民，很好笑！此题目也是我以后论文的一部分。复印查阅到的有关睡虎地秦简《日书》的论文及其目录。

下午的课也是主要围绕《日书》而展开，尹先生布置了作业，练习韩文写作。

与单德斌一起找苏先生，但未见。

9月7日

早上学韩语，起床早，没有精神，可能习惯还得过一段时间。

去旧书店，花了7500韩币，购买了《三国史记》（上、下）和《三国遗事》两书。上次回家时带回了原来所购买的书籍，现在要看又没有，只好重买了。书是新的，只是在书库放的时间长了而已。

下午去上朱先生的课。晚上分别给卞麟锡、马驰两位教授打电话。看书，但不知道是累了，还是没有定下心，难能入味。给妻写信。

9月8日

学韩国语，这是本学期第二次。第一次学了"만큼"，两种意思：其一为것 같다，처럼；其二表示理由，如。第二次学了"…는데…"，表示理由，表示转折。

어머니의 사랑은 바다만큼 넓습니다（母亲的爱像大海一样宽阔）

밥을 먹는데 수저가 있어야 한다（吃饭应该用勺子、筷子呀）

밥을 먹는 데에는 수저가 있어야 한다（吃饭的时候要用勺子和筷子）

공부하는 데에는 지혜가 필요하다（学习需要智慧）

박물관이 큰데 사람들은 별로 오거 없다（博物馆很大，但人不怎么来）

책을 나는 데 돈이 필요하다（需要钱运书）

이 사람이 얼마나 좋은지 몰라요（这个人不知道多么好）

今天又学了"함으로써""하므로",其意思为"利用……"。신라는 당세력을 구축함으로써 백제통합의 염원을 이룰 수 있었다(新罗通过利用唐朝势力,实现了统一百济的愿望)

给妻寄信。下午去上权教授的课,用的是英文教材,权先生翻译成韩语,能听懂。书名为 A Short Guide to Writing about History,美国哈佛大学教授撰写。马上就是中秋节假日了,四天假。想给儿子买东西就不能邮寄了。明天打电话时应当说此事。

9月9日

11:00去上课,12:30结束。下午在宿舍休息,作业很多。想做,但将词典放在研究室了,又去研究室拿。晚上上网看新闻。

给妻打电话,但未打通。过中秋节,放四天假,心里不好受。还是在家好啊,和妻儿在一起!现在天各一方,只有思念和牵挂。儿子马上要过生日,想给其买东西寄回,又觉得不好。明天打电话时给妻说明,让其办理。

这学期修完课程,是继续留在韩国,还是回国写论文,现在还不知道。我真想回国写论文,一个人在异国他乡……在这里唯一的好处就是可以巩固所学的语言,若回国的话就没有这种好的环境了。同时,这里的各种学习条件等也比较好。等修了之后再和朱先生商议吧!

9月10日

正式放假了。同舍的小田去了汉城。一天都在宿舍,只是中午去外面买东西,吃饭。

12:00许给家里打电话,儿子在玩耍,妻还未开课。妻弟昨天打回电话,一切均好。妻儿现在仍住在家中,未移住岳父家。

9月11日

　　起床学韩语。11：00许与单德斌、林秀景等三位出去买东西，准备明天在一起做饭吃。中午即在外面吃包子。电脑不能上网，可能是假期，宿舍内的设备停开的缘故。

　　外面下雨，晚饭吃方便面。看《三国史记》第41、42、43卷，又看刘健明著《隋代政治与对外政策》中的论文。想家里的事情，儿子还小，不知其在幼儿园的情况如何？等可以上网时，应给马驰、杜文玉两位老师写信。

　　电视节目虽丰富，看起来挺无聊。韩国人对中秋节非常重视，一般都要回故乡，就像过年一样。学校冷冷清清，难看到几个人。整个寄宿舍楼就只剩我们，以及几个印度、巴基斯坦留学生了。

9月12日

　　今天是中秋节。午饭、晚饭均与单德斌、林秀景等三位在一起做。我将带来的酒拿出一瓶，大家在一起喝。学校已几乎看不到人了。中秋节是韩国最大的节日，人们都忙着回老家探望亲人，去祖坟上参拜祭奠。

　　在宿舍想着家里的一切。不知道妻给家里买了月饼没有，陕西师范大学每年中秋节都要发一点东西，今年与历史地理所分家了，也不知道是否还能发一点月饼。拿着儿子的照片看，心里苦戚戚的。妻在家里一定忙很多事情。妻弟夫妇不在家里，两个小孩，也够妻及岳父母忙活了。天下大雨，阴沉沉的。

9月13日

　　中午仍与其他几位一起做饭。下午在宿舍看书。

晚饭去林国林家里包饺子，喝了不少酒。回到宿舍，又可以上网了。之前可能是放假的缘故，寄宿舍相关的网络就关闭了。

四天假期匆匆而过。外面仍在下雨。

9月15日

天下雨。早上去文暻铉教授研究室上课，先生不在，没有上课。

下午去权教授研究室上课。今天是儿子的生日，但未给儿子买东西，心里挺过不去的。

奥运会开幕了！

9月16日

11：00去尹先生处上课，下午本来要参加史学系的学生聚餐，但他们要去很远的地方，对此我有点抵触的念头，故而未去。去学校图书馆看杂志，复印有关黑齿常之及任存城的三篇论文。

晚上给张文昌及妻发邮件，也不知道能否收到。

9月18日

去师范学院张东翼教授研究室上课，见到李文基先生。今天是旁听张教授的课，先生送我一本《高丽时代史讲义》，刚出版的新书。这门课也是以这本书为教材，张先生读，我们听，有什么问题就提出来。这种方式挺好，可以练韩语听力了。

晚上加劲写作业，下周三发表；好不容易翻译完，肯定不合适的地方不少。

想将此前写的《柴将军精舍草堂碑铭》考释论文提交给史

学科，文先生停年退任论文集将编讫。

9月21日

去研究室，查英汉词典，准备权先生的课。下午去朱先生处听课，先生要求很严，不知的论文必须提前看。复印马驰先生的论文。师范学院李文基教授写同一选题。今天才知道朱先生可能想与我合写此篇，但无疑已错过时机。

复印《高足酉墓志铭》给朱先生。

天下雨，晚上体育场有演唱会，与单德斌、崔建中两位一起去看，听不懂，很现代，没有兴趣。回到宿舍，又看权教授课的韩文译稿。

9月22日

学韩语。随后给李文基教授送去复印好的论文。去史学系办公室，让我给一位教授做助教，只是一个月只有10万韩币，另15万韩币给另外一个韩国学生。

11：00去文先生处上课，先生说下下周约我一起去大邱八公山周围考察。下周不上课。

下午上权先生的课，复印李钟旭等教授的三篇论文，明天还要复印；借三本书。

中国奥运队共获得11枚金牌（今天获得3枚），排名第2，形势大好。

李文基先生答应送我《东史纲目》《东国通鉴》两书中的一种。

9月23日

去林炳勋教授研究室拜访，他这学期是史学系的学科长。对林教授表示感谢。

尹先生没来办公室，故原定的课未上。复印两篇论文，去图书馆查阅资料。

下午在宿舍，试着翻译权延雄教授的一篇论文。请单德斌翻译的论文摘要已完成。与一位全南大学来的学生共进晚餐，一起闲话。

9月25日

去张东翼教授处上课，先生送新出版的《宋代丽史资料集录》大作，此前他还出版有《元代丽史资料集录》。

找柳文奎师弟，其送我《韩国古代史研究》杂志第15辑，这一辑中有两篇论文已复印。根据其中一篇介绍《柴将军精舍草堂铭》的论文，撰写了一篇新的论文，前一段曾让单德斌老师翻译论文摘要为英文，想给荣新江教授主编的《唐研究》集刊投稿。

9月28日

马驰老师打来电话，说他不能出席韩国的学术研讨会了，主要是签证出现问题，时间来不及了。马上给卞麟锡教授打电话，说明马老师不能与会的情况。

下午上朱先生的课，明天将论文交予史学系办公室。

10月2日

写作业，去资料室续借书。

上张东翼教授的课。张先生说了他求学期间的艰难和拼搏，其将《四库全书》中有关高丽的史料全部过手一遍，这对韩国学者来说确实难得。同时，他还对韩国史学界为追求独立性、自主性，机械、过敏，不顾事实乱发议论大加鞭挞，认为必须用史料说话，否则得出的结论是经不起推敲的。张先生托我找寻宋代有关枢密使的论文,让回国后找到寄给他。

先生还对我的毕业论文提出建议,即要从宏观角度把握唐与新罗关系在唐对外交涉、唐政治史中的地位,以及唐文化东渐对韩、日两国的影响。

给李文基教授送带来的西凤酒。见到张若明,其儿子的身体不好,忧心忡忡。

晚上在宿舍写作业。

10月3日

又是节日,韩国开天节,纪念檀君开天辟地。关于檀君神话,《魏书》最先记录(据说不是现在看到的魏收撰写的《魏书》),13世纪末出现的《三国遗事》扩大记载。20世纪初,为唤起民族精神,当时朝鲜历史学者进一步研究。几经政治翻覆,朝韩走上了不同的路程,但因民族缘故韩国仍设此节日。今天汉城举办了专门的纪念仪式。

在宿舍写作业。

10月4日

给尹先生打电话,说还未翻译完毕。下午上课。回来后仍翻译,晚上才翻译完。

接到梨花女大申滢植教授的电话,让我代马驰教授参会,讨论评述卞麟锡教授提交的论文。因为这件事情,早上找朱先生,先生说和他一起去庆州参会。

10月6日

9:00去博物馆。今天是留学生日,学校留学生部组织去庆州参观,我带朱先生一起乘国际部的车去庆州。12:00许到达庆州现代宾馆。

13：00许，参加学术研讨会议的人才陆续到达。13：30开会。见到北京大学历史系来的王小甫教授、山东大学历史学院的陈尚胜教授、浙江大学的崔凤春教授、延边大学的李宗勋教授等。今天会议主题是"八至九世纪亚洲的新罗位像"。日本学者滨田耕策与会。会议讨论激烈，中韩两国学者在一些问题上观点明显分歧。但由于语言不通，翻译又很好地处理了其中的一些问题，故未出现相对火爆的场面。晚上有宴会，但吃得并不好。

　　与朱先生同住一屋。

10月7日

　　9：00开会。与王小甫教授等见面说话；应该是第一次见到王老师，感到很亲切。学者们论文发表时间拖得很长，一直到13：00才结束，很累。

　　下午又综合讨论。我针对卞麟锡教授论文提了三个问题，但卞只回答了两个。对"新罗僧侣译经占玄奘等人译经总量的百分之六十"如何解释？卞麟锡教授不做回答，很是遗憾！会议结束后又去博览会现场。这里1998年秋天曾来过，故没有什么新鲜感。

　　17：00许与朱先生乘车返回大邱，20：00回到宿舍。回来路上晕车，呕吐不止，十分难受。下车后朱先生请吃饭，只吃了一点点，不想吃。从大巴站走回庆北大学宿舍，因为一见坐车就不好受。

　　虽则如此，这次参会还是收获满满。会议期间见到了韩国中韩关系研究的主要学者，如权惠永教授、李昊荣教授、申滢植教授、金文经教授、卞麟锡教授、李基东教授，又和国内这方面的主要专家见面搭上线，很高兴！马驰老师因故未能来韩参会，反而为我提供了这个机会。谢谢马老师，以及导师朱先生！

10月9日

先学韩语。又去图书馆复印清人林侗《唐昭陵石迹考略》。

去找朱先生，谈了我收集史料的情况。朱先生说以后可申请基金，将此资料出版，并说可以和金贤淑博士合作。也不知道最终情况如何。

下午旁听张东翼教授的课。

晚上接申滢植教授电话，让转告马驰教授，让其寄回飞机票；我估计马驰教授可能已将机票寄回，现在应在路途中。给马老师寄信。

10月11日

去研究室，让同室的几位帮忙修改翻译的稿件。

下午去上尹先生的课。中国史学会14日在釜山举办学术会议，尹邀请我去，可能是坐火车。这样最好，若是坐公交巴士，或者小汽车，我就不想去了。会晕车，十分累。

从周一起，每晚去地下健身房运动。

翻译权延雄教授的论文。

10月13日

去研究室，与柳文奎一起去书店。购买《百济史的比较研究》论文集，是韩国国立忠南大学百济研究所出版集刊中的一种。

中午金贤淑博士请我及其他两位吃饭，禹宣汀师妹送我两双袜子。

下午上权先生课。明天与尹先生一起去釜山开会。

金大中总统荣获诺贝尔和平奖。

10月14日

9：00先去东大邱火车站，10：00许与尹先生一起乘坐火车去釜山东义大学，参加中国史学会第29次学术发表会。12：00到达釜山站。又乘地铁一号线，转乘二号线，到达东义大学校园。这个大学完全是在半山腰上修建的。

吃过午饭后，13：30发表会开始，先是中国社会科学院历史所吴震教授发表有关吐鲁番文书的报告，后来又有有关汉朝、清朝的论文发表。见到在韩国岭南大学访学的南开大学历史学院侯杰先生，他是研究近代社会史的。

20：30乘车（站票）回大邱，22：00到达。又从火车站走回学校。今天乘火车未见晕车，很好。

国内陕西渭河涨水，华阴地段决口，影响很大。明天打电话时应问问情况。

10月17日

昨晚看中国与印尼足球赛，又看韩国与科威特比赛上半场，很累！

去图书馆继续查阅资料。查《元和姓纂》《廿二史考异》《十七史商榷》《汉唐事笺》等书。给一韩国人翻译梁元帝《职贡图序》。

思考着如何撰写唐留守百济军总指挥刘仁愿的论文。

10月18日

到尹先生处上课。尹先生翻译《中国家族制度史》一书出版，获得赠书。我发表翻译李学勤先生的论文，错误不少，他们给我改正。17：40左右下课，还书，回宿舍。

在宿舍看书。给一韩国人翻译古文，是汉代扬子云（扬雄）写的文章。花时间很多，不能干这种事情，下周应向其说明。

10月19日

在研究室。下午上朱先生的课。

在图书馆看《白孔六帖》《杜阳杂编》等书。查到一些资料，但没有以前所查《朝野佥载》中的价值大。

晚上查字典，学韩语。

10月20日

11：00上文先生的课，主要讲韩国古代宗教，说有"山神教即萨满教"存在。下午上权教授的课，仍是一起上课的两位同学发表，很快就要接触韩国通史方面的问题了。

晚上在宿舍，想去大田市，但明天仍有课，还是下周末再说吧！

10月21日

11：00上尹先生的课，后一起吃饭。宿舍停电，睡觉。

晚上，KBS历史特别策划播放《黑齿常之墓志铭》有关话题专题片，马驰教授的镜头不少。想给马老师打电话，又未果。明天给妻打电话时再让妻转告马老师。

10月23日

去研究室，上课，查资料。

电脑不好使，很慢，想写论文而不能，很烦心。晚上看卢泰敦教授的论文，想将这一时期复印的论文装订成册。

唐将刘仁愿可写的东西不多，主要是史料太少，他的事迹只能从《旧唐书》《新唐书》"刘仁轨传"中了解，熊津都督府时期的事迹应认真探讨；其家庭及成长过程，与刘仁轨的关系，征伐高句丽战前的事迹等问题亦需考察。

中国与卡塔尔足球赛，天太晚，没有看。但中国足球队终于以3∶0获胜了。韩国也力克伊朗，进入四强。

10月25日

将复印的论文拿去装订成册。整理头绪，力争尽快开始写刘仁愿其人事迹的论文。

去尹先生处上课，18∶00才下课。

今天是母亲的三周年忌日（农历），在这里不能回家参拜祭奠，想来颇为伤感。前些日子给二姐打电话曾谈及，也不知道哥嫂他们如何办理。

晚上看书，凌晨2∶00才入睡。

10月26日

去图书馆。下午上朱先生的课。复印"中华学术丛书"中的《中国佛教史》有关唐代部分，基本把握唐太宗、唐高宗时代佛教发展状况，以及当时新罗僧侣在唐的主要事迹，这样以后写这方面论文就可放心操作了。

晚上在宿舍看书。中国和日本足球赛，中国2∶3落败。看得很晚。

10月27日

在宿舍，看复印的论文，有些需要查字典阅读。

660年之后新罗、唐、日本关系的情况，《日本书纪》《旧唐书》《新唐书》《三国史记》的记载，韩国、中国、日本三国学者的解释各有差异，而撰写刘仁愿的论文需要涉及诸多史实，故必须先了解各国学者的观点。下午仍在宿舍，看论文。

晚上上网，对台湾学界主要人物的论著目录、台大历史学系状况等多有了解。查到高明士教授的邮件地址。这学期初寄送《大陆杂志》的稿件，也了解到编辑部黄进兴先生的邮箱，以后可上网与其联系。

KBS播放"김용옥（金容沃）《论语》讲座"，此先生曾留学台湾大学、日本东京大学、美国哈佛大学，以前是高丽大学教师，精通多种语言，其中文也很流利。因为知识面广，他的见解多有新意。如他认为孔子将宋国与鲁国的文化融合，以商、周文化交融结合建构自己的思想。司마천의 사적에 대해 또 많이 새로운 견해가 있습니다（对司马迁的事迹也有许多新的见解）。

📅 10月28日

昨晚本想给金善昱教授打电话，准备去大田市，但又有点迟疑，后来就改变主意了。

天阴，有零星雨点飘落。去图书馆，复印《大陆杂志》上的三篇论文，其中一篇探讨百济太子扶余隆的论文非常有用，作者为黄清连教授，此论文韩文发表于忠南大学百济研究所编辑的《百济史的比较研究》一书中。上上周花费1万韩币购买了这本书，如果早发现《大陆杂志》刊登的中文稿，就不用花钱买了。

在史学系资料室借两本书，很累！下午在宿舍看复印的论文，休息。

又是周末，看电视，时常想到妻儿，西安最近一直小雨阴沉，也不知道他们怎么度过。晚上翻看借来的《石刻史料新编》第25册，没有发现有价值的史料。这几天有空的话，应采摘一些红叶，这个季节红叶特别漂亮，若写信可夹在信中给妻寄去。

10月29日

周日，起床很晚。下午与其他几位一起去西门市场，没有买什么东西，本想给儿子买一些小东西，但一个也没有看上。

晚上与妻通话，西安天气变冷，我让买电暖炉，她却不肯买。西安11月中旬才放暖气，真为他们母子担心。

10月30日

一天都在宿舍。有关刘仁愿事迹考释的论文已开始撰写。

18：00许去任先生处，借三本书，并一起吃饭。KBS的尹先生来电话，说要制作有关崔致远的电视专题片，最近他们要去西安，让介绍西安的专家学者。晚上收到尹先生的邮件，给其回复。我给其介绍杜文玉、马驰、赵文润三位老师，以及陕西社会科学院的陈景富研究员。他们到西安后就与这几位老师联系。

也收到妻寄来的书及信件。看到妻写的近况，她带儿子确实很难，但又有什么办法呢？另外，妻已将教研室副主任辞掉，这样就好了，要不整天将时间花在这上面有点不值，如此也有利于她抓主要的东西，如写论文或准备考取博士。

10月31日

在宿舍写论文。下午去图书馆查资料。

收到汉城大学卢泰敦教授信，先生鼓励我申报研究基金，很高兴！明天去找朱先生说明情况，看朱先生怎样决定。

看资料发现贞观十九年（645），将军张亮等率兵征伐高句丽，驻屯在今山东蓬莱及其庙岛群岛的砣矶岛的水军出兵前祭祀海神的金石铭文，这则资料对以后写论文有重要的作用。

11月2日

上朱先生的课,让其看卢泰敦教授的信件,朱先生说2月份打电话和Korea Foundation联系。开始做翻译作业。

借《全唐文》两册。新来的博士后张某将他买的电话卡转予我,万元韩币可打30分钟,这样就可省点钱了。

11月3日

上文先生的课。给卢泰敦教授回信。

上尹先生的课。晚上继续做作业。给杜文玉老师写邮件,谈KBS采访事宜。

11月4日

9:00去参加师范学院举行的历史教学方面的国际学术会议,中国首都师范大学历史学院的叶小兵教授、台湾清华大学历史研究所的张元教授夫妇应邀与会。

下午在宿舍继续做作业。晚上参加师范学院国际学术会议举办的宴会。

11月5日

今天因师范学院举办学术会议,随会议邀请人员一起去庆州参观。这是来韩后第十次去新罗千年古都庆州,只是以前几次没有机会去国立庆州博物馆。今天参观了博物馆。该馆从规模上看,好像比汉城国立中央博物馆还大,藏品也比较丰富。恰好博物馆正举办瓦当专门展,很是吸引人。又去了月城遗址、雁鸭池遗址、古墓公园(天马冢)、佛国寺。回到庆州后,台湾来的张元教授夫妇请客。

任大熙、李文基、金汉植先生均一同去参观。

晚上给家里打电话，妻儿已回家了，岳父接的电话。

11月8日

去研究室，取出30万元韩币给李在夏（10、11月）。我们两人每月共25万元，他15万、我10万。下午上尹先生的课。

禹英兰、孙在贤两先生帮我修改翻译的东西。尹先生让购买《陇县店子秦墓》一书。

给平拴兄打电话，但将号码记错了，故只有明天再打。

11月9日

上朱先生的课。周五庆州将举办有关庆州皇龙寺的学术研讨会，我刚去过庆州，就不想去了。

去图书馆。今天复印了《大韩疆域考》一书，此为朝鲜时代丁若镛撰写，1910年张志渊增补。

给平拴兄打电话。

11月10日

上文先生的课，主要讲新罗著名僧侣元晓。元晓没有到过唐朝，但对佛教的诠释很特别，是值得重视的新罗僧侣之一。

下午有权先生的课，他讲《通鉴纲目》凡例，布置了这一学期最后的作业。我计划撰写对比韩国李丙焘《韩国史大观》及朝鲜民主主义人民共和国科学院编《朝鲜通史》两书的论文。17∶00又去尹先生处上课，18∶30下课，很累。

和妻通话，西安下雪了，天气很冷。

11月11日

杜文玉教授昨天、今天发来两封邮件，回复杜老师。

去图书馆，复印文先生的两篇论文。看有关百济与日本关系方面的论文。

下午在宿舍。去 Homeplus。

11月12日

周日在宿舍。看日本天智朝外交关系的论文。

与妻通话,西安天气很冷,但仍未放暖气。平拴兄已将书购到,妻将寄费转给平拴兄了。可能因天气缘故,平拴兄不可能马上就寄。昨天花了1万元购一手表,回来一看,竟然是Made in China,其他几位调侃说为国做贡献。

给蒋元力发邮件。很久没有和其联系,故发邮件。

11月13日

在宿舍,仍看论文。

下午上张东翼先生课。晚上仍看论文。看《朝鲜通史》(朝鲜民主主义人民共和国科学院编),应尽快着手写权延雄教授布置的学期作业。

中国与韩国青年足球队比赛,中国获胜,此为二十余年来第一次。

11月14日

没有课,看《朝鲜通史》,此书上册后面有解说,又有对时代区分问题的探讨,抄写其中部分。因有作业,原来要写的论文也无力顾及,加之有时看新闻、看电视花的时间不少,以后这方面应注意,不然就将网络关掉,以便专心学习。

收到蒋元力回复,说了他的近况,很高兴!

11月15日

去图书馆,借三本书,其中《中国과 동아시아세계》(《中

国和东亚世界》）中有卞麟锡先生的论文。下午上尹先生的课，我宣读翻译的论文，错的地方不少，有点气馁。

现在每天早上8：30～9：30与史学系的一学生一起学韩国语，看是否能有所提高。应在学习语言上多花些时间，虽然现在没有老师教。

11月17日

9：00去系办，10：00与文暻铉先生、禹英兰、成亨植一起去野外考察。先乘索道上海拔820米的八公山，在山上吃饭。站在山的最高处，四处风景尽收眼底，雾气时散时聚，风冷飕飕、凉丝丝。下山后又乘车北上，到达军威郡三尊佛遗址。这里也是一个旅游点，其中一个20世纪80年代末竖立的石碑，其碑文就是文先生撰写的。坐在车上头晕，到达가암处吐了很多，非常难受。此后又到了银海寺，这座寺院是八公山中桐华寺以外的又一大寺院。

16：30回到学校，收到平拴兄寄来的书，很高兴！

17：00去上课，尹先生参加会议去了，未能见面，很累！

晚上在宿舍，22：00看金容沃先生《论语》专题电视节目，非常好！

11月18日

昨天因晕车，回来后感觉不好。

去图书馆还书，并将平拴兄寄来的书给尹先生，尹将书费及寄费给我，我不想要，但他坚持给，十分不好意思。尹先生这学期开始每月给我50000韩币复印费，非常感谢！

下午在宿舍，又去Price Club，同去的张、崔两人均购买了一些东西。

晚上看韩国电视剧。挥不去对家乡亲人的思念。妻在家照看儿子，而我在异国他乡，又不能为他们做事，惭愧之至，感佩多之！

11月19日

天气很好。在宿舍。中午与妻通话，外侄女聪聪感冒，而儿子正在玩耍。西安久雨不停，难得今天有如此好天气。让妻给自己、儿子购买冬衣。

晚上天津大学化学系李博士（博士后合作研究）给我装打印机，打印机是以前捡来的，放在宿舍很久了，若能将打印机装好，以后就方便多了。没有油墨，明天应去购买。

11月21日

中午12：00才最后翻译完毕。下午在宿舍看权悳永先生有关《花郎世纪》真伪的论文。复印崔在锡、朴性风两先生的论文。

晚上仍看论文，任先生请吃饭。

11月23日

将寒假期间食宿费单交予朱先生，先生很忙，好像要外出的样子。

下午去图书馆，开始写权先生课程作业。借《译注 罗末丽初金石文》（上、下）。明天博物馆有岭南文化研究院举办的发布会。

日本著名学者池田温教授来到庆北大学，好像是任大熙教授邀请的。明天下午池田温教授发表演讲。

11月24日

在宿舍。15：00去师范学院愚堂大讲堂。池田温教授做有关敦煌的讲演报告。

晚上与尹、任两位先生及池田温教授一起去市内饭店吃饭。1989年中国唐史学会年会在西安陕西师范大学举办,池田温教授应邀去西安参会,我作为会务组成员,曾接待池田先生,并一起去秦宫参观合影。又因具体负责中国唐史学会秘书处事务,多次与先生通信,故而见面后也不生疏,交谈甚欢。

回到宿舍已经是21:30了。带的油炸糕,很好吃。

11月27日

在宿舍,学韩语回来已是10:00许了。

下午上张东翼教授课。去图书馆,未找到《古代文化》上刊登的有关刘仁愿的论文。

晚上做作业。日本学者撰写很多百济史研究论文,特别是作为当事方,他们对白江口之战的研究具有一定的深度,以后这方面须多看一些材料。

不时想着儿子及家里的事情,排遣不退。到昨天为止,这次离开家已三个月了。

11月30日

接到汉城大学朴汉济教授电话,说了很多话,谢谢朴先生。

下午又接到东国大学庆州campus(校区)金福顺教授电话,说她12月10日左右要去西安,让打听陈景富教授的地址和联系方式。

写作业。

12月1日

在宿舍。11:00成亨锡先生来电话,文先生的课提前上。

12：20上课，先生让我发表有关西安的文章。13：30下课。

下午仍在宿舍。晚上想给杜文玉教授发邮件，又没有发送。

作业正写到紧要关头，脑子里很空。不知道妻和儿子怎么过的。

12月2日

周六，在宿舍。

下午去Price Club。晚上继续写作业，凌晨终于写完了，但这只是其中一个，还有两个要写。电脑出现故障，没有画面。

这学期马上就要结束了，修了后怎么办？真想就回家。

12月3日

周日起床晚，看书。

下午仍在宿舍。感觉孤独，和妻通话，和儿子说话。

又给王双怀兄打电话，但其未在；和马嫂子说了几句。王兄刚买了一台笔记本电脑，据说价格很贵，用其上网看新闻。

12月4日

在宿舍，最后将所写作业改完。张东翼教授来电话，说下午的课不上了。

下午去图书馆，给陕西省社科院古籍研究所打电话，其电话号码已变。又给孔令兴兄打电话，让他打听陈景富先生的电话。

20：00又打电话，终于问到陈先生的联系方式了。给金福顺教授发邮件，总算办妥了这件事。金教授和朱先生学术来往多，故其托付的事情应当重视。权延雄教授布置的作业进度不快，应在本周中写完。复印有关渤海国遗民在女真金朝的地位的论文，还书。

12月6日

下午去上尹先生的课。尹先生督促我更努力学习韩国语。

晚上找崔永洙帮我制作表格。在表格里填写内容，本周一定要将此作业写完。

在岭南大学做合作研究的南开大学历史学院侯杰先生来电话，问有关"国民年金"的事情。我问了复旦大学来此教授中文的苏先生，可能是养老金的交纳问题。

12月7日

先去史学系资料室，将写好的《澄晓大师年谱》论文打印出来。

去朱先生处，送朱先生一份论文稿。在朱先生处看到《庆北史学》第23辑最后校正稿。听说15日要举办首发式，因这一辑是文先生停年退任纪念专辑的缘故。上面有我提交的一篇论文，很高兴。

12月8日

14：00去文先生处上课，今天成亨锡发表，主要是有关加德岛的探讨，是从《朝鲜王朝实录》中找到的资料，运用计算机检索。让禹宣汀给我复制《朝鲜王朝实录》光盘，但未见其后话。

晚上在宿舍看书。天津大学化学系来的崔建中兄买回一个耳机，带话筒的，有此就可以用电脑给家里打电话了。我也想买一个试试。

12月9日

在图书馆，复印五篇论文，是有关百济史方面的内容，可能对以后撰写论文有用。

晚饭后去Homeplus，购回一耳机，8000韩币，但申请登记不行，原因是我的登录证不合格，可能是外国人的缘故？

本来今天有中国史的学术会议，但题目与我无关，因而就没有去师范学院愚堂大讲堂。

12月11日

去研究室，将用汉语写的作业部分翻译，天气出奇的冷，刮风。

下午上文先生的课，禹宣汀发表，是关于高丽太祖王建的内容。又一起去找权先生谈作业问题，权先生送我文暻铉教授新出版的《新罗史研究》《高丽史研究》两书，定价6.8万韩币。这两本书价格太高。虽然上文先生的课，但权先生送我，很高兴！以后带回国内，写论文肯定有用。

12月17日

早上迷迷糊糊的。昨晚根本没有休息好，好在今天是周日，要是平时的话，可就不好了。

中午去Homeplus，本想购买贺卡，但中意的没有。想给儿子买卡，拿到手又放下了，还是买一点实惠的东西好。

中午在外面吃饭，第一次吃了所谓的"麦当劳"，大概也是饿了的缘故，觉得挺好的。14：00给家里打电话，没人接。晚上和妻通话，妻弟将其小女接去四川成都，这样岳父母就可轻松一些了，但据说时间不长又要送回来，他们夫妇的工作还没有理顺。妻说到下周本学期的课就上完了，儿子在玩耍。

晚上开始写有关秦简《日书》的作业，简单考证有关词句。

12月18日

从史学系办公室取到《庆州史学》第23辑杂志，以及我的论文抽印本，还发有纪念品，很高兴。来韩之后已发表和韩国史关联的三篇论文了。

下午开始写尹先生课目作业。

12月19日

写作业，因周五要发表，故也修改另一作业稿。

安徽合肥中国科技大学来的张晓东博士回家，据说回去就不来了。

12月22日

去系办公室，将论文印了出来。去图书馆看书。

下午上课，我先发表，权先生对我的发表评价挺好。下课已经是18：00了，很累！

晚上休息。给高明士教授寄送刚发表的论文抽印本。给马驰、赵文润两位老师和赵世超校长发贺卡。

12月23日

去图书馆，又给牛老师、张文昌、金善昱先生、卢泰敦教授、权惠永教授，以及妻发贺卡。下午在宿舍。明后天放假。

晚上去Homeplus领奖，之前在此商场买东西，竟然中了奖。当然奖很小，只是两张免费门票而已。

📅 12月24日

假日，学校人很少。韩国圣诞节放假。冷冷清清的校园。休息。

翻译最后一个作业，天气突然变冷。中午与妻通话，师大的奖金已发放，妻说明了其中的情况。想写信，等26日交完作业后再说吧！

晚上看韩国翻译的《나홀로 집에（小鬼当家）》电影。这部电影在国内也看过，是说一个七岁的小孩，其父母家人去其他地方过圣诞节，因故把他一个人丢在家里，他与两个小偷周旋并制服小偷的故事，共三集，几乎每年圣诞前夜都要播放这部电影。

📅 12月25日

圣诞节，去年的今日与其他几位去西区教堂，今年要翻译作业，加之天冷不想动，就在宿舍看电视了。

我买的电视出故障不能看了。上周六与同屋小田一起出去，每人2万韩币，另外买了一台旧电视，效果还不错。有电视不仅可练习韩语听力，而且可解除许多烦闷。

📅 12月26日

아침에 사무실을 갔다．오늘 오후에 숙제이 발표하겠다．그래서포레드를 하고 필요한다．（早上去研究室，下午要宣读学期报告。）

下午将作业交予尹先生，这学期的课就算全部上完了。

📅 12月28日

去找朱先生，先生让我假期不要写论文了，集中时间学韩语。

中午柳文奎请吃饭,本来下午饭朱先生请,但我将时间忘了。明天要打电话说明。

给岭南大学的学生教中文。

12月29日

去研究室,读韩语。去图书馆。

下午在宿舍看论文,马上就要过元旦了。

突然改变计划,专门学习韩语,还有点不适应。应制定学习计划,选定教材,很好地利用这两个月,争取将韩语表达能力、写作能力提高到一定的水准。

12月30日

去图书馆还书。下午去东大邱市场,晚上这里的同学们一起聚会,我因已吃过饭肚子饱饱的,就没有去。

在宿舍看电视,头脑空空的。想写信,但又没有。快过春节了,应买些什么东西给儿子寄回去。上次买了文具盒,这次可以买衣服什么的。

12月31日

20世纪的最后一天,不知不觉。

早上起来看书,下午去Homeplus买了些吃的。晚上去崔永洙处,天津来的崔建中兄做红烧肉,又喝啤酒,21:00回来。

中午与妻通话,妻所在西安建筑科技大学元月15日放假,儿子在家玩。

晚上给王小甫、杜文玉、任大熙、尹汉容、李志贤等先生发邮件贺年,用电脑发送很快,效果也挺好。

2001年

1月1日

新的一年开始了,这一年是相当关键的一年,其间要完成毕业论文,又要加紧学习韩语。到韩国已经两年多了,有时产生赶快回家的念头。想家这是人之常情,但如果没有拿到学位就回去,肯定不好。还是坚持到底,直到实现最终目标为止。

在宿舍,晚上又去崔永洙处,昨天没吃完的饺子,今天又去吃。

1月2日

去研究室读韩语,学习韩语语法。

下午给学生教中文。晚饭后肚子发胀,很难受。天津大学化学系来的李松林要回去了,他可能不回来了。刚放假时中科大的张晓东也是回去就不来了,都各有各的理由。感到很累!应抽时间锻炼身体,运动运动。

1月4日

去研究室。

下午给学生上中文课。今天本来想去找朱先生,但又没有去。和任先生通话,给其还借的书籍,帮任先生修改给成都市市长写的信。

听说在咸阳举办的武则天学术研讨会论文集《武则天与咸阳》将要出版,心里很遗憾!因在韩国留学,没有能参加这次学术会议。

1月5日

去研究室，读韩语。现在将延世大学编的三册韩语课本都已学完了，复印其中的课文，下一阶段怎么办，还需合计合计。

下午在宿舍看论文。前几天复印的三篇论文已阅读，把此前复印卞麟锡教授的论文再读了一遍，其中的观点实在不敢苟同！

1月8日

去研究室。下午给学生上中文课，有点累！

同研究室的师姐金贤淑13日要去高丽大学出席韩国古代史学会年度论文发表会，我此前给她提供过一篇新出高句丽遗民墓志铭文，可能是她有点过意不去的缘故，让我写一篇有关高句丽遗民高足酉墓志铭的评介论文，以便她在即将发表的论文中引用。如此，又要写另外一篇论文了。借书。

1月9日

仍去研究室。下午依据汉城大学国史学科宋基豪教授在《汉城大学博物馆馆刊》发表的高玄墓志铭论文范例，写这篇高足酉墓志铭介绍论文。此墓志铭可资研究的东西并不太多，但有其特殊性，值得关注。

中午与金贤淑、禹英兰两位一起去吃饭，金贤淑请客，非常感谢！

晚上想打电脑，但眼镜腿断了，不能正常看东西，很难受！什么也不能干，看不见。

1月10日

找师弟柳文奎，一起去福祉馆配眼镜，花了28000韩币，不便宜。记得去年来时妻让将眼镜换了，但未听她的话，难受又多花钱。

中午与柳文奎一起吃饭。下午将《高足酉墓志铭》录入电脑。见到朱先生，办妥图书馆借书事宜。亦见到尹先生。同门金贤淑博士送儿子文具，谢谢！

1月11日

오늘 아침에 기숙사에서 한국어 공부한다. 또 고려 대구은행에 돈을 찾았다. 오선정씨는 저에게 책을 주었다, 오후에 임대희선생님이 책을 빌렸지만 찾지 않다.

학생에게 중국어를 가르치었다.

（早上在宿舍学习韩语，想去大邱银行取钱，禹宣汀师妹送来一本书。下午去任大熙教授研究室借一本书，但没有找见。

给学生教汉语。）

1月12日

오늘 아침에 기숙사에서 한국어 공부한다.또 고구려 유민 고족유에 관련 소개논문을 썼다. 오후에 대구은행에 또한 갔습니다. 돈을 찾았는데 사학과 사무실에 최현미씨를 주었고 있다. 날씨가 너무 추워고 책을 빌렸했는데 마음에 들었다.

（早上在宿舍学习韩语，又撰写有关高句丽遗民高足酉墓志铭的介绍文章。下午再去大邱银行，取到钱后到历史系办公室，将钱交给崔贤美助教。天气太冷啦，借到书后感觉好了很多。）

1月13日

在宿舍。随后去史学系东洋史资料室，但资料室没有人，想借书也不能。

天下雪，这是大邱今年下得最大的一场雪。下午去 Home-plus，给金先生买礼物。天气很冷，下午雪就融化得差不多了。

晚上仍写论文。给妻写信，下周一寄去，大概 22 日左右能收到。

1月14日

周日，早上 8：00 起床。看书，外面十分冷，也不想出去。

下午仍在宿舍上网，看书。

给妻打电话，妻说赵老师让校对论文。我让将论文题目改动几个字。

天很冷，晚上洗衣服、看书。

1月18日

去找朱先生，又去研究室。金贤淑博士为写有关高句丽遗民的论文询问很多问题，一直到 12：30 才回到宿舍。下午 14：00 又给学生上中文课。

晚上将《高足西墓志铭》的翻译文输入电脑，凌晨 2：00 前才入睡。

1月19日

去研究室，又去图书馆，找到《二十五史补编（6）》，上面有劳氏父子、罗振玉、谷霁光等撰写的有关唐代折冲府及府兵方面的论文，复印。

又查《中国历史地理论丛》1995 年第 3 期上王其祎等的论文，找到"真化府""孝义府"的具体地理位置。

下午写相关部分，基本完成了有关《高足西墓志铭》的论文。

1月21日

周日起来看电视，修改论文。

下午去 Homeplus，购买刀片。

马上就要过春节了，去大田市忠南大学史学系金先生家的礼物也买了。23日去。

1月23日

昨晚非常犹豫，不想去大田金善昱先生家，想着又要给他们添麻烦。只是想到已经约好，不去心里又有点过意不去，故赶快准备。

9：30到东洋高速大巴站，很快搭上车，12：00到达大田市。给金先生打电话，但我等了半小时，就是没有等来，就想自己找着去。但到了一座大桥旁无法过去，只能搭乘一出租车，让司机和金先生家里联系。原来金先生已开车接我，说是在车站找来找去，就是找不到，真是对不住先生。我到金先生府上时，他还在车站，还打电话回家问情况。可能是我刚离开金先生就到了。

中午吃饭，与金先生说话，又去他的书房看书。晚上亦是在他的书房看书。到一个新的地方，虽然很累，但还是睡不好觉。

今天乘车途中又晕车，很不好受。在金先生家里给妻打电话，妻与岳父母、儿子在一起过年。

1月24日

大年初一，我未参加金先生家里的祭祀仪式（1999年春节参加过一次）。12：00吃午饭，很简单。金先生的弟弟一家也来了。下午看电视，又看韩国对挪威足球赛。

18：00许，金先生的博士生全莹一家来拜年，一起吃饭。全莹也是研究古代中韩关系史的，她主攻百济与唐关系。

23：30就睡觉，因为一天都是坐着，很累！今天查阅了明末清初顾祖禹编著《读史方舆纪要》一书上面有关"万州"的记载。又查宋人李昉编《文苑英华》，未找到唐高宗给百济王所发玺书。两部书都是大部头，金先生皆购买了，非常好！

1月25日

昨晚给金先生说了今天要回大邱，但金先生让26日再回，我没有答应。26日要将食宿单交予朱先生，故不能不回去。

9：00下楼，但楼下冷冷清清，大概他们昨天接待客人累了，今天起得晚。9：30许见到金先生及师母，我要回去，他们说先去买票，随后去鸡笼山，他们的热情让我不能不依从接受。金师母给我拿了水果、人参茶、袜子等，我不要，她一定要给，心里非常过意不去，只有感谢他们了。11：30出发，买了下午16：00的票。

去鸡笼山，山上的雪还未融化，空气新鲜怡人。来登山的人很多，男女老少欣欣然，一副过节的欢乐样子，让人颇受感染。过春节就应该是这样的。

返回时因赶时间，车开得很快。和金先生、金师母告别，谢谢他们给我以家的感受，这也是留学生活最好的体验。16：00坐上开往大邱的高速大巴，19：00许到达大邱，很累！回来时的大巴票是金先生给我买的，非常感动，谢谢金先生。

1月26日

早上起来，先给赵老师打电话，向老师拜年。随后和赵老师谈了论文的事情，他说就按我信中所示，调整发表在论文集上的论文题目。又给马驰老师打电话，拜年问候，马老师说已将《西安历史地图集》寄给我了。因电话有杂音不清楚,也不知道他什么时间寄的。这几天应写信给马老师。又给妻打电话,家里一切均好,妻让给二姐家打电话。

中午收到一个叫裴珍达的先生的电话,说是认识朱先生,要和我见面。13:00许和其见面,这位先生和我年龄相同,现在汉城龙仁大学做教授,专业是唐代的美术史。说了许多话,他又借我的书去复印。

晚上在宿舍看电视。今天去研究室,但房间及隔壁房间空无一人。

1月27日

周六,可能是昨天受凉了,有点不舒服。早上读韩语,记住了以下句子:

처음에는 불편한 게 했았는데 이젠 익숙해졌어요.(刚开始感觉不便,现在习惯了。)

처음에는 매워서 먹을 수 없았는데 이젠 입에 맞아요.(开始辣的吃不了,现在感到很合口了。)

宿舍静悄悄的,看电视,又觉得没有意思。外面天气阴沉沉的,心里很不好受。

晚上给二姐家打电话,询问家里情况,姐夫不在家,好像侄女红琳亦在二姐家。小外甥小平让给他买一个足球。

1月29日

在宿舍读韩语,看复印的论文。

返回国内的复旦大学中文系苏先生来信,是用拼音写的,很不好读,他不知道我电脑中装有中文软件。复印有关古朝鲜的论文,其中《历史批评》第53辑上的论文批驳去年10月2日放映的《秘密的王国古朝鲜》专题片,看起来很痛快,这篇论文说得很有道理!

所谓檀君神话传说,被在野史学家,其实是步30年代申采浩后尘的极端民族主义者捧得让人吃惊,但正统的学院派史家则不买其账。另外,韩国历史给人感觉是任凭不同时期的史家打扮,一会是,一会又非是。如果是发现新的资料,部分的改变仍情有可原,但体系性的改变常常发生。从对箕子朝鲜的否定,到对檀君的崇奉;现在李钟旭教授又要以一本《花郎世纪》重写韩国古代史;又因"风纳土城"的发掘,推翻《三国志》及现存的韩国古代史体系,给人以目不暇接之感。当然,这样做也有他们的道理,一个国家的历史编纂应由这个国家的人来决定。

1月30日

去图书馆,取回装订的论文集。

釜山大学的崔德卿教授下周要去北京中国社会科学院历史研究所,期限为一年,问我什么时间回西安,要我家里的电话号码。暑假给其介绍了西北大学、陕西师范大学历史学科的情况,其没有去。

复印有关"百济经营辽西说"的两篇论文,一篇是具体论证梁武帝时的《职贡图》。回到宿舍看论文,但对此兴趣不大,与以后的毕业论文没有关系。

朱先生昨天去中南美参加会议去了。和尹先生联系,说了马老师寄来《西安历史地图集》的事情。也不知道马老师是什么时间寄的。

2月1日

每天都积分,WowCall 已积 800 余分了,

先读韩语,又接着修改论文。很累,大概是昨天锻炼得太

过了。

中午用电脑给家打电话,声音很清晰,也是同步的。和儿子说话,妻的学校大概9日开学。昨天积了50分,今天减至30分了。

下午本来有课,但收到임은지(任恩智)的邮件,说2月份不能学习了。这也没有什么,大不了不挣课时费了。去图书馆,从《历史语言研究所集刊》第8本、第15本(1939、1948)发现岑仲勉教授的《贞石证史》《续贞石证史》两文,复印。该两文有"□部珣将军"及"嗣子"的考证,很好。

晚上看复印的东西,又借李钟旭教授翻译《花郎世纪》一书。

2月2日

将昨日复印的岑仲勉教授的论文拿去装订。

去研究室,见到孙在贤及金贤淑两位。下午在宿舍复习以前看过的语法"커녕""다니"。

마른 나무에 꽃이 피다니?(枯树开花了吗?)

아파서 밥 커녕 죽도 안 먹어요.(太痛了,我死也不吃饭了。)

看复印的论文,想给马老师写信,但未能动笔。取回装订的书。

2月3日

去研究室,又去研中堂文库(朴性风教授捐赠书特别资料室),复印《晋书》卷八八《王衷传》,修改高足西墓志铭小文,不成熟,需要修改的地方还不少;对证《全唐文》中《崔献行状》,将注释最后完成。

去系办将论文稿打印出来,又修改。晚饭后去东大邱市场散步。现在有网络聊天功能了,但我的电脑登录不上去,没有办法。看电视。

📅 2月5日

去研究室，下午去任先生处，谈了最近撰写论文事宜，任先生说李文基教授最近也写完了同样题目的论文。一起去李先生研究室，李先生拿出已写完并即将发表于《历史教育论集》上的论文校样。我心里非常复杂，如果知道李先生要写这方面的论文，我就不花时间写了。

与李、任二位先生一起出去吃饭。吃饭过程中谈学术问题，李先生对我刚发表的有关柴哲威的论文评价很高，但不同意我写的苏定方论文中的部分观点。其实这也很正常，仁者见仁，智者见智！吃完饭又去一处喝啤酒，任先生建议我将论文稿送与《中国史研究》杂志，其2月28日出刊。《历史教育论集》2月24日出刊，这样两篇角度不同的论文几乎可同时发表。只是我写完后未让朱先生看，又未征得朱先生同意，故没有立即答应。

凌晨才回到宿舍，喝得晕乎乎的。

📅 2月6日

去研究室，见到金贤淑师姐，她极力劝说我将论文尽快发表。至于朱先生方面，她说她可予以解释。她本月15日去汉城高丽大学出席韩国古代史年度发表会，将要发表有关在唐高句丽遗民研究的论文，该论文注释中提到我写的这篇论文。如果我不尽快发表，而李文基教授发表了，她的论文正式出版时就不得不提到或引用李先生的论文了。仔细想，她说的有道理。

下午在宿舍，仍润色校改论文。

2月7日

　　给任先生打电话，表示想在《中国史研究》上登载上次见面时提到过的论文，任先生让和金钟健先生联系。随后和金先生联系并确认，他让12日前将论文稿送出。

　　下午15：00许，汉城梨花大学史学系申滢植教授来电话，让我尽快将我的护照复印件给传过去，也不知道要干什么，也不便在电话多问。去史学系找尹先生，给其谈了上述两件事情，尹先生也同意我尽快发表写好的论文稿。在史学系办公室给申教授发传真。

　　在宿舍。今天是元宵节，中午给妻打电话，妻与儿子在家。

2月8日

　　给申滢植教授寄去护照复印件。下午去尹先生处学习，晚上即在尹先生处吃饭。

2月9日

　　去研究室，见到金贤淑博士，给其说了论文稿处理情况。

　　下午给任先生打电话，说愿意在《中国史研究》上刊登论文。随后去其研究室，先生帮我在电脑上编辑论文的注释部分，并说还可以再做修改。看来此论文刊出还是挺快的。只是没有让朱先生看就发表，心里有点不对味。当然也是现实情况使然。如果（现在）不发表，此后也就没有发表的必要了。

2月14日

　　在图书馆，查阅《全唐文》，找到有关"二蕃"的资料。下午仍修改论文。晚上休息。明天要去汉城参加韩国古代史年度发表会暨学术研讨会。

2月15日

6：30起床，匆忙准备。7：00出发，乘车到东大邱火车站。同去的其他人还都未到，等了半个多小时，柳文奎等人才到了。7：40乘火车出发前往汉城。火车大约到水原站前面，天开始下雪，随后雪越来越大，简直可以达到暴雪的程度。

11：40到达汉城火车站，然后乘地铁一号线，转二号线，又转六号线，到达高丽大学前地铁站。上来后发现地面积雪很厚，大雪不止，似乎整个城市都被雪覆盖了厚厚的一层。在高丽大学国际中心地下食堂吃饭，14：30正式开会。见到了金寿泰、金瑛夏、卢泰敦、李基东、金相铉、崔光洙等教授。朱先生因大雪缘故，加之马上要出国，未能到会。

晚上吃完饭，又到一个地方喝啤酒，23：30来到一宾馆。此宾馆设施很特殊，其实就是汽车宾馆类。很累，0：00就睡着了。

金寿泰教授因朱先生未到会，意见很大。提问的问题主要是对《三国遗事》卷一、《三国史记》卷八有关神文王对唐中宗派使质问"太宗"谥号问题展开讨论。同时，金贤淑博士的论文也有几处明显的错误。李根雨的论文主要依据《日本书纪》的记载。大会主题是"三国统一与东亚"，但提交的论文似乎均与其关联不大。

2月16日

7：00许起床，昨晚与同门申衡锡先生同住一屋，申先生的指导老师也是朱老师，他的选题为6世纪新罗政治史。

9：00许继续开会。李基东教授主持了下午的综合讨论，会议对新罗籍帐的研究展开讨论。卢泰敦教授认为有关唐中宗派使质问的史料，可能是与金庾信的后孙所写祖上"行录"有关，故史料的可信度很小，言外之意是没有必要对此过度猜测推论。卢泰敦教授的观点获得与会大多数人的认同。

18：00 会议结束。随后乘地铁六号线转四号线，到达汉城火车站，简单吃晚饭。

21：30 乘车出发，凌晨1：30许到达东大邱火车站。一路上说韩语，和金贤淑、申衡锡等辩论问题，时间过得很快。这一路上说的韩语简直比这半年时间内还多。

2月17日

8：00 起床，很累！赶快最后修改论文。下午修改完毕，用邮件传给金钟健先生，这篇论文就算交差了。关于此论文的写作，还要和朱先生谈及。先生这半个月不在韩国，去中南美墨西哥参会，许多事情无法和他沟通。

今天起寄宿舍不供应饭食了。晚饭即是在外面买的，很不方便。

2月21日

仍去研究室学韩语。下午、晚上撰写论文。

下周应开始办延长驻留韩国的事情，3月31日居留时间到期，不办就迟了。对于三韩在唐的遗民，以后应多查阅一些史料，特别是对敦煌、吐鲁番文书应多看，这方面的资料若有新的发现，以后的研究将有很大的进展。

柳文奎送他的毕业论文，他硕士毕业，获得硕士学位了，祝贺祝贺。

2月22日

去研究室学韩文。顺便借日本人编集《大谷文书集成》

（第 1、2 册），八开本，很气派。下午在宿舍将其翻完，未见有相关有用的资料。17：00 去东大邱市场，买了一些吃的东西。

晚上在宿舍看书，收到东国大学金炳坤先生寄来的博士论文。此前在汉城和其见面，谈了许多话。他是研究新罗佛教及王权的。

2月23日

仍去研究室学韩语。

下午在宿舍写论文，看书。17：00 去尹先生处上课，18：30 结束。

吃中午买的包子。看金容沃先生的《论语》专题电视节目。

2月24日

周六去图书馆，复印《韩国古代史研究》第 18 辑（2000 年）上的一篇论文。又复印《韩国市民讲座》上卢泰敦教授的论文。借《海东绎史》（上、下）一书。

下午在宿舍看书。天下雨，韩国大观岭地区下了 90 厘米的雪。洗衣服。

2月28日

去研究室，又去找朱先生，向先生提交毕业论文提纲。先生给予修改，让以韩语形式再提出。另谈了续办签证事宜。还提到上次申报课题未办妥的事项。朱先生送他去墨西哥时买的小礼物一件，很高兴！

下午在宿舍看此前未看完的卢重国先生关于百济复兴军的论文，这篇论文很长，若再长的话，就可以成一本书了。借《东史纲目》。听说韩国中国史学会期刊《中国史研究》第 12

辑今天就可出刊了，但没有见到。

📅 3月1日

昨天柳文奎来电话，说周六要去庆州考察，问我去不去。庆州去过十多次，但新罗时代重要的遗址还未看过，这次将去狼山及皇龙寺遗址，很高兴！

今天是"三一节"，但全校停电。11：00 与崔建中一起去市场买回饺子，又去新来的复旦大学中文系聂安福先生处。

吃完饭去 Homeplus，购回胶卷，以便考察时多拍些与新罗史有关的照片。

17：00 来电。晚饭即在宿舍食堂吃饭。两周间在外面打游击吃饭，很不方便，而且吃得很差，总算熬了过来。

📅 3月2日

在宿舍。下午去研究室开会，又去图书馆。

找朝鲜时代秋史金正喜《阮堂先生文集》，但研中堂文库不开门，只好作罢。

为明天去庆州考察，借到了照相机。

📅 3月3日

6：30 起床，赶快收拾。7：00 吃饭，7：30 到校正门处，和김주란（金周欄）、김숙희（金淑喜）两后辈一起乘出租车到市内一停车场，金贤淑师姐已在此等候。大约 8：10 许，申衡锡、柳文奎、崔弘昭、崔贤美、朱先生全到齐，随后乘两部车出发。

9：00 许到 88 휴게소（服务区）稍作休息，今天没有上高速，走的是国道。天气阴沉沉的，有雾。不久，太阳的晕圈时显时隐，到达庆州芬皇寺门口。芬皇寺 1998 年 10 月与朱先生

参加学术会议后曾来过。将车停在寺院前,我们即步行向北(芬皇寺门口大路北),参观邻近的皇龙寺遗址。皇龙寺是当时新罗王京最大寺院,其中九层木塔为新罗护国三宝之一,现在发掘了木塔所在地,有明显的石柱础,其塔基面积很大;皇龙寺的其他建筑遗址也可看到。继续向西北走,这里也是发掘地,朱先生说是住居地。大概是负责发掘的一考古工作人员前来询问,朱先生和他说了许多话。这个地方处于北面的小金刚山、南面的狼山、东面的明活山之间。

沿公路向前走,到达구황동 삼층석답(九皇洞三层石塔)路口,走了大约十分钟,到达石塔前。此为三层石塔,周围有民房,据说塔面有字,但现在已看不到了。沿小路向上走过住户人家,其家狗不停吠叫,有点讨厌。

12:30到达陵旨塔。据朱先生说,陵旨塔20世纪60年代当时是圆顶,而现在是两层模样,底层有石雕十二生肖像,有规律地排列着。九皇洞三层石塔、陵旨塔均在狼山上,狼山高100米左右,很矮的山。陵旨塔有的学者认为是新罗文武王火葬地点及葬处,有的认为不是,朱先生认为火葬点应在大王陵附近。

乘车去市内吃饭。庆州市建于新址上,故此前的城市遗址就可完全保护起来,只是这样做仍有不足之处,即对城市建设不利。据说在庆州西北处建竞马场时,竟然发掘出文物,因而就在原地保护。市民因此示威反对,但政府仍坚持这一方针。无疑,这对维护庆州作为文化古都和持久发展相当有利。吃饭的地方1998年10月、2000年10月均来过,是较为有名的饭店,故很受食客的欢迎。吃完饭,即去登狼山。

到善德女王陵前,这座陵墓位于狼山上,据说是朝鲜时代以来专家的推论,至于是否准确,还有待考古发掘后验证。

随后又到四天王寺。据《三国史记》《三国遗事》记载,这座寺院建于罗唐关系紧张之时，其建造目的是为对付唐朝的军事进攻。而且，从现存《三国遗事》的记载看，好像还真起到了作用。不过，很明显，《三国遗事》的记载只是"说话"性质，记载出现的几位唐朝使臣、将军，在现存各类唐史史料中均没有出现过，如唐朝使臣乐鹏龟、将军薛邦就是如此，因而也很难对证。四天王寺遗址的柱础仍可看到，寺院南面有东、西两个龟趺，不大，龟头均被打掉。这里的龟趺不如庆州国立博物馆和武烈王金春秋陵龟趺格局大。据朱先生讲，其可能是被信奉基督教者，或者其他某些人毁掉了。两个龟趺上的石碑，据说一个是文武王金法敏的碑，一个为四天王寺的寺碑。

离开四天王寺，过一公路，向前再走一段小路，约有五六十米远，就是望德寺遗址了。望德寺与唐朝皇帝有关。寺址有幢竿两件，据说这里的幢竿和庆州其他寺院遗址的幢竿不同，实地观察确实如此。离幢竿约10米处有三个断石，上面雕有如太阳或者月亮之圆形图案，很是特别，我将其一一拍照。不知此断石在当时作何用途，也有可能是柱础吧。在这里遇见一日本人名本乡民男，是研究东洋美术史的，他来考察庆州南山。我们一起对一块深埋地下的石头发生兴趣，没有工具就用手挖，戏称是韩、中、日三国学者联合发掘。由于石头很重，埋得也较深，费了约半个小时也没有什么结果。

从望德寺出来，又经过朴堤上纪念碑。而路旁的小河即是《三国史记》《三国遗事》所记朴堤上关联的那条小河。向前走，一直走到神文王陵。神文王陵可以确定，陵园建有围墙，进门后约20米即为一冢陵，沿陵走了一圈。随后与朱先生以及其他师兄弟集体合影，今天的考察就告一段落了。

走到停车处，乘车返回。20：00许回到早上乘车的停车场。在附近吃晚饭。朱先生总结了这次考察涉及的问题，并对考察提出建议，希望以后的考察能有更大的收获。今天考察中提到《三国遗事》记载兴修皇龙寺时，请百济工匠施工。当时罗、济处于战争状态，为什么还要请百济工匠？朱先生认为这是百济派来的间谍。当然，从另一角度看，当时虽两国处于战争状态，但双方的各种交往仍不少，工匠往返两国的可能性不是没有。另外，韩国古代新罗以及后来的高丽，没有出现如同中国历代的大规模毁佛事件；倒是朝鲜时代，由于儒学的发达，儒佛的斗争不断，这正好和中国的时代及发生的顺序相反。

21：30许回到宿舍，很累。今天没有晕车，因吃了乘晕宁的缘故。

3月4日

早上起得晚，10：00许开始写昨天考察的经过。等将昨天的照片洗出来整理排列，几次考察累积起来，就可对庆州有关新罗的遗址有一个完整的认识，亦可成为一完整的资料集了。计划本月24日做第二次考察，这很好。

中午在宿舍。和崔、郭二位上街，外面出太阳，但雪花纷飞，风也不小，很冷。

上网、看电视，休息。晚上本想和妻通话，但电脑出现错误，故让其自动检测，这周就不打电话了。WowCall两周可积300余分，这样也可多说些话。

看《어마아 누나아（妈妈呀，姐姐呀）》，电视剧情节很吸引人。

3月5日

周一，去找朱先生，但先生赴外地出席学术会议了。综合考试需要和朱先生商议。

下午在宿舍。又去系办要到毕业论文做成延期证明书文样，在电脑上打印出来，禹英兰说她需要。准备后天去大邱出入境管理所。

看论文，上周未给家里打电话，心里有点不知如何是好。

3月6日

去找导师朱甫暾教授。先生给综合考试申请表，在其他文件上盖章，并告我10月份在庆州可能有一次发表机会，题目是"中国金石文的现状及展望"。看来又要集中时间准备一篇新的论文了。

去找尹先生，询问综合考试的时间、地点等问题。下午又去找权延雄教授、李秉庥教授、朱甫暾教授，分别问考试需要了解的情况。碰见任先生，其送《历史教育论集》第13、14辑。见到李文基教授，他也送刚出版的论文抽印本。李秉庥教授提的问题是朝鲜时代段，以前接触不多，故到图书馆借李载浩《朝鲜政治制度研究》，李秉庥《朝鲜前期畿湖士林派研究》，李丙焘《韩国史》（近世前期篇）、《韩国史大观》等。

晚上看借的书，准备综合考试内容。

3月7日

9：30去大邱出入境管理所，因担保书未公证，故未能办理延期手续。11：00许回到宿舍。接校本馆（行政楼）电话，说大邱的《每日新闻》报纸要采访，又与该报一崔姓记者约好下午14：30见面。14：30在尹先生处见面，主要问来韩的目的、对韩国文化的看法、对韩国经济社会的看法、我的一些情况等。

下午16：00又去法律事务所办公证手续，往返两次，总算办好。给朱先生送图章及公务员证，但未见人。

3月14日

11：00去师范学院李秉庥教授研究室。12：00考试结束，李教授很好。

下午去找朱先生，又去系办，准备明天的考试。

要交9万韩币修了生费用，不交也不行。天气很暖和。

3月15日

考试结束，也不知道情况如何。14：00将准备好的东西交予朱先生，先生给考古系的学生上课。终于结束了，去银行交了9万元的修了费。

去研究室，未见其他人。

晚上看到平拴兄发来的邮件，他谈了唐史研究所及新成立的历史文化学院近况。

17：00去尹先生处，未上课。很累，收拾这几天的东西。给平拴兄回信。

3月18日

在宿舍看书。下午开始准备以前写了半截子的论文，天气不错。

18：00去看国力队与云南红塔队足球赛，香港凤凰卫视转播。结果国力队小胜。

与妻通话，妻已报名参加5月份的博士考试了。两个侄儿来西安，想找活干，但未找到。两天后回家去了。

3月20日

仍去研究室。下午在宿舍，给任先生打电话，询问《中国史研究》出版的情况。

17：00去研究室，金钟健先生已将杂志样刊及抽印本送来了。这是到韩国留学后，发表的第5篇论文。任先生邀请一同去庆尚南道，但因周六要去庆州，故只好谢绝。

3月21日

去博物馆，将《中国史研究》第12辑杂志抽印本送与朱先生。先生很忙，停留片刻即从博物馆出来。下午去图书馆，借《日本书纪》，给苏兴良、金钟健两先生发邮件。借《中华文史论丛》等杂志。

韩国现代集团创始人郑周永先生逝世。郑氏出身朝鲜，为朝韩友好交流做出了贡献。

3月22日

去研究室，又去图书馆查《全唐诗》《全唐诗补编》，想检索有关"乐鹏龟"其人事迹，但未查到。

下午在宿舍写论文。17：00去尹先生处上课，但未能上。28~30日史学系组织去全罗南北道考察，尹先生说给我交纳了费用，让一起去，很高兴也很感谢。

去系资料室，复印两篇论文。

3月23日

周五，在宿舍看书。

下午未得到明天去庆州的任何消息，给柳文奎打电话询问，但未见其接听。

去研究室，见到上次一起去考察的김숙희、김주란两师妹，原来她们与柳文奎一起去买吃的东西了。明天仍是8：00在大邱市法院停车场集合。从系资料室借清刘喜海《海东金石苑》、《册府元龟》第5册，准备再查一些相应的资料。刘仁愿相关

的资料还要进一步查阅，但确实难以找寻。

看金容沃先生的《论语》讲座，是延世大学做的。

3月24日

6：30起床，7：00坐车到大邱市法院停车场。8：00从大邱出发。

今天共有12人参加考察，其中有朱先生介绍的一个摄影作家。前往庆州的路线也和上次不同：先到浦项附近，再折向南，最终到达庆州。

第一站到庆州东川洞的一个停车场，随后找东川洞中里的摩崖佛坐像（마애불좌상），问了好几个人，最后是一个年约60岁的老大爷给我们带路，其实此遗迹就在路旁。我尽快照相留念。接着步行至传说中的脱解王陵，这里周围有很多松树，树的形状弯弯曲曲，很是特异。朱先生说此陵墓1973年被盗掘，结果发现的是统一新罗时代的遗物，其与传说中的昔氏脱解王陵说完全不同。在脱解王陵旁有庆州李氏发祥纪念地。

再上一个高20余米的小山丘，有一个1967年立的碑，说是新罗功臣梁部人即李氏先祖。又有著名的"庆州瓢岩"，上题有"庆尚北道纪念物第54号"。瓢岩的用途不甚了解，朱先生和其他先生都说可能是水盆，我想也许是用于洗澡，或者是泉眼，因为据《三国史记》记载，这里是新罗六部的中心地梁部阏川杨山村所在，其用途应更为广泛才可理解。

离开这里，来到小金刚山下的掘佛寺遗址。这里被定为宝物121号，有四方佛佛像，其西面有三尊佛像，而中间和南面的佛像保存相对完好。看到有两个人正在整修佛像，上面搭有顶棚，因而不能拍摄照片。三尊佛像南面又有两尊阳刻小佛像；东面是一大的药师佛像，处于中间地位；北面也有一小佛像，又有一看不太清楚的线刻佛像。佛像所在的大石头并不规整，周围有柱础。听朱先生说佛像上此前有阁楼，申衡锡先生说有人写论文认为四方佛命名不正确，应该称为"四面佛"。

继续向上走，就到了《三国遗事》上记载的著名的栢栗寺。这座寺院也在整修，因在半山腰，大雄宝殿之外，只有两栋建筑。大的石岩上有历史时期雕刻佛塔痕迹，又有"尹"字字样，还有"金好俊（凌）"字样。

天气很热，因此上山很累。继续向上，寻找一阳刻佛像遗址，几个人一起找寻，最后还是师弟柳文奎率先找到了。在山顶上休息，吃面包、喝水。随后来到一个高约五米的大石岩，上阳刻有三尊佛像，已看不太清楚，下面是供奉台。在此拍照。同去的金贤淑师姐问"辽东""大凌河"等地名。下山后穿过东川洞，在一饭店吃饭，吃돌솥비빔밥（石锅拌饭），很累啊！

吃完午饭向南走，到우방아반트（公寓）旁，这里有一古坟。此古坟20世纪70年代已发掘清理，从坟冢发掘出西域人模样的土俑，学界推定是7世纪后半或8世纪前半的制品，显示了当时新罗与唐王朝文化交流的盛况。坟冢保护得不错，但周围都是高楼，故其位置很不好，在此拍照留念。

继续向前走，到达"庆州东川洞四方佛塔身石"，其为统一新罗时代的物品。佛塔四面皆雕有佛像，和佛国寺、南山发现的塔身形状相同，推定为8世纪中叶的物品。全体考察队员在此合影留念。

随后又向东南方向行走，经过庆州市厅，据说庆州有两个市厅，不知何故。乘车，到达용강동고분（龙江洞古坟）。这里也是统一新罗时代的坟墓，坟墓发掘出墓志石、土器等遗物，现收藏于晓星女子大学博物馆。该坟墓旁是一女子高等学校，在半山坡上，汽车上去很吃力。

其实今天的考察目标到此已达成。只是时间才到17：00

许，回去还有点早，故又去参观新罗武烈王金春秋陵。乘车约20分钟，即到了武烈王陵旁。先向路的一边（可能是东边）参观，这里有金仁问墓。此墓旁有一保护亭存在，内有一龟趺，雕刻精细，其品样保护得很好，上有明显的碑槽，只是觉得碑可能比一般的碑能厚一些，碑已不存。据朱先生讲，金仁问可能在693年曾回过新罗，随后又返回唐朝，不久就病逝于唐朝（武周）。其尸体经女皇武则天批准被运回新罗。另有一说法是金仁问死于新罗，朱先生让我以后查找有关金仁问与唐官吏交往的诗文记录，草拟成文，并说这是一个很有意思的选题。金仁问一生自25岁以后，七次往来于唐罗之间，在唐朝前后经过30余年。金仁问与文武王金法敏可能并非同出于文明皇后，也许是庶子；因其处于罗唐交往的敏感时期、敏感位置，他的处境也随着罗唐关系的变化而变化，度过了多变不平凡的一生。

与金仁问墓相隔不到10米远，又有金旸墓。金旸其人是新罗神武王时期的权臣，当时王权衰微，权臣当道，故金旸的墓很大。在此拍有照片。

向西穿过马路，就到了武烈王陵门前。门为古式模样装饰，拍照留念。进门后即看到武烈王陵墓。陵墓旁有一大的龟趺，又有武烈王陵碑上部的螭首，只是陵碑已不知所在！龟趺、螭首上建有碑亭，碑亭不远处就是武烈王陵冢；向西又有大坟冢，其主人为谁，现在还不知道。只是自朝鲜时代起，一些学者推定其为龙春、真智王、法兴王等陵，但都是推论，难以坐实结论。

现在庆州的古坟中，明确知晓的只有武烈王陵、兴德王陵、文圣王陵等，其他的均为推论，真实的情况只有等到这些陵墓发掘后才能最终确认。只是统一新罗时代前的坟墓中一般并没有所谓的墓志、玉册等存在，故即便发掘，十分明确的判定可能还有困难。武烈王之后，新罗王陵才可能有碑志文字的记载。但另有一种说法，言庆州的新罗王陵，以及其他陵墓，在历史时期以及日本殖民地时代均被盗掘，也不知道其真实情况到底如何？另外，上面提到的掘佛寺四方佛像，庆州博物馆有仿制品；武烈王陵龟趺螭首，好像在庆州博物馆也有，是国宝 52 号。不知哪个是真品。

庆州市内的陵墓上都种草皮，保护得很好，有的已经开辟为公园，也不卖票，人们可自由进入，是市民和旅游者休闲游览的好去处。这方面西安市应该向这里学习。当然，这也需要经济实力作为后盾，大概等西安有足够的经济实力了，也能做到这一点。气候条件可能也是重要的方面，这里下雨多，有利于草皮保护和生长，而西安相对于庆州来说下雨少，无形中增加了草皮生长的难度。

从武烈王陵园出来，随即乘车返回。19：40 回到大邱市，在法院附近一食堂吃饭。可能是饿了，感到吃得不错。21：00 回到宿舍。下次考察定于 4 月 21 日，很期待哟！

3 月 25 日

周日 8：00 起床，可能是昨天爬山的缘故，今天腿觉得很不得劲，累垮了！看来应坚持锻炼才是。下午去 Homeplus 洗照片，冲印出来后觉得照得不错。本来等胶卷照完再洗，但昨晚崔永洙来电话，说要他的相机，故将剩的 14 张很快照完了。现在还剩两卷胶卷，等 28 日去全罗北道考察时再拍照。以前出去考察没有想到这一点，应该给自己积累一些资料。

3 月 26 日

去研究室，学韩语。

看借的《册府元龟》，抄录其中的史料。金钟健先生发来邮件，说让给他修改论文。回复金先生。不时想到家里的事情，上周末和妻通话，也不知道她考试准备情况如何。

天气突然又冷了，今天将毛衣穿上了。

3月27日

在宿舍看书，给尹先生打电话，问出去考察需要准备什么。他已将考察费用代我交纳，非常感谢。金钟健先生让给他修改稿件，约定下午14：00在研究室见面，给其改稿，并与同研究室其他人闲话。

去系办，问明天集合的时间、地点等。见到尹先生。

今天将上次拍照的三张照片给妻寄走，可能下月初她可收到。

3月28日

6：30起床，准备。7：30到庆北大学北门口大讲堂前，天下雨，一直等到8：10许，人才全部到达，随后乘大巴出发前往。

同去的老师有系主任林炳勋教授，以及西洋史的金教授、韩国现代史的全教授、东洋史的尹先生，其他都是本科学部学生。约12：00到达全北地方金堤市부량면（扶梁面）的碧骨堤遗址，这里属于群山市管辖，处于锦江下游地区，江面十分宽，岸上土地肥沃平坦，和庆尚北道地方差异不小。据记载，碧骨堤最早为百济비류왕（毗有王）二十七年筑造，后来新罗元圣王六年（790）增修，高丽显宗和朝鲜太宗十五年（1415）改筑。1925年日本殖民地时期进行农地改良组合，将这里利用改作基干水路，使堤坝受到很大损伤，现在只剩经藏渠和长生渠遗址。这里离韩国称西海很近，风刮得很大，十分冷，在此吃午饭。饭前还参观了群山里五层石塔，其位于一小

学校内，是日本殖民时期日本人的集中驻地，周围也是原日本人的农场，故此，日本人将周围各地的遗物集中迁移到此，在此可以看到统一新罗时代的五层石塔和石灯等遗物。

碧骨堤处于湖南、湖西交界处，这里有已故金庠基教授撰写的碧骨堤碑，金教授的故乡就在此地。不远处有一农业博物馆，好像是最近几年新建立的，给人以不伦不类的感觉。随后又去一日本人当时建立的农场遗址地，有日本人办公处、职工住宿处，均是日本式样，还很好地保留着。据林教授解说，当时这里有五十余位管理人员，数千农场农民，和众所周知的西欧封建庄园的形态十分相似。

接着又到达백산（白山），参观东学革命백산창의비（白山倡义碑），백산位于扶安郡白山面용계리，山高47米，因为周围地势平坦，故这里显得特别高敞突出，第一次农民战争时期湖南倡议所就设在这里。1894年3月20日，农民军在古阜起义后转移到此。另外，这里和推定的百济复兴军时期驻屯地周留城距离很近。

从这里出来，今天的考察计划就基本达成了。随后乘车沿西海岸向南行驶，西海中的岛屿在海中时隐时现，据说近海水中全被利用做各种养殖作业，风平浪静，煞是好看！

晚上就在禅云寺附近的백동（白洞）宾馆住宿。韩国的宾馆一般都是按照1、2、3、5、6层标号，很是有趣。在这里先吃饭，随后参加学生的游戏晚会，大约晚上0：30睡觉。与其他三位教授同住一屋，暖气很热。今天还顺便参观了金氏家族旧居，其后裔现为韩国《东亚日报》的董事长。

3月29日

起床后先参观禅云寺。禅云寺在所住宾馆不远处。去禅云寺路上，和史学系新来的金教授说话，以前和其见过几次，但均未说过话；其留学俄罗斯，和尹先生同年，专攻韩国现代史。

我们正向前走着，只见天空团团乌云翻滚而来，都惊诧预感可能要下雨了。但不到几分钟，就发现偌大的雪片密集而下，没有像平时所见的飘飘然，而是急速落下。匆忙间只看了朝鲜时代秋史金正喜为一和尚撰写的碑文石刻，又冒大雪看了禅云寺中保存的石塔，此也是标明宝物类文物。还看了说明牌上标明已有五百年树龄的백동나무（白洞树）。在大雪中我们拍照留影。奇怪的是返回的路上，大雪就黯然停了下来，真是很奇特的经历。

吃完饭又出发，参观甲午东学革命纪念塔。这里正在建立一个规模很大的纪念馆，纪念馆址最端头就是纪念塔，还看到展出的当时朝鲜政府的文书，农民军使用的农具和枪械。纪念塔上有浮雕，又有全琫准其人立像。在此吃午饭。饭后参观全琫准故居和"天安全公琫准之塔"（好像是墓地，周围又有最近立的两碑）。又参观万石洑遗址碑，这里地势高，是当时战场所在。风很大，照相时人冷得打颤。路过一村庄，看见一大壁画，也是表现甲午农民革命的题材。

17：00许到达内藏山地域，参观内藏寺。这里处于深山，十分安静，建筑物似全是后来重新所建，与同来的林教授合影。晚上即在附近的一宾馆住宿。

18：00许与林、金、尹、全几位教授去喝酒，此饭馆为"全州饭馆"，喝了一种叫"覆盆子酒"，韩国语称为"산딸기"，即野生草莓酒。随后又去吃饭，饭后和学生们联欢，还是喝啤酒。22：30出来又去歌谣房，一直玩到凌晨2：30。回到住处，几位教授和大学生们一起谈这次考察的感受，3：30才结束。今天喝了不少酒，很累！

3月30日

7：00许起床，外面变成了银白色世界，山上全被白雪覆盖，景色秀丽。看新闻，知道韩国全国各地均下雪，这在三月底来说，确实是很难得的天气现象。吃完早餐，9：00出发。

先去白羊寺，雪下得很大，照相时雪花乱飞，拍出的照片肯定不怎么样。

又参观光州市博物馆。参观光州五一八运动纪念馆，心情十分沉重。录像显示出血淋淋的场景。纪念馆陈列1980年5月18日光州市市民革命被残酷镇压遗物。又到半山腰的烈士墓地，死者全是中学生、大学生，可怜青春年华就长眠于此，令人揪心啊！

午饭在智异山下的一饭馆，味道不错。随后又去智异山华严寺。寺院规模很大，其中有几件国宝级的石塔，狮子头顶塔很独特。本来要上智异山，但因下雪山路湿滑，故不能上去。智异山是韩国第三大名山，风景名胜之地，位于庆南与全南交界处。因不能上山，18：00左右返回。20：00回到大邱。又与师生们一起出去吃饭，一直到22：00才回到宿舍，很累！三天的全罗道考察告一段落了。

4月1日

周日早上看书，下午去洗照片。

中午给家里打电话，岳母接电话，说妻儿未来，可能晚饭时才到。

20：00打电话，妻儿他们刚到，说了一些话，儿子正和其表妹玩。

给苏先生及平拴兄发邮件。昨天收到马老师寄来的《西安历史地图集》，故给平拴兄写信，让其转告马老师说已经收到。

4月2日

　　昨天美国侦察机在海南岛附近撞毁中国空军一战斗机，受损的美国侦察机未经允许降落到海南岛陵水机场，中美关系可能要紧张起来了。

　　早上去研究室，看韩语。下午写论文，进展不大。

4月3日

　　上网看国内消息，美国太霸道，有24名美国军人降落后被扣留在海南，中国飞行员王伟失踪。将地图集送给尹先生，尹先生给了70000元韩币，这钱是马驰老师的，回去应交予马先生。

　　下午仍写论文。借《册府元龟》第5册，上面有相关内容，对真实了解刘仁愿与刘仁轨的关系很有帮助。给任先生打电话，想借有关书籍，但问询后，先生研究室并没有这本书，故只好作罢。

4月4日

　　中美双方互不相让，不知此事到底如何解决。网上什么言论都有。

　　早上去找朱先生，想具体了解上次说的10月份发表的有关问题。复印《庆州文化》第6辑（2000年）上的一篇论文。

　　下午仍在宿舍写论文。西北工业大学、西安电子科技大学各来一名博士后，和其见面打招呼。同在西安的学校任教，但可能是学工科的缘故，似没有很深印象。现在周围国内来的博士后达6名之多，他们边工作边学习，名曰合作研究，专业也和自己不同。今后应抓紧时间写论文。这篇论文已快写完，将近三万字，看以后能在什么杂志上发表。

4月7日

去图书馆,借两本《韩国语》教材,以后开始学新的东西。想借书,但系资料室的人不在,只好作罢。

下午休息,写论文。周六有放松的感觉。收到釜山外国语大学权悳永教授明信片,他收到了我寄去的论文抽印本。

4月9日

去研究室,读新借的《韩国语》,看《백제사의 비교연구》(《百济史的比较研究》)中的论文。

下午在宿舍写论文。考出刘仁愿不可能主持第一次会盟,还应再找证据,如果此立论成立,当是一个非常重要的发现。

4月10日

去研究室,借书,看韩国语。

下午上朱先生的课,这学期朱先生讲高句丽金石文。今天讲集安、平壤附近古墓,即冬寿墓志、镇墓志,讲韩国学界的研究概况。下周讲《中原高句丽碑》。

下课后很累,昨天晚上未睡好觉,一直想论文的事情。

中午14:00又上课。晚饭后睡了半小时。

4月12日

下午去图书馆,借《经国大典》。17:00去尹先生处,他感冒了,也未能上翻译课。

4月13日

在宿舍,又去图书馆。

下午再去图书馆,查对《刘仁愿等题名》出处和年代,拿到郭立新买的电话卡了。

晚上在宿舍看"金容沃《论语》讲座"。

4月14日

今天本来想去安东参加中国史学术会议,但正在写论文,故昨天给金钟健先生、任先生、尹先生打招呼,说不去参加这次会议了。

去图书馆,又借《大唐六典》等书。下午在宿舍,已将《刘仁愿等题名》部分写完。

4月15日

周日,在宿舍,下午仍写论文。

晚上与妻通话,用新买的电话卡,1万韩币可打38分钟,挺好!看《宝刻丛编》《宝刻类编》等书。一天都未出宿舍门,头晕乎乎的。

4月16日

去研究室,其他几位室友议论西藏的事情。韩国是所谓的单一民族国家,故一些韩国人根本无法理解,也不想理解多民族国家的中国的现状,往往根据自己的想象和美国等西方媒体的宣传,发表一些让人不可思议的言论。

下午在宿舍。借书,但《资治通鉴》一书还了之后,在图书馆再没有找到。

4月17日

借李基白《新罗政治社会史研究》、李丙焘《韩国古代史研究》,以及《百济的历史与文化》诸书,论文很快就要完成了,要认真修改。

下午上朱先生的课，讲《中原高句丽碑》文字，这通碑可识读的文字不多，故迄今为止没有相同的见解，一个人一个说法，简直让人感觉不是历史研究了，而是文学家的小说之作。我认为对于发现的碑文，能识读多少字，就解释多少字，不要人为添加，这样能完整地保持原碑文之意味。不然，简直成了现代人的创作，这不是真正的历史。

晚上上陕西师范大学网站，看到史念海教授已于3月27日去世，心里挺不是滋味。史先生对青年人很好，我多次找过他老人家；1999年回去还专门去他家拜访。他的去世，我挺难过！想给平拴兄写信谈及，但时间已过近一个月，不知如何是好。还是以后写信再说吧。

4月19日

将论文打印出来，修改。

下午找任先生，借岑仲勉《金石论丛》、清人武亿《授堂金石跋》两书，任先生说如朱先生对此文不表态的话，他可以介绍到其他学术杂志上发表。我想还是让朱先生看后再说吧。

17：00去尹先生处上课，只有两个人，不到18：00就结束。

4月20日

10：00去权教授处上课。《经国大典》翻译讲解。

下午仍修改论文，很累，可能是完成论文放松的缘故。

借《隋唐五代史目录索引》，查其中有关中外关系史方面的论文，但并未发现与我所写论文相关的题目。

4月21日

去图书馆，借《资治通鉴》第10、11册。专攻韩国古代史的几位硕博士，他们又要每周六举行 seminar 了，很好！可能从 5 月 11 日开始。

仍修改论文。去东大邱市场。

4月24日

去研究室，修改此前的论文。将其转换为简体字，想给《陕西师大学报》编辑部，或者《学术月刊》编辑部寄去。

又改这次写的论文，也想给北大荣新江教授主编《唐研究》杂志投稿。

4月28日

6：40 许起床，7：40 赶到庆北大学正门口，乘出租到大邱法院停车场，8：00 出发去庆州考察。

今天同去的共 11 人，朱先生带队。10：00 许到达庆州隍城洞江边路遗址发掘现场。这里是统一新罗之前三国时代的墓葬群，时间为 2 世纪到 7 世纪中期，其中 6 世纪的占大多数，是积石木椁墓，也看到两个瓮棺葬式。墓中除过陶器之外，还发现葬有铁器，其用途据说是泉布（货币），但其长度约有 50 公分左右，也有铁剑，剑把有青铜装饰品。

天气很热。11：30 到鸡林天马冢公园附近。在上次来过的饭馆吃饭，感觉不错。

吃完饭又出发。先到庆州南山东边的崔致远先生遗墟碑，此碑文为已故的李丙焘教授于檀纪 4310 年（公元 1977 年）撰写，崔氏后孙崔秉武书碑，全名为"文昌侯崔先生遗墟碑"。沿台阶上去，有一小门，进门后东面有朝鲜时代丙子年（1877）立的一通碑，但解说材料上说此碑建于高丽末期，看来是明显的错误。在这里近一个小时，随后寻找遗址，只是大桥边村里的人都不知道，在山里面转圈，还是没有找到。

又乘车约五分钟，到达龛室如来坐像旁边，也要上一个大坡。据说其为6世纪初的作品，只有岩石龛内的佛坐像，佛像为长袖宽衣，和其他处佛像也有差别，可能是刚传到这里，雕造也是以中国人模样为准。在此休息，拍照留念。

随后又乘车，到塔谷，这里有一座小寺院，其建筑物下的柱础，据说均为新罗时代的石料。离寺院约20米处，就有一大型四面雕刻岩像，东面为九层塔雕像，有飞天；南面是佛像，又有僧人礼佛图。在此看的时间很长，同去的禹宣汀师妹上前查阅资料，并给大家讲解，17:00许返回。18:50许回到大邱市，在寿城区的一个饭店吃面条。

天下雨，20:30回到宿舍。今天考察的地方有限，因为依据去前准备的文物位置图找寻，费很大工夫又找不到，使很多时间白白流过，加之昨天朱先生刚去庆州出席会议，他看起来很累，故也影响了情绪。

4月29日

周日，有点累。一直在宿舍。晚上崔永洙叫出去喝酒，崔建中也一同去，大家聚聚，也没有多大意思。以后这种事情要减少。

因为出去喝酒，错过了给家里打电话的时间。

4月30日

去研究室，借《唐代墓志汇编》（上、下），下午即全力翻阅，到晚上将上册阅完。这部书此前看过几遍，但仍有相关志文未能检出，看来还需再细心审读。

20:00给家里打电话，说了很多话。

5月2日

去研究室，找朱先生，说明假期要回家的事情。朱先生提到邀请妻参会的事情，又说是托工科大学的教授，因与其专业相隔太远，现在还未收到其回话。我说回家前将论文稿送上。

借两本《石刻史料新编》，查找资料。

下午在宿舍看书，草拟论文提纲。晚上仍构思，查找史料。

5月6日

周日，抄写查阅的史料，定题目。关于题目，还要找朱先生核实。9日原定去忠清南道扶余郡，但又不想去了。和同去的崔先生不熟悉，还是不去为好，不过要给其打电话说明情况。崔先生此前和我们一起去庆州考察，是一个摄影爱好者。

5月8日

在宿舍。下午去上朱先生的课，下课后最后确认要写论文的题目。

因中午未休息，上课时精神不振。回宿舍又翻看资料。晚上构思论文的写法。

5月9日

去研究室。今天本来和崔先生约好去扶余郡，但又不想去了。主要是坐车时间长，又要花钱的缘故；加之和崔先生不太熟悉，故昨天给其发送两个邮件，晚上又打电话说明。但早上7：40许，金贤淑来电话，说崔先生驾车在庆北大学门口已经等了快一个小时了，很生气，让我快去。赶紧赶到学校正门，见崔先生和他的一双儿女在那等待，心里确实过意不去，故给其说明情况，又给其儿女买小食品，表示道歉！崔先生总算开车回去了。崔先生平时很少用电子邮件，故他没有看到我的信，接电话的据说是其他人，并未转告他，故造成误会。

下午在宿舍，看有关对"金石"等的解释文字。复印《隋唐五代墓志汇编》的总序及说明，这都是要写《中国内韩国古代史关联金石文的现状与展望》一文所必须提前了解的知识。

5月10日

去找尹先生，他让修改他制作的表格。尹先生8月中旬要去中国湖南长沙，出席那里学术机构举办的简牍学国际学术研讨会，故现在准备会议论文。又收到尹先生的论文摘要，让翻译为中文，是写有关韩国发掘出土木简事宜，这和我的专业相近，很好。

下午给任先生还书。先生可能对我的表现有点不满，故谈及学校的其他先生对我的看法，主要是语言不过关诸问题。当然他督促我学韩国语是好的。另外，可能师范学院和人文学院的关系有点微妙，又牵扯到朱先生，故任先生说了许多话。他还谈及给他改去年的论文事宜，以及将要在中国青岛举办中国唐史学会年会的事情。

任先生送我一电话卡，回来一看，竟然是10万韩币的卡。对我假期回家，任先生好像也不太赞成，但我又得不到应有的帮助，不回家又能怎么办啊！看来，各方面的关系还应好好处理，争取愉快地度过这贫寒枯燥、让人揪心的留学生活。

5月11日

去权先生处上课。今天学《经国大典》中的"仪典"，其中提到"五服"，即"三年、期年、大功、小功、缌麻"。

下午去图书馆参考资料室，看到《北京图书馆藏中国历代石刻拓本汇编》共20册，其中隋唐部分8册，但还有10册未见。又查到《千唐志斋藏志》（上、下）和《朝鲜古迹图谱》

(2)，上面有刘仁愿纪功碑，日本大正四年之前的状况照片。复印其照片，很高兴！

又看到日本人池内宏编的《通沟》（上、下）一书，书装帧精美，几十年过去了仍像刚出版的一样。

借赵明诚《金石录》等。晚上看复印的资料，开始翻译尹先生的论文摘要。

看金容沃先生《论语》专题电视节目。

5月12日

周六，早上参加韩国古代史seminar，但只有两位去了。其他几位不知何故而未来。

去图书馆。下午去Homeplus，购买一瓶酒送朱先生，15日是教师节，韩国对教师节很重视。又购买一短袖衫，及给儿子买了地球仪模型，以便六一儿童节前寄回或六月末回去时带上。天气转热。

继续翻译尹先生论文的摘要。

5月14日

在宿舍，读韩语文章。

下午找尹先生，将翻译的东西送去。同研究室的金贤淑博士建议我将写好的有关刘仁愿的论文翻译后投《大邱史学》，以便扩大影响。我因准备10月份发表，此事只好推后。

晚上开始起草《中国에韩国古代史관련金石文의现状과展望》一文，已将"前言"写好。

5月15日

教师节，本想去研究室又未去。

10：00去博物馆，将上周买的酒送与朱先生，又将要写论文的提要给先生看，以便最后决定。下午上朱先生的课。

又去图书馆，借金文经《高句丽百济遗民与新罗侨民》以及《译注 韩国古代金石文》两本书。

5月16日

在宿舍，王宏伟问庆尚北道与河南省有关的人和事，昨晚给其写了两条，发送电子邮件。但其地址可能有问题，故未收到，早上几次打来电话，最终另用其他人的地址才收到。

给台湾《大陆杂志》写信、寄信，问去年投稿处理情况。下午在宿舍，很疲累，可能是昨晚锻炼强度有点大的缘故。

已经到了夏天，天气转热。人的精神状态可能受到影响。

购拖鞋一双，原来的一双已不能再穿了。论文进展不快，抄录卡片。

5月17日

仍看有关金石方面的书，清人顾炎武的《金石文字记》，宋人赵明诚《金石录》。看李清照为《金石录》写的后记类论文，很感动！

发现《金石录》一书中已收录《泉献诚碑》，但罗振玉《唐代海东藩阀志存》未见提及。论文进展很慢。

5月18日

去权先生研究室上课，下午在宿舍。

了解到清末叶昌炽著《语石》一书，以及钱大昕的《潜研堂金石文跋尾》、吴式芬《攈古录》等三书，只是这些书此前均未看，明天应寻找此三书。论文应加快进度。

5月19日

去图书馆，复印《语石》的一部分，借到《语石》《跋尾》两书。回到宿舍，即接到尹先生电话，说请我吃饭。

下午在宿舍看电视，看借的书。有几个人去了汉城，说是驻韩中国大使馆组织去板门店参观，我考虑后觉得还是不去为好。天气已很热了。

5月23日

未去研究室，写论文。

下午复印高句丽研究财团编《广开土好太王碑发现100周年纪念论文集》中的两篇论文。

上网，看到西安市副市长的秘书高某某被杀。高某某是我大学的同班同学，上学及毕业后多有交往，他刚做副市长秘书时间不长，去年同学会时还见过面。不知这消息是否又是网上编造？想给其他同学打电话又不能，心里挺矛盾。

晚上任先生请喝酒，学生们有集会。

5月25日

去图书馆，查泉献诚墓志铭拓片，但《隋唐五代墓志汇编》《千唐志斋藏志》等书中都没有。好像罗振玉《唐海东藩阀志存》中也没有提到，不知何故。高震墓志铭拓片亦找不到。

下午在宿舍，继续撰写论文。

5月28日

今天是开放日（OPEN HOUSE）。

去博物馆，只是博物馆闭馆；在宿舍写论文、查资料，今天图书馆亦闭馆。

张丞延与其丈夫来请吃饭,请吃披萨饼。

5月29日

10:30又去博物馆,仍未见朱先生。下午上课,将食宿费单交予先生。

15:00即继续查资料。今天进展不错。

6月2日

去图书馆,又去尹先生处还书,尹先生问买票的事情。

下午在宿舍,论文进展还可以,估计6日前后可完稿。现在正写有关唐赴新罗使节的问题,真可以写一篇好的论文。

6月5日

仍查证资料,将论文打印出来。

下午上朱先生的课,修改论文。

给家打电话,将订机票的事情说了,看来还是订从汉城飞回西安的航班比较好,因为从釜山回去往返更麻烦。周四应该改时间。

6月6日

今天是韩国显忠日,是为纪念过去年代为韩国的独立发展而牺牲者的日子,各地举行丰富多彩的活动,特别是到公墓祭奠等。青少年、成人及牺牲者遗属等多参与其活动,如朝鲜战争、越南战争等死者家属等。国内这方面做得不好,应该加强这一方面的教育,让青少年知道幸福生活的来之不易。

电脑不能上网,可能是网络的问题。修改论文。

6月7日

上午去改签机票，给朱先生送论文。先生让自己翻译，看来困难仍不少，但自己练习翻译必不可少；给先生说了回家的事情。

下午整理书籍，给资料室、图书馆还书。很累，可能是心里放松的缘故。见到尹先生，他让代购《考古与文物》杂志。任先生介绍认识日本德岛大学来庆大讲学的东洋史学者葭森健介先生，他要在庆北大学寄宿舍住一周时间。

6月9日

7：00起床，赶到大邱法院旁的停车场。朱先生等先后亦来，8：00许出发。今天走的是小路，即没有从高速公路上过。正因如此，又是晕车，相当难受。

10：30许到达庆州大陵苑内。先看了天马冢。此冢内有一幅绘有天马的图画，故以此定名。冢内开放，陈列有出土的金冠、金带，又有按发掘时的模样做成的模型棺椁、积石木椁坟。又有推定为新罗미추왕릉（味邹王陵，第106号）、皇南大冢（第98号）、天马冢（第155号）。朱先生70年代初参与发掘的有附近的37号陵墓，他详细介绍了当时发掘的情况。

接着参观了鸡林路古坟群。其中路西洞古坟群有金冠冢，是1921年由日本人发掘，首次出土金冠而得名。瑞凤冢（第129号），当时的瑞典王子参加了发掘，故将其命名为"瑞凤冢"。现冢前立有一石碑，有英文题写的碑文，我拍有相片。另外，此冢出土的银盒内有铭文"延寿元年太岁在卯三月中大王教造合杅用三斤六两"。又有双床冢（第127号）、马冢（第133号，有照片）、银铃冢（第138号）。壶杅冢（第140号），此冢亦发现有铭文"乙卯年国罡上广开土地好太王壶杅十"。

路东洞有金铃冢（第127号）、饰履冢（第126号）、凤凰冢（第125号，拍有照片，冢上有两棵约有三百年树龄的古树）。参观完后去一个"全州饮食店"吃午饭。据同去的同门师兄弟说，这家饭店味道太辣，没有吃好，而我自己感觉还可以，没有什么不好的感觉。

下午参观了庆州邑城。此城墙为朝鲜时代所建，由只是约二三米长的石条砌成，城壁约有五米高。朱先生推定，石头城墙壁中可能有关于新罗时代的石碑，其中的金石文资料应当很有学术价值；等什么时间将此城壁拆除，这些石刻才能重见天日，为新罗史的研究提供新的资料。又到一个幼儿园附近，据说20世纪70年代此处也有一古坟，只是现在其封土已不存。

15：00，原计划考察月城、雁鸭池遗址，但其他两位（申衡锡、金贤淑）建议去감포（甘浦）及感恩寺，说是我马上要回国，而又是研究新罗文武王的，故应该先去看看，朱先生同意了他俩的建议。我们又回到大陵苑附近停车场，整装出发东向，奔赴感恩寺。

乘车约有四十分钟，到达感恩寺。此寺院是文武王的儿子神文王为纪念他的父亲完成三国统一，在其父亲死后次年开始建造。现在寺院只保存有两个石塔，石塔规模不小，又有传说中的龙道，即用发掘的石条搭建的像石凳模样（下面有洞）的东西。寺院占地约有数亩，其中又有两石条，上刻有"太极"图像。同去的申衡锡以此说明"太极"图样韩国要早于中国，中国是北宋才有太极的说法，但我看此石条、双塔以及龙道上的石条颜色新旧不一样，似乎是后世或近来所刻。再细看双塔，其边缘也有补修的痕迹。朱先生也说塔先是崩坏，后来重新修整，对其中此前破坏处加以修补，这样看来所谓的太极图样石条，极可能是后世或者20世纪60年代所刻，故并非当时的原件。今年4月28日，KBS历史特别节目就有"感恩寺"

关联的专题片，可能也持有如同申衡锡的观点，此大概只有60年代参与清理发掘者，他们才能了解更多的事情。

又听说1967年前，关于文武王陵的说法与现在的说法完全不同。当时认为新罗文武王陵就是现在的"掛陵"，而且是自朝鲜时代以后就认定的通说。1967年韩国学术界组织三山考察团，对境内的名胜古迹一一调查认证，进而认为"掛陵"并非文武王陵，又综合《三国史记》卷七中的记载，指定今감포（甘浦）海上的石头堆就是"文武王海中陵"。从史料记载看，这种认定可能是对的，但是否再过若干年，又有对现在的认定再否定的可能？实在不敢贸然定论。感恩寺距离现在的甘浦海边约有一公里左右，据说是经过1000余年，海水东退的缘故，当时的感恩寺应该就在海边。海边人很多，也有一些西洋人。有望海用的瞭望台。海中有文武王葬处的石堆。

在海边感觉不错，海浪拍岸，海风拂面，海水激起的白沫很久才可散去，给人以清新奇异的感觉。新罗文武王时期是我博士论文选题的主要部分，以后还应再写一篇有关罗唐战争方面的论文。今天吃饭时听朱先生说东国大学一博士生和我的选题基本相同，但不可能冲突，因为我是以中国人的观点看，而那位是以韩国人的视角分析问题。

随后又乘车经过"利见台"，《三国遗事》中有记载。

到海边一饭店吃了生鱼片。晚上20：10左右回到庆北大学宿舍。今天走的地方确实不少，特别是又一次去海边，非常高兴！考察携带相机，拍了一个胶卷。朱先生说等我毕业后，他组织人去西安考察，而金贤淑说还是等我回去之前再约，其中的"揶揄"意味让人很不舒服！我还不至于忘记朱先生的恩情，真是的。当然，可能其也是玩笑之语，不必当真。

6月10日

周日，因昨天去考察，今天仍感到很累。

下午与崔建中等去 Homeplus 洗相片，购买三盒人参茶，以便回去携带。

晚上仍在宿舍，天气炎热，今天达到33度。给家打电话，但一直联系不上，只好明天再联系了。上网看"美女作家论中国各地城市"（作者赵波），其中对西安的描写，让人动情！我看着屏幕，眼泪不住地流下来。该文引用许巍的歌词如下：

我思念的城市已是黄昏，为何我总对你一往情深？

曾经给我快乐，也给我创伤；曾经给我希望，也给我绝望。

风路过的时候，没能吹走，这个城市太厚的灰尘；多少次的雨水，从来没有，冲掉你那沉重的忧伤！

你的忧伤，像我的绝望，那样漫长……

这首歌太感伤，我不喜欢，但它可能写出了作者真实感情，故抄录如上。

6月11日

马上就要回家了，心里别有一番滋味。

开始翻译论文，速度有限。下午去图书馆，找有关论文，但肚子不好受。去问机票的事情，但还未有消息。孙在贤先生让在西安看有否天津《益世报》的光盘卖，又让了解有关天津近代史方面的书籍情况。他在南开大学读博士，现在正起草博士论文稿。

又去大邱出入境管理所办理再入境手续，办得很顺利。

6月12日

在宿舍，下午上朱先生的课，最后一次课，19日考试。我这学期是旁听，加之18日回国，故就不再想上课考试的事情了。

预订机票的地方打来电话，说要换时间等事，看来还要再确认。张丞延打来电话，让在西安看有否北京语言大学出版的黄南松、孙德金主编《HSK词语用法详解》一书。给妻购买一件衣服，也不知道大小是否合适。

6月13日

去福祉馆，确认机票时间，看来是预订机票处想认定韩航飞机，但因时间不好，故我还是按原计划预订，可能周五就可拿到机票。这几天大韩航空、韩亚航空两公司职工罢工，很担心18日乘机是否顺利！

日本学者葭森健介先生离开庆北大学去汉城，这几天和他见过几次面，听他谈日本学界的一些事情；他1992年曾去过西安出席中国魏晋南北朝史学会年会，是谷川道雄先生的学生。

准备回去的东西，收拾书籍，要带的不少，但又不能全带。明天要去师妹禹宣汀的家，但不带什么东西说不过去，还是再想想看。

6月14日

在宿舍，仍翻译所写的论文，进展不快。马上就要回家了，心里很激动，也不想看书。整理东西，下午去还书，但未见资料室的人。

17：00许去禹宣汀家。她刚买的二层楼，有七个房间；其丈夫是学地质的，也正在上博士，因此前曾在会社上班，所以能买如此住房。禹宣汀有双胞胎女儿，五六岁的样子，非常可爱。同去的全是专攻韩国古代史的，都是朱先生的学生，大家说话，玩得很好。

21：30左右回到宿舍，喝了一些啤酒，头晕乎乎的，很快就睡着了。

6月15日

周五，早上等票，又因韩亚航空职工罢工，改为大韩航空，故票没能取到。下午去朱先生处告辞，先生和我谈有关罗唐战争的事情。他送我10万韩币，让给家里买礼物，谢谢朱先生！

18：00尹先生请吃饭，他与夫人8月4日到西安，9日离开。这样我原来的时间安排就要改变了。

6月16日

12：00终于拿到机票了，但返回的票具体时间、班次未定，因为西安到釜山的飞机8月份什么情况现在还很难估计，真有点担心，但可能也不会有什么问题，到时改签西安—仁川的飞机也行。

下午去Homeplus，买一些东西，给妻购买金项链一条，也不知道好否，这样就不用再买其他东西了。

6月17日

周日，早上、下午均收拾东西，晚上王宏伟请吃饭，他10月份回国。

和妻通话。给金善昱先生打电话问安。

晚上同学禹英兰来电话，说她延边大学的同学刘秉虎暑假要去西安，希望给其提供帮助。接着刘先生直接打电话给我。从电话中了解到刘先生 7 月 7 日带几位韩国学者去西安，他希望我提前去西安档案馆、陕西省档案馆查阅韩国临时政府光复军的资料（军事、外交、外侨等），并说到本月 24 日再打电话具体谈相关问题。

明天回国，一切都准备好了，有点累啊！

第四季

（2001年8月～2002年6月）

考察归来在校园

2001年

8月11日

　　昨天给马老师送书，晚上又和老孔（令兴兄）见面。就只有未购宁志新著《李勣评传》、杜文玉著《狄仁杰评传》两书。因时间关系，看来不能购买后带走了。

　　早上起来，去铁路局市场，又取相片，本想带妻去网吧，但时间不允许，只好作罢。匆忙做午饭，简单吃了一些。陪儿子玩，心里很复杂。又要出远门了，照顾儿子的事情只有靠妻子了。12：50离开家，和妻儿告别，他们送我上车，强忍未让眼泪流下来。妻子也是，但喉头哽动，别离的感伤使人久久难以平静。

　　到西稍门，乘车又到西安咸阳国际机场，此时14：40许。15：30入关，然后顺利登机。航班上全是外国旅游者，只有我一个中国人。中途与一韩国学生交谈，其介绍一个亦是到大邱的李先生，交谈很久。

　　韩国时间19：40到达釜山国际机场，因有向导，减少了许多担忧。乘机场307次大巴，约20分钟，到达龟浦火车站，又等了约20分钟，乘火车直向大邱。晚上22：30到达东大邱火车站，23：00许回到庆北大学宿舍。

　　朱先生已交纳了我的食宿费，故没有其他担忧和不适。收拾过后，给妻打电话，她正等得着急，儿子已睡着。应尽快完成学业，结束这使人难受和伤感的异乡留学生涯。

8月12日

　　8：00起床，很累。安装电脑，收拾房子，整理书籍，随后给张文昌发邮件。台湾中研院历史语言研究所编辑出版的《大陆杂志》今年第 2 期已刊发了我投稿的论文，并且邮寄了 100 份抽印本，但没有邮寄杂志本身，很是奇怪。修改论文，整理在家时搜集的史料。

8 月 13 日

洗衣服、被子。10：00 去博物馆拜见朱先生，给朱先生送带来的礼物和书籍。先生让 9 月中旬拿出论文译稿。应加紧翻译修改。

下午开始翻译，难度不小。

应和汉城的韩国国家报勋处金光载先生联系。

和妻通话。

8 月 14 日

到研究室取书，看东国大学李基东教授的学生徐荣教写的有关罗唐战争论文，其博士论文和我的选题接近，昨天朱先生也提到此事。徐氏在东国大学读博士，可能 8 月份就可获得博士学位。翻译论文。

早上给金光载先生发邮件，下午收到回复，并打来电话。他让我去汉城，只是现在没有时间去，故只好推辞了事。

8 月 15 日

今天是韩国光复节，各地均抗议日本首相参拜靖国神社，金大中总统发表讲话。

天气闷热，十分难受。

晚上去 Homeplus 购买鼠标及胶卷，本周五要去庆州考察。翻译论文。

8月16日

去银行，只是未见宿舍管理处将钱注入，故亦未将下学期的食宿费用单转给朱先生。

天气很热。见到师弟柳文奎，晚上他送明天前往庆州考察地点的相关文字资料。

仍翻译论文，现在只进行了三分之一左右。

8月17日

7：50乘车到大邱法院停车场，然后与朱先生等五位乘车去新罗都城庆州北部考察。

10：00许到达定慧寺遗址，据考察这座寺院遗址为统一新罗时代。1933年编辑的《东京通志》还载有公元780年，即新罗宣德王代，一个叫白宇经的唐朝人逃亡到新罗，在此建立定慧寺，寺塔为13层即可证明，因为一般新罗人建立的石塔只有5层。朱先生认为此塔是高丽时代所建，具体情况不得而知。

随后乘车到达안강읍근계2리 석불입상（安康邑根溪2里石佛坐像）。佛像为一整石雕造而成，但佛头已不存在，现在人用白灰制作的头颅安在石像之上，不伦不类！同时，建立的亭子上的名称却题为"弥勒祠"（佛像为如来佛像）。佛像的下部有小佛像，上面又有图像，但已看不太清楚。

接着，又乘车到达新罗兴德王陵。这里松树林十分奇特，都是弯弯曲曲的松树，竟然没有一个端正的。应该是朝鲜半岛风大，这里又处于东海岸不远处的缘故。当然，也可能是树长在石头上，根扎得不深的原因。陵墓前后左右有四尊石狮，封土周围又有十二支石，此应是新罗时代王陵的固有形态。陵前有石人三对，其中一对为当时的中亚地域人，而文官的样子和乾陵石刻有差异，其长袖十分特别；陵墓的左边又有一个龟趺，龟趺头雕刻粗糙，但身体上的花纹还算清晰。此与金仁问墓、武烈王陵前的龟趺精雕细刻完全不同。我认为兴德王陵右边可能还有一龟趺，但朱先生他们都说没有，我是从陵前石刻对称角度提出这种看法的。

据现有史书记载，新罗兴德王公元826~836年在位，有学者说兴德王死后陵前排设与挂陵前的石刻数目等均仿效唐制，今天实地考察确实如此。只是其规模明显不如唐陵。同时，陵前有西域人雕像，我认为有两种可能：其一，正如朱先生及众多韩国学者所说，当时西域文化也流入新罗，但是否真的有西域人到达半岛，现在没有确切的资料记载，难于证明；其二，可能是众多新罗人到达唐境，目睹西域人的长相，故仿唐陵制度，在新罗王陵前雕造西域人形象以辟邪之用。兴德王陵是9世纪70年代建立的。另外，还在不同时期发现了大约59块兴德王陵碑片，但不能连缀成文。碑石非常厚实，从底座看，其厚约40公分，宽80公分，不知其高多少。如这通碑存在，无疑可对统一新罗时代的历史研究提供重要资料，只是遗憾，此碑已不复存在。后来的人为什么不遗余力要打碎如此庞大的石碑，不得而知！还有兴德王陵不同于其他新罗王陵，在都城北边，离当时的都城相对较远。对此，朱先生认为可能是和兴德王王后有关，这一解释应是可信的。

又驱车向浦项方向，到达迎日郡神光面冷水里。先到冷水里新罗碑发现地。朱先生讲述了该碑发现当时的情况，颇有小说传奇的意味。又到达冷水里古坟边，此坟在大路旁边，下面即是一湖，湖水对面是一山；山之南面已发掘，另一面还未发掘。据说是有关高句丽之坟。这里是高句丽南下新罗的必经之地。

随后到达的法广寺，为9世纪初（具体来说为兴德王三年，828）所建。方圆数十米地域广布石材，据说还未发掘。在此有一向导，他详细讲述法广寺的情况。有存放真平王时代从中国梁（549）传来的舍利子的石塔。这些均是非常有价值的遗物。到达浦项一居所，见一铁栏杆上贴有申告间谍奖赏通令，十分好笑。

最后又找南弥秩夫城，但因此处广建住民楼，当时土城已难窥其状。但在此可见建筑基石碎片。17：00许，到达迎日海边，坐在海边，心旷神怡；又下到海水之中，海水中有水草漂浮，捡到几颗石头。在海边吃生鱼片，很是享受！直到20：00许才回返。

回到宿舍已是22：00，十分累。

8月19日

想给台湾《历史月刊》投稿，是有关《刘仁愿纪功碑》的论文，故整理此前写的论文。西北工业大学来的博士后张教强老师晚上请吃饭，我将带来的羊肉泡馍送其一包，以示礼尚往来。寄宿舍食堂不供饭，很不方便。

8月21日

在宿舍。又去找朱先生，宿舍管理科办公室将给先生送的钱算错了，今天再送欠缺的部分，共251000元，是按照退舍计算的。

继续翻译论文。又整理以前的稿件。和妻联系，说了应注意事项，不知不觉这次来韩国已经十天了。任先生来电话。

8月22日

在宿舍，电脑中找不见此前写的一篇论文，不知何故！翻译论文。

12:00 去任先生研究室,他 19 日从西安返回大邱,给其送发表的论文及带来的西凤酒,一起吃午饭。下午 14:00 回到宿舍。

修改论文。宿舍食堂不提供饮食,晚饭吃方便面及火腿肠。

这几天将修改好的论文给(台湾)《故宫文物月刊》寄去。另一篇投往《唐研究》,只是英语摘要还要修改。

8月23日

去研究室,又到图书馆。复印刘仁愿纪功碑图片,后悔 5 月份没有去扶余郡,如果那次去了,就可拍到纪功碑的照片了。

找李玠奭教授,未见。下午在宿舍,在电脑中找到了《刘仁愿与刘仁轨》论文,想办法亦将其投稿。

晚上继续修改论文,争取明天寄出去。

8月24日

去研究室,给台湾故宫博物院《故宫文物月刊》编辑部写信。翻译论文进展不快。到系办要大信封。下午崔永洙来谈话,将《刘仁愿与〈刘仁愿纪功碑〉》一文最后装封,准备明天投出去。亦给张文昌寄去此前发表的论文抽印本。

8月25日

周六,去邮局寄东西。又去图书馆。

继续翻译论文。哈尔滨工业大学又来九个中国留学生,包括很多专业方向。哈工大和庆北大学建立了友好关系,故才有如此多的学生交流项目。中国国家足球队 3:0 战胜阿联酋国家队。

与妻通话，儿子正在看动画片，他还是中午不睡觉，问他为什么，他说就是睡不着。可能下个月再去幼儿园就能好些了。

8月27日

去研究室，读韩语。翻译论文。

找朱先生盖印，是要登录报名的缘故，估计又要交几万韩币了！

看《唐代墓志汇编》，发现一条有关唐朝使臣苗弘本墓志史料，其具体是在哪位皇帝在位期间出使新罗还不明确，但与他一同出使的正使薛氏病死于新罗，苗弘本临危受命，担当唐朝使节，并圆满完成册立新罗王的任务，返回唐境。此为发现的第六方唐朝使臣出使新罗者墓志。等翻译完这篇论文，应抽时间写有关赴新罗唐朝使者的论文。

8月28日

在宿舍。11：00去研究室取书，见到李玠奭教授。李先生刚从南京大学参会返回，请我与尹先生吃饭。

在宿舍看书，翻译论文。朴汉济先生来电话问候，并说中国社会科学院历史研究所的李凭研究员来汉城做合作研究，明天到达。

8月29日

去研究室，给汉城国家报勋处的金光载先生寄资料，给台湾故宫博物院崴华文化公司寄信。下午去师范学院，见到李文基先生；给李秉庥先生送茶叶，但未见到。

8月31日

在宿舍修改译稿，下午打印出来。因尹先生此前有话说译完后让他看，故就将译稿给他拿去；尹先生看后说错得不少，有的地方需要重新翻译，他要抽时间给我修改。心里轻松许多，下周一应给朱先生说明情况。

看有关罗唐战争方面的论文。

9月4日

去研究室，给《陕西师大学报》编辑部寄去稿件，给金善昱先生寄去发表论文的抽印本。

在宿舍，修改另外一篇论文，准备写下一个题目。

福祉馆语学堂有韩语班，想去学。碰见尹先生，他说系办要给我发奖学金100万韩币，很高兴！

9月5日

10：00许去语学堂报名缴费。10：30许到达语学堂听课，一起听课的有日本人、英国人，以及两个从台湾来的同学；课本为延世大学编辑出版，以前用过的课本，今重新复习。

晚上又去语学堂听初级班课，没什么意思，听的人却不少。从字母开始学起。

9月7日

重读高明士先生《从天下秩序看古代的中韩关系》论文，是高先生寄赠的抽印本。

看黄约瑟、韩昇诸先生的论文，复印论文。

昨天与妻通话，她带实习还剩一周时间，儿子上幼儿园感觉不错。

9月8日

去图书馆，复印金寿泰、田美姬两先生论文，查到可能朝鲜时代后期伪托的《海东传道录》《青鹤集》书籍，还找到了50年代台湾地区出版的《中韩文化论集》，复印其中的两篇论文，其中一篇是探讨唐宋明清时代与朝鲜半岛关联的金石文，很珍贵。

去 Homeplus，给儿子买到一玩具，但邮寄时间来不及，可能的话，其他时间再寄。当然，也可以在寒假回去时带上。

9月9日

开始将发表于《新罗文化》第16辑上的论文输入电脑，22页，因是韩语的缘故，输入花费许多时间，不容易。将其输入电脑，既练习了电脑韩语输入，以后若使用也就方便多了。

天下雨。晚上和家里通话。

9月11日

取回复印的《中韩古代文化之关系》一书，该书为韩国精神文化研究院历史研究室李亨求教授所著，是其在北京大学时的讲义。

到晚上才把《新罗文化》第16辑上的论文录完。从上周开始，晚上23：00许去操场跑步，很舒服。

23：30许，电视上报道两架飞机碰上美国纽约世界贸易中心大楼之新闻，楼体已坍塌；新闻画面一遍接一遍滚动报道，了解到这一事件为恐怖分子所为。另据报道，估计死伤人数近万。

9月12日

韩国的电视新闻一刻不停地滚动报道美国纽约的恐怖事件，令人感慨。

去上课。下午看1984年由中国社会科学出版社出版的

《中国民族关系史研究》论文集，其中孙进己先生的论文不错，写毕业论文时可资参考。

9月13日

周四，又是韩语课。

应尽快开始写论文，现在正准备"罗唐战争研究几个问题"论文资料，发现新罗文武王《答薛仁贵书》中有"平章"两字，出现过三次，由此可断定其可能是经过金富轼其人的修改编辑，但关于这件事还应查阅有关官制史研究，以及《译注三国史记》（韩国国史编纂委员会版）等书如何解释，如此才能最后得出结论。

与妻通话，其博士课程已经开课了。每周16节课，开始还不适应。这是可以预料得到的，可能过一段时间会好一些。

9月14日

去研究室。给学校交纳修了生费用90000韩币。去史学系资料室借两本书。

给李玠奭教授还书，中午先生请我吃饭。但因不能睡午觉，有点累。

找任先生，但其不在。顺便去学校图书馆，复印《韩国舆地胜览》中"扶余邑志"部分内容。此志为1929年编写，有一些《三国史记》《三国遗事》中没有的内容，也不知道其依据是什么。可能下周就可以借书了。

9月15日

7：00去学校东门口，乘车到大邱法院停车场，8：00两辆车出发。今天去庆州仙桃山等地考察。10：00许到达庆州武烈王陵东，沿向北的一条小路步行，先到西岳南山里石塔处。

此塔为东塔，据说以前还有西塔，但现在已看不到。塔基为八块大方石组成，塔为三层，无顶。其为统一新罗时代建造的塔，定为宝物65号。

随后继续上仙桃山。先后经过推定的宪安王陵、真智王陵、真兴王陵。据朱先生讲，这些均为朝鲜时代以来学者的推定，其实依据也不多。庆州的许多古迹都是今人或者近人根据自己的研究推定，也没有什么过硬的资料支撑。因为韩国的最古史书《三国史记》《三国遗事》以外，并无其他文献资料记载，进而造成众说纷纭，莫衷一是！新罗王陵所属的指定就是如此。李根植去年在《庆州史学》第23辑中发表了《新罗陵墓的传承过程研究》一文，就是探讨其中源流。此前姜仁求也在《东国史学》第41辑（1984）发表有《新罗王陵的再检讨》论文，探讨这些问题。以后抽时间将这些论文全部复印比较好。

继续爬山，山路崎岖险陡，经过雨水冲刷更是泥泞难行。朱先生领路，大家随后紧跟向上。正在此时，同行的另一崔先生发现路边有蛇，更是让人担心。汗水不住地流淌。经过约四十分钟，最终爬到山顶。

稍作休息，朱先生讲韩国的山神信仰问题。他说山神是女的，这可能是和以前的母系氏族社会有关，其他先生认为应和韩国古代家庭结构中母性的地位相关联。上至一庙宇模样所在，看过三尊佛像，《三国遗事》卷四中有"仙桃圣母随喜佛事"纪事，即和这里的佛像有关。佛像破坏严重，立像后面有铁骨固定，可能是自然或人为的破坏所导致。在此约半小时，然后下山。午饭在一小食堂，爬山饿了，吃得不错。

饭后到五陵苑。五陵苑又称蛇陵园，这里的松树多弯弯曲曲，像蛇一样，十分壮观，环绕五陵（五个坟堆）周边，和其他地方形成鲜明对比。据说这里原有崇德殿，1592年日本丰臣秀吉进犯时被烧毁，后朝鲜宣祖三十三年（1600）重建，朝鲜肃宗二十年（1694）再修整。后代的建筑也存有一些，陵园很大，但空荡荡的。

又乘车去鲍石亭。关于这座亭子，《三国史记》记载很多，是当时新罗王宴请大臣及游玩的地方。这里场地不大，有曲水流饮的石臼。在这里，我们发现一块石碑，上面隐约有几个汉字，后来请庆州市厅的人来打拓，但可能看清的字实在有限，故价值不大。在此一直待了两个多小时，本来今天要去金庾信墓，也只好取消了。

晚上21：30才回到大邱，吃完饭回到学校已是22：00许了。查李丙焘注释《三国史记》译本，"平章"为商议的意思，这是正确的。看来以前怀疑《答薛仁贵书》有后代人修正的看法还应再确认。以后看史料时应多加小心，不然会闹出笑话的。

9月17日

去上韩语课，其中的语法点老师也解释不清楚，不能自圆其说，真是的！

因周六上山，今天还觉得很累。制作《高句丽百济遗民和新罗侨民》一书，此书为金文经教授著，去年在庆州开会时见过作者其人，书是1986年出版的。

看高明士先生《唐代东亚教育圈的形成》一书，其为高先生的博士论文改定出版。

9月18日

复印《中韩关系史论文集》中李铉淙的论文。此论文集为1983年在台北召开的国际学术会议论文结集。

今天看《旧唐书》卷四《高宗纪》，龙朔三年八月曾"诏百僚极言正谏，命司元太常伯窦德玄、司刑太常伯刘祥道等九人为持节大使，分行天下。仍令内外官五品已上各举所知"。此前论文中曾提到刘仁愿这一年未回到长安、受到指责的事情，当时推证是李义府的同党所为，但对照这条史料，可能是此时的朝野氛围致使刘仁愿受到弹劾，故也可能和李义府没有关系。这篇论文收入毕业论文之时应当注意这一点，看这一部分是否需要再做认真修改，以使之更具说服力。

9月19日

去上韩语课，老师讲的很慢，而且很简单，相当于韩国小学的东西，语言知识很有限，但现在没有更好的形式，只有如此了。

14：30去研究室，借一本书。16：00参加人文学院同窗会举办的奖学金发表仪式，很正规，而且还每人发一个证书，有奖学金了。见到尹先生，他说10月10日才能将我的译稿修改完毕，他最近很忙。应给朱先生说明情况。

晚上在宿舍看黄枝连《东亚的礼义世界》一书，这本书以前简单翻过，现在再看挺有启发。作者将两千年的东亚交流史归结为"天朝礼治体系"，好像和高明士教授的"天下秩序"观点相类似，没有高先生论述的明确，只是通过具体事例论证。作者对《朝鲜王朝实录》，特别是关联明初的双方交往论述得较为深刻，反而对古代中韩关系论得不怎么好，大概与作者专攻中世史乃至近世史有关。

我的毕业论文中要搬用高明士先生的"天下秩序"理论，故对相关的"册封体制""东亚世界"等观点应做深入了解。现在具体到对7世纪40年代以后的事件，做宏观的探讨，头脑中还不是很清楚，撰写论文的"绪论"时机还不成熟，故还应多思考这方面的问题。另外，关于罗唐战争方面的思考应尽快成文，这一学期应完成两篇论文，不然，整体毕业论文写作计划就会拖后。

今天参加颁授奖学金会议，同窗会会长、大学院院长都到会。其中副会长是英文系的金先生，1998年他给我上过韩语课，故让我代表受奖的同学讲话。我对参加会议并收到奖学金表示感谢，同时表示以后应努力学习等。事后金先生显出很赞许的眼光，很好！

9月21日

去见朱先生，说了论文的情况，先生给我转交10月份庆州学术会议通知，并说会议上我不发表，只是收录我的论文，原因是原来是两天的会议，现在改为一天了。日本的一位学者论文也是这样处理的。

李玠奭先生请我及另外两位学生吃饭。

借李丙焘《韩国古代史研究》、徐仁汉《罗唐战争史》两书。继续看书。

下周二开始上朱先生的课，是讲新罗统一后的金石文的。见到任先生。

9月22日

7：30到北门，直到8：00金钟健先生等才来，今天要去釜山东亚大学参加学术会议。

今天会议主题是纪念"九一八事变"，这里称作"满洲事变"。10：30到达东亚大学。学校建于半山之上，南面即是韩国的南海，西面为洛东江入海处，曾路过看到江中有一沙洲。

会议11：00正式开始，参加会议的人不多，包括举办会议学校的研究生也不到50人。会议提交的论文跨度大，从明末一直到韩国的朴正熙总统时期。论文中的材料大多来自日本人论著及记述,这是韩国学者论著的特点和通病。

晚上19:00许会议结束,21:30出发返回,23:50到庆北大学宿舍,很累!今天本没有计划去开会,只是釜山的东亚大学此前没有去过,金钟健先生邀请,故想去看看。在会上见到暑假去西安的刘秉虎先生。

9月24日

10:00去上课,老师因故没有去,故只好作罢。

借两本书,其中有周伟洲先生[①]的书,还有金翰奎著的《韩中关系史》等。看借来的书。

晚上和张文昌通电话。现在可用电脑直接通话,挺好。

9月25日

在宿舍,看复印的资料。文暻铉教授《有关善德女王的探讨》论文读后很受启发,可增加此前撰写的论文内容。读韩语。

下午上朱先生的课,是有关统一新罗时代金石文的内容,这些金石文因并非正统的汉文,读起来十分费劲,有的地方简直不知所云。

收到张文昌兄寄来的两本《大陆杂志》,一本杂志上竟然只刊登四篇论文,杂志薄薄的,很不起眼!《故宫文物月刊》编辑部将我的投稿退回,说是研究性论文不适合该刊,不予录用。应找其他刊物再投稿才是。看《罗唐战争史》。

---

① 周伟洲(1940~),著名民族史学家,陕西师范大学资深教授、博士生导师。曾任陕西师范大学西北民族研究中心主任、中国魏晋南北朝史学会会长、中国中外关系史学会副会长等。发表数百篇学术论文,出版学术专著数十部,在海内外学界享有极高的声誉。

9月26日

上课。重新翻看《三国史记·新罗本纪·文武王》和《三国遗事》卷一、卷二。

今天原本查找有关李谨行的论文，从《考古与文物》杂志上发现另外两篇论文，有龙门石窟造像题记、巩县石窟寺唐人题记，题记中多有唐高宗龙朔、乾封、咸亨年间有关征辽的史料，很高兴！还应查阅《八琼室金石补正》等书。

9月27日

见到李玠奭教授，他邀请我29日早上6：00许，即中秋节坐车去他的故乡，很感动。

给高明士教授发邮件，据张文昌先生说，高先生听了我的论文写作情况后，给我寄他最近发表的论文抽印本，非常好。

晚上与妻通话，儿子感冒了，已有所减轻，可能是换季西安阴雨不止的缘故。令人担心。

中国队艰难战胜阿联酋队，可能最终能够出线，晋级参加明年的韩日世界杯。

9月28日

去研究室，复印台湾《中华文化复兴月刊》第8卷上朱云影的论文，是讲中国文化对日、韩、越的影响，其80年代初出版有专著，惜在此不能看到。借高明士教授主编的《中国史研究指南》（Ⅱ），因昨天看电视睡得晚，很累！

与李玠奭教授约定明天去光州附近海南郡的具体时间等。30日放假，10月4日收假。我们计划10月1日晚回大邱。准备外出带的衣服等。

9月29日

　　昨晚早早睡觉。7:00赶到学校北门,后乘李先生的车,经过顺天市,最后到达康津,这里有朝鲜时代后期著名实学家丁若镛流放地。看到一个草堂遗址,李先生和夫人想让我顺便参观这一遗迹。这里背山面海,是임진강(临津江)入海口。先是看现在的纪念馆,馆内有留名册,展室有丁氏的生平著述等情况介绍。丁若镛(1762~1835),是朝鲜时代著名的学者,他著有《牧民心书》《钦钦新书》《我邦疆域考》《周易四笺》等书。现在的水原城就是丁氏主持建造的,他还发明了吊砖机等。草堂距展览馆800米左右,在山上,是常见的朝鲜时代式样建筑,旁边有一水池,水池水很浑;又有四个亭状建筑,其中的天一阁高悬半空。前方是农田和海水,清风吹来,犹如仙境。我们在这里拍照、休息。

　　康津所在是新罗末有名的张保皋势力盘踞地。张保皋先是在唐朝军队服役,后回到新罗,而且和新罗王室关系密切,后来因其他原因被杀。他曾主导9世纪初唐、日本、新罗三国的海上贸易。日本的圆仁和尚《入唐求法巡礼行记》中多处提到此人,以及当时山东赤山法华院等;杜牧《樊川文集》中有"张保皋、郑年传"。现在韩国学界研究张保皋海上活动的著作、论文不少,我看有点说得太过,有违背当时史实之嫌疑。

　　下山后,我们又乘车前往莞岛。这里是张保皋的大本营所在地。

　　汽车行40余公里,经过一桥,到达莞岛之上。又前行,南北两面为山,东面是海,最后到达长岛。长岛为一很小的岛屿,据说前些年已经做过考古发掘,因为潮水已退,开车竟能到达岛屿之上。海水退去,就可看到历史时期的一排排木桩根部遗迹,木料很粗,应该是当时码头遗址。岛上没有路,也不能上去，加之涨潮的缘故，因而赶快开车回到对面大路上，时间已是18：00许，不离开的话，潮水来后就过不去了。这里此前听说过，但一直没有机会来，这次李先生带我来，可以说满足了我的好奇和到实地考察的愿望，谢谢李先生。

乘车绕路赴李先生的故乡海南郡。今年雨水少，水稻未受侵害，路两旁金灿灿的稻田，给人以丰收的喜悦和充实的感觉。一路上和李先生及师母交谈，去年暑假李先生夫妇曾去西安，我带他们去市内及西线旅游，今日李先生又趁中秋节回故乡省亲之机会，邀请我到他的故乡，故别有趣味。我也乐于前往，了解韩国各地的风土民情及习尚。海南郡其实处于海南半岛上，西面是莞岛，南面及东、西两面为海，其位置为韩国的西南边，距光州100余公里、木浦40余公里。

不知不觉来到李先生故乡所在的山村。据说这里原来住户不少，现在有的人迁往城市，只有50余户、200余人。李先生的家分两处：一处是他的二弟所住，5年前修造的房子；其老父亲住在原来的房中。两处房子相隔二三十米，院子里种植有各种果树及观赏苗木，有银杏树、无花果树、柿树、梨树、芭蕉树、杏树、木瓜树、石榴树、桑树等，也养有各种各样的花。

李先生的老父亲79岁，但看起来就是60岁左右。我将带去的西凤酒送上，老人家很高兴！李先生的二弟经营养猪场，一个人养殖700头猪；三个孩子见我来都很新奇，其中最小的特感兴趣。晚上一起吃饭，和他们说简单的话。其二弟认为中国农产品输入对韩国农民十分不利；其老父亲今年去了安徽黄山、南京等地，对中国的事情了解得不少。晚上住在老爷爷房子隔壁，看李先生带来的《伊本·白图泰游记》韩文译本。此书以前听说过，也看过有的著作的引文，其中用的是阿拉伯历法，而唐史研究者将其730年前后的记载认为是唐朝时代，现在看来是错误的，阿拉伯纪年元年为622年，故其实际所记当为公元1300年以后的事情。

9月30日

天下雨，本来要去木浦，但雨大难能成行。李先生三弟夫妇及两个孩子早上赶来，其在浦项工作。去李先生二弟的养猪场，一切全是现代化装置，不用人手工操作，故一个人可以经营如此规模的场地。据说这里养猪多的人可以养1500头左右。

雨不停地下着，李师母及二妯娌忙着准备中秋节的吃食及供品。

白天晚上都用自己烧的暖气，故在家，下雨也不感到怎么冷。

10月1日

起床后天气转晴，太阳高照。

8：00许看李先生家中的中秋祭祀。八扇屏风前放两张长一米左右、宽八十公分左右的桌子。李师母及三弟等准备供品，所有的供器如碗、盘全是木质咖啡色，其食品摆放也有一定的规则。经过近一个小时的准备，李先生的父亲最后来指导摆放的准确位置：靠前的一排为果品（梨、苹果、葡萄）；下一排为菜蔬，有豆芽及韩国特有的几种菜制品、汤（海带汤）；后排有大块的腊肉、烤鱼，以及米糕等食品；最后一排有米酒、米饭，以及先祖的牌位。一切安排停当，开始祭祀。李先生的父亲身穿白色的朝鲜式单袍，头戴小圆纱帽，叩头、祭酒，男的三叩头，女的六叩头，毕恭毕敬，前后经过约二十分钟左右。

祭祀完毕，将桌上的祭品分开食用。因我是外人，不吃祭饭，故重新给我盛饭及汤。吃完饭又去省墓。墓在房子后面的半山上，步行十分钟左右，我也去观摩。

坟墓前祭祀又是一番情况。先是李先生的父亲在其父母墓前祭奠，后是李先生及众人在其母亲坟前祭奠。祭奠完后大家一起合影留念。等众人下山，而李师母及二弟、三弟媳妇则坐在李先生母亲坟前说话，不知此是否还有讲究和说道。我们回到屋里后很长时间才见她们回来。

雨又下起来了，而且很大。李先生乘车带我去海南郡购买电池，照相机电池没了，故前天最后照相后再没有拍照了。回到家中，天又放晴，又是艳阳当空。

16：00我们将乘车返回。和李先生的家人一一告别，他们的热情款待使人难以忘怀，其中三弟的小儿子特别可爱，名字叫李彰洙（이창수），4岁。我们乘车返回。行至康津附近，即因前面发生交通事故堵车，在此走走停停，一个多小时就过去了。中间到达一休息所，这里的服务设施堪称一流，在此吃的晚饭。但随后情况就不太好了，一直堵车。经过顺天、马山时几乎是二三米一停。李先生长时间驾驶车辆非常疲累，两次差点出事故了。我在副驾驶座上，更是担心异常，不停地找话题和李先生说话，一直到达向大邱方向交叉口，堵车问题才解决。随后以每小时100公里的速度前行，我更是担心。

到达현풍后，李师母换着开车才放下心来。从16：00一直到凌晨00：30，我们的车才到达大邱。回到宿舍已是1：20了。很累，但很高兴。真应特别感谢李先生夫妇！本想和家里通话，但时间太晚，明天再联系了。

📅 10月5日

去研究室，读韩语。又借李昊荣先生一书，借《八琼室金石补正》，这本书此前没有翻看过，其中的金石文资料可资使用。

下午开始写论文，思路很乱。应仔细分析，以期搞清楚唐军进攻百济的具体时间。

10月6日

周六，去图书馆，查阅《韩国文化史大系》有关天文历法方面的记载。又查阅《东国通志·律历志》，这本书为朝鲜后期所出，作者朴周钟为朝鲜纯祖朝人，全书二十四卷，依据郑樵《通志》体例编纂。又看李丙焘《韩国史》。借朝鲜时代徐居正撰《东国通鉴》上册。

看朝鲜时代安鼎福撰《东史纲目》有关章节。下午在宿舍看书写论文，有进展。

10月9日

去研究室，看来应查阅五行方面的书。借《中国古代文化史》第3册，看该书天文方面的篇章，但可用的东西不多，还应查阅本身的材料证明。征伐百济战争结束的时间，唯唐与新罗记载之不同。

给陕西社会科学院古籍研究所吴钢先生寄信，《全唐文补遗》就是吴钢先生主编的。

10月10日

下午仍写论文，还不能自圆其说。借任先生书，是1989年台湾《第一届国际唐代学术会议论文集》（1），上面有黄约瑟先生有关薛仁贵研究的论文。

10月11日

去上课。论文的第一小标题已写完。第二小标题采用以前论文部分内容，加以整理补充，主要探讨《大唐平百济国碑铭》中的嵎夷道军队编制问题。想给薛平拴兄发邮件,让其询问学报,看我寄去的论文是否能刊用。

10月12日

去研究室,下午去图书馆。尹先生说自己忙,修改翻译的事情又要向后推了,好在论文12月底才寄,不然就把事情耽误了。其实,这篇论文用中文发表也可以。

借李康来《三国史记典据论》、崔在锡《古代韩国与日本列岛》两书。复制的《续日本纪》可能下周一就可拿到,要花费10000多元韩币。

10月13日

周六,早上去研究室,到图书馆借申滢植先生著《三国史记의研究》,看《高丽史·地理志》,查找与苏定方相关的史料。

下午去一古旧书店,1500元韩币购买《三国史记》原文,此为1998年出版的书,加上半价,很好!

看中国对卡塔尔足球赛,不错。MBC放送周六电视剧《그 여자의 집(那女人的家)》,十分感人。明天晚上还有。

10月16日

仍看书。下午上朱先生的课,将做好的《续日本纪》取了回来,花了近两万元韩币,但似乎也值得。以后争取每个月都制作一本书,回国时多带一些重要资料,便于以后在国内的研究。

10月17日

复印李熙德的两篇论文,是关于天文及新罗天灾地变方面的研究,回来后发现此两文对研究用处并不大。又借朝鲜末期金正浩编《大东地志》，该书编撰于1836年，属于全国地理志类书籍。还要借朝鲜时代卢思慎、徐居正编纂《新增东国舆地胜览》，查阅其中的史料。

凌晨才睡着，要多看一些资料。今天见到尹先生。

10月18日

上韩语课，今天开始讲第二册书。

下午借《太平广记》，又复印《册府元龟》及《扶余志》上的资料，以后有关苏定方其人可以考虑写一本书。《扶余志》上有韩国历代诗人写的和苏定方关联的诗文。

和张文昌通话。继续修改论文，此文昨天已经草拟完毕。现在的任务是尽快润色修改，最后脱稿改写其他题目。张文昌兄介绍了台湾中研院办的另外一杂志，称为《古今论衡》，此后可以向这本杂志投稿。

10月19日

仍查资料，修改已写好的论文。翻看研究室金炯秀先生的《新增东国舆地胜览》，应赶快修改论文，然后转入下一个题目的写作。还有两个题目，必须在12月底前完成。

晚上用电脑打电话，声音效果不是很好。

10月20日

去图书馆，复印《新罗文化祭学术发表会论文集》的用稿要求，翻看《军史》杂志，但未找到相关的论文。复印李基白《韩国史新论》、李丙焘《韩国史》，以及李基白、李基东《韩国史讲座》等书的有关章节。复印李基白发表于《新罗文化》杂志创刊号上有关《三国遗事》的研究论文，为下一个题目的写作准备相关资料。

下午去东大邱市场,买了一些柿子,这里的柿子可以直接吃,像吃苹果一样。

10月21日

6:50起床,匆忙吃饭。7:40出发,10分钟赶到大邱法院停车场。

今天又是一月一次的庆北大学韩国古代新罗史考察团踏史的日子。8:00许和同去的朱先生及九名同窗出发前往。天气预报有雨,但我的雨伞已丢失,故心里有点不安。9:30到达庆州的影池,影池前面有一石佛像,其面部已模糊难辨。朱先生解释说此石像可能是半成品,为统一新罗时代后期的如来坐像。

开始下雨了。好在同去的崔先生车内有三把雨伞,故我们打伞游览著名的影池。影池是一长方形池塘,向东看即是东岳,因天下雨,白色的云雾升腾盘绕山峰间,恍如仙境;雨点打在水面上,形成雨中特有的圈圈涟漪。水塘中不时还有野鸭来回游荡,为雨中影池增添了些许生气。

又趋车向南,到达蔚山广域市境内。蔚山的中山里遗迹,主要是木椁墓及竖穴式石棺、横穴式石室坟、横口式石室坟、瓮棺等。这里的遗址1999年发掘,到第二年末就发掘完毕。因与这两年接触的问题还有距离,故没有多大兴趣,只是看看发掘现场而已。

随后到达关门城。这里是一山城,海拔590米左右。爬上山,雨仍下个不停。我们在石筑的城墙边听朱先生讲解。此城是为了防备日本人的进攻而建,时间在8世纪初。这一时期新罗与日本关系十分紧张。朱先生认为可能是在百济灭亡后,流亡日本的百济人想恢复百济而鼓动日本人所为。城墙有十余公里长,在山间蜿蜒不断,有新罗的"万里长城"之称。1592年日本人进攻时曾发挥了一定的作用。在山城南门处还发现了

残碑铭文，只是不知道其所云何事。碑铭可辨认的只有100余字，据说庆州博物馆的박방용（朴方龙）先生对这里十分熟悉，多次实地调查，但其正式的发掘调查报告还没有，因为发掘的话工程量特大，而且在山上，难于操作。

我们向源远寺方向进发。车沿着山间小路行驶，今天未带晕车药，感觉不太好受。到达寺院前面一个산계기들饭店，吃一种稀饭类的饭食，味道不错。吃完饭后步行向前，约三四十米处，为现在的凤栖寺。寺有新建的万佛宝殿、统一钟，多为80年代所建造。

凤栖寺上面就是古新罗的源远寺。寺院现有东、西两塔，塔底层面为十二生肖雕像，上层为四天王像，石雕人物、动物形象栩栩如生。此塔1927年日本人能势丑三首先发现，1931年复原，为日本京都帝国大学所为。两石塔中间有一石灯台。这个寺院是新罗时代密宗神印宗的开山祖师明朗法师建造的。有关明朗法师利用密宗，《三国遗事》有专门记载。

从源远寺出来，我们又奔赴崇福寺。这里有新罗末崔致远所撰写的四山碑铭之一《有唐新罗国初月山大崇福寺碑铭》，只是在16世纪之后，该碑铭就不复存在，现碑文只是当时的笔写本而已。寺院遗址内只存东、西两个石塔。塔的表面没有其他图案，只是像门窗的图形，这和其他塔的石雕明显不同。石塔遗址旁为一大的柿子园，周围的水稻正值收获季节，一派丰收的景象。

前往甘山寺。到甘山寺要路过掛陵，此为新罗元圣王金敬信的陵墓，但不在我们今天的考察计划之中，故未下车进去。甘山寺现存一个三层石塔，周围有很多石条，有一石条上好像有文字，但不可辨认。该寺院是8世纪金堂主为亡母所建造，《三国遗事》中有记载。天仍下雨，19：00许回到大邱，吃完饭到宿舍已是20：30了。今天的考察计划圆满完成，非常好。

10月26日

收到张文昌兄寄来的有关越南隋唐时代的三通碑文。

下午整理论文,想给《唐研究》投稿。见到李玠奭教授,晚饭和李先生一起,向其询问"精舍""草堂"两词的英文翻译。论文整理好了,正在看英文摘要。

给张文昌、高明士先生发信表示感谢。

10月27日

今天学校国际部组织去现代集团蔚山本部以及原电厂等地参观,我不想去。

给荣新江先生写信,将整理好的论文稿寄往北京大学,看能否刊登。

在宿舍看书。天下雨,网也上不去。

10月28日

周日,仍看过去复印的论文,徐荣洙论文中引用了许多日本学者关于"册封朝贡体制"的论述,现在不能看懂日文,只有从韩文中了解日本的情况。

当然,国内也有翻译的论文及书,只是在此看不到。9:00许给妻打电话,她还没有起床,国内这时刚8:00的缘故。妻言兄长及二姐夫周三来西安,西安下大雨,外甥军平及雪玲、雅丽三位去新疆纺织厂做工,现在一般的纺织厂不景气,而新疆地方盛产棉花,似乎纺织厂反而没有受影响,不知道具体情况如何。儿子和其伯父亲热之至,让人感动。

10月29日

复印金汉植先生发表于《大邱史学》第17辑上的论文。

继续了解日本学界的情况,论文写不下去,可能是每写一篇论文,都必须有一段思路和资料的准备期,希望很快度过这一阶段,尽快将"绪论"写出。

晚上和张文昌兄通电话,他已收到我寄的书,谈了许多话。

10月30日

复印卢重国先生发表于《东方学志》第49辑上的论文,复印任先生处借阅的论文集上的论文,其中有黄约瑟、卞麟锡等先生论文。

上朱先生的课。17:30又去听朴性风先生的发表,晚上与朱、朴两先生等一起吃饭。

上周日已将此前拍的照片洗了出来,又购买胶卷以及其他物品。

11月1日

仍上韩语课。下午去银行交纳本月的听课费。

去任先生处还书,又借《全唐文补遗》第2辑。

晚上查资料,发现一条赴新罗唐人使者的墓志铭,而且明确是"告哀"使,可能是唐穆宗或唐敬宗死后派往新罗的告哀使。用电脑给家里打电话,但打不通,可能是线路繁忙的缘故。

11月2日

查资料,发现武则天时期王及善之父亲王君愕墓志。王君愕参与贞观十九年征伐高句丽,结果战死疆场,后陪葬唐太宗昭陵。

晚上和妻联系,岳父母最近身体不好,两个小孩都要她一人看管，特别是晚上要起来几次，她肩上的担子无疑又加重了。

看徐荣教写的《罗唐战争与吐蕃》论文，徐先生 10 月 26 日在东洋史学会秋季发表会上宣读了这篇论文。

📅 11 月 3 日

去图书馆，查阅有关罗唐对百济战争的资料，但将申滢植所著《百济史》一书遗漏，此书可能有需要的说法，但要等到下周一才能查阅。

下午去西门地下书店看书，未见有可需要的书目。天气转冷。

抄录唐贞观年间至仪凤年间唐军历次出征出动兵力的数字。下一篇要写所谓罗唐战争中有关史料不实问题，进一步辩驳美国学者所谓的唐军在与新罗军战斗中失败，故唐史资料就不记载的观点，同时也对《三国史记》中有关唐军出动"二十万"的买肖城之战的记载提出质疑。

📅 11 月 4 日

周日，早上和其他几位打篮球，出了一身汗，很好！

在宿舍看书，继续看《资治通鉴》，对《三国遗事》卷五与唐有关的纪事重新整理，下周争取将"绪论"写到第三部分，时间拖得长没有什么好处。

冬天降临，天气转冷，好在这里暖气充足，而西安则要等到本月 15 日才放暖气。北京今日已经下雪了。

📅 11 月 5 日

没有课，正式写论文。本来可以看日本学者西嶋定生《东亚世界的形成》论文译文，但找不到。只有从其他人的介绍论文中采撷使用。主要看了韩国学者金汉植、徐荣洙、卢重国等人的论文。用电脑给妻打电话,西安的天气还不算很冷。

11月6日

仍在宿舍,论文进度不快,又修改以前撰写的论文,想给台湾地区《汉学杂志》投稿。

借图书馆的书超期,今天不能借书了。

下午去还超期的书。复印徐荣教的论文,是关于罗唐战争方面的内容。

听朱先生的课。

11月7日

上韩语课。在宿舍看书。

查到台湾黄一农先生写的一篇有关《麟德历》的论文,只能看摘要。将其采入此前撰写的论文之中,增加一些说服力。

11月8日

上午上课,下午写"绪论"中有关韩国学者的观点,接触到台湾地区学者的论点。修改论文,准备明天打出来送给朱先生。

同学禹英兰明天论文答辩,她明年2月份可能获得博士学位。据说她是国立庆北大学史学系外国留学生首位获得博士学位者。我应争取明年8月份毕业并获得博士学位。

11月9日

想借书,但图书馆处罚时间还未过去。明天要去考察,给柳文奎打电话,但未见有接听。

毕业论文"绪论"总论环节涉及韩国学者主要有:全海

宗、金庠基、徐荣洙、申滢植、卢重国、金翰奎等，需要排比整理这些人的论点。

📅 11月10日

周日，8：00到达大邱市法院停车场，今天去건천（甘川）的断石山。9：00许到达山下。

断石山高827米，朝鲜战争时这里曾是主要战场之一。我们爬山，开始走得较快，但不久就有点累了。正是红叶遍山的季节，周围景色迷人。

到达神仙寺，传说这里为金庾信修炼之山。断石山神仙寺内四面三大块石面上均刻有佛像，共有十面佛像，并有一"题记"。据朱先生讲，此前专攻美术史的学者将这里的佛像断定为7世纪初，主要是根据佛像石刻的特点推定的。不过，从石刻"题记"的文句上看，应该是统一新罗时代的东西，而且题记文中提到"王"字前空一格，这是确定为新罗统一之后制作的很好证据。再者，佛像雕刻时期并不相同，应该是分几次雕刻上去的。

随后就是登山。说是登山，其实上山并没有明确的道路，这应该是韩国大部分山的共同特点。1999年在江华岛登하니산（摩尼山），2000年在大邱登팔공산（八公山）均是如此。因为没有明确的上山台阶，登山者心理上常有不安全感。也许是好久不运动，感觉到很累。到达山顶，是一个平台，上面有一石碑，碑上题曰"断石山"。接着，我们又从山的东面下去，沿途寻找遗物遗址，上上下下几次，十分累。

下山时已经是15：00许了，其间几次吃带的东西，也不觉得饿。因为同去的申先生腿不好受，故原定计划取消。我们乘车返回大邱。仍去原来去过的一饭店吃饭。回到庆北大学宿舍刚好18：00。很累，但心情不错！

11月13日

写毕业论文"绪论",开始接触到中华圈学者的研究。主要是对杨联陞、高明士、孙进己、黄枝连等人的观点排比总结。随后就要写"新罗在唐初交涉中的地位"节次。相对来说,这一部分较为重要。要查阅现有研究动态及其涉及的史料。

11月14日

去研究室,借有关天文方面的书籍,但有用的东西几乎没有。见到尹先生,与其说话。晚上修改论文。

学韩语。本来想将原来写的有关苏定方的论文拿去给朱先生看,但朱先生让尽快翻译为韩文,故就改变了主意。

11月16日

去资料室借金翰奎的《韩中关系史》,又借《三国史记》的CD版。

中午回宿舍在电脑上设置,不想将原有的韩语系统(97版)盖住了,很失望;中午也没有休息。

下午李玠奭教授来电话,让我翻译他的论文摘要。

9:00许回到宿舍,借周一良教授《毕竟是书生》自传。因晚上不能打字,翻看这本书。

11月17日

去研究室路上碰见北京大学博士毕业、联系工作到渤海大学的博士后郭兴林,与其一起到他们系办公室,见到此前认识的助教李先生,借韩语版系统(97版)。中午让同舍小田设置,但该CD不是国际版,亦不能用。听小田说电脑硬盘上的东西不会消掉,心里轻松了许多。

晚上去崔建中实验室,刻《三国史记》CD版,老崔为我改正版本,电脑问题终于解决了。与妻通话,暖气已送上,儿子已睡了。一切均好。

11月19日

9:30去系办公室,将论文提纲及一篇论文打印出来。去图书馆见到朱先生,先生认真地为我修改提纲,并提出应单列一题目,写薛仁贵有关研究情况。同时将我原来列的上下篇合并,按Ⅰ、Ⅱ、Ⅲ顺序排列,这样也好。给朱先生送假期的食宿费单。

11:00许上韩语课。下午很累,还是昨天踢足球的原因。

11月22日

上韩语课,开始学另一本书的第二册,借到此书第一册CD盘,晚上让崔建中兄给我刻录。试着听,效果还不错。应该再借第二册CD盘。

11月23日

去任先生处还书,又借已故黄约瑟先生撰《薛仁贵》一书。因朱先生让加写薛仁贵一章,只有提前借相关资料,以备随后写作时参考。

17:00许见到尹先生,送论文稿,尹先生给我改论文提纲的韩文。

从柳文奎处借新出的《韩国古代史研究》第23辑,其中有金贤淑博士年初在高丽大学学术会议上宣读的论文。这篇论文中提到参考我所写的有关高句丽遗民高足酉墓志铭一文,该文发表于《中国史研究》第12辑上。

11月24日

周六，仍在电脑录入所写论文。

去 Homeplus，购买牛仔裤一件，现在由于发胖，以前的几条裤子都不能穿，只有再购买一条了。晚上和其他几位玩扑克。以后不能再玩扑克了，时间太紧，不容如此荒废时间。

11月25日

周日又去踢足球，在足球场不停地跑动，非常好。看书，休息。

与家里通话，妻谈了陕西师范大学最新情况，赵世超校长出台新的举措，学校大力奖励科研成果，新的举措很具体也很吸引人。应该尽快完成学业，早日返回。而长期不在学校，一些机会也会随之失去。

11月29日

上韩语课。开始写《罗唐战争研究中的几个问题》论文。这个题目可发掘的东西并不多，因为现存资料太少，只有在浏览现有韩、中、日学界科研成果的基础上，逆向商榷海内外学界的一些观点，可能就会发现韩、日学者常引用的论著并非无懈可击。

韩国《历史学报》1969年刊发美国学者존·씨·재미슨（约翰·查尔斯·贾米森）的论文，这篇论文可作为突破口，再进一步仔细钻研，可望写出一篇具备商榷意义的论文。

11月30日

去图书馆，复印岭南大学《民族文化论丛》刊物上的一篇论文，作者金皓东，是对《续高僧传》《大唐西域求法高僧传》《宋高僧传》中记载朝鲜半岛僧侣行迹的探讨。

下午去师范学院，参加一研究生的论文发表会，因其是学中国史，故而发表了一些意见。见到李玠奭教授。以后对一些事情还是不参与好，因为一不小心可能对其他人造成影响，或者不知不觉搅入这里的人事圈，造成不好的影响。

12月1日

　　周六，仍去图书馆，本想复印制作《续日本后纪》，但又没有。查阅"人大复印报刊资料"，《中国史研究》杂志刊登焦杰女士的一篇论文，探讨唐代妇女姓名涉及问题，基本资料是新见唐人墓志铭，论文篇幅不长。

　　下午大邱电视台采访中国留学生，随电视台到市内录像，主要是为举办世界杯，访问外国人对大邱城市建设的看法。18：00回来。

　　和妻通话，此前所购电话卡已用完，重新购买的卡效果还好，是延边大学来的许吉先生帮助购买的。中国队在韩国参加韩、日共同举办的世界杯球赛，其中济州岛、光州、汉城各赛一场。为此，韩国媒体乃至普通民众均高兴异常，他们可以赚中国球迷的钱了。

12月3日

　　上韩语课。天降大雪，几个小时后地面就被一层厚厚的积雪覆盖，这在大邱这个"内陆"城市来说并不常见。

　　借清人赵翼《廿二史札记》，很好的一本书，乾嘉学派重要成果之一。沿途观览校园雪景，男女学生们滚雪球、打雪仗、拍照，校园沉浸在洁白无瑕的欢乐世界之中。

12月4日

　　在宿舍，所写论文先是从唐朝历史角度，看罗唐战争涉及的史料问题。写得还算顺手。如果这样的进度,很快就可写完。至于整体论文,就要看后面的两个题目进度如何了。

12月6日

上韩语课。考试,老师用的是韩语水平考试的题目,相当于初中毕业程度,故许多问题根本不会。看来要学的东西还很多。

继续撰写论文,很顺手,很受鼓舞!

12月7日

撰写论文。11:00许去研究室找资料。天气很冷,主要是呼呼啦啦的大风所致。

14:00去听复旦大学来的姚大力教授报告,是有关元朝与高丽关系的题目。17:00许报告结束。尹先生让与姚大力教授一起去吃饭。先去大邱市最南端一个半山腰上的宾馆喝茶,随后又到一个"韩定食"地方吃韩国传统料理。

姚大力先生讲话很风趣,谈及他本人此前工资待遇低时的趣事:在家正给朋友打长途电话,听到夫人从外面回来的脚步声,赶紧撂下电话,装着什么事情都没有干的样子。为什么如此?当时他的工资很少,而夫人工资多,而打长途电话花费大,夫人禁止在家打长途电话。他说这些事儿也不笑,很正经地讲述,让人听起来很不是滋味,但从他讲述的神情和语气,却令人捧腹大笑。同去的有李玠奭教授、任大熙先生等。20:00许回到宿舍。

尹先生明年元月要去北京中国社会科学院历史研究所合作研究。晚上看上周六大邱TBC放送录制的影像,只是几个镜头而已。

12月8日

本来7：40去东门集合，但早上睁开眼时间已是7：40了，故匆忙洗脸，早饭亦来不及吃，赶到东门。随后乘车去大邱法院停车场，其他几位已陆续到达。朱先生8：00许来到。今天考察出动三台车。

首先到达传说的真德女王陵。庆州的新罗王陵，除过武烈王陵之外，其他具体都未有明确的记载，为朝鲜后期学者依据一些资料推断所得。特别是20世纪20年代有人撰写《东京杂记》一书，将王陵位置——排列，指出是谁谁谁的陵墓，但都没有确切的依据。现传其为真德王陵，位于庆州市见谷面五柳里48番地，登记为史迹第24号。

陵墓位于一个小山坡脚下的斜坡上，最顶端即是。陵规模不大，四周有十二生肖石雕，其中兔、龙石雕保存得很好。陵墓封土高4米，面积9.498平方米。除过善德王陵之外，现在看到的新罗王陵封土周围均有十二生肖石刻，具体来说，如圣德王陵、景德王陵、元圣王陵、宪德王陵、兴德王陵、金庾信墓等。今天看到的十二生肖的着装，竟全是着武人服饰。

从真德王陵下来又乘车前往罗元里的五层石塔。这座石塔为统一新罗时代所建，高9.76米，登记为国宝第39号，其原有名字不能确定。石塔大小与感恩寺石塔不相上下，保存、品相均很好。新罗的石塔，一般都是下层为一层石阶，但并不计算为塔的层级，故不了解情况的人还以为是六层石塔。塔周边没有金堂或建筑物的遗迹，当时单独建造此塔的目的如何难能知晓。朱先生认为是当时有权势财力的地方豪族所建。最近东国大学国史学科尹善泰教授撰写的论文中，将此塔比定为成典寺院之一"奉圣寺塔"，但具体如何，因未看到其论文，故不得而知。石塔的上层呈白色，但底层基石石色较暗，是自然原因所致，还是制作当时的石质差异，亦难以解答。

到达金庾信墓。关于金庾信墓，《三国遗事》卷一载云"五十四代景明王时，因为功劳，被追封为兴虎（武）大王"。陵墓位于西山毛只寺北边向东봉우리。李丙焘教授20世纪70年代曾写专文论辩金庾信墓的各种说法，并提出自己的见解，此论文收录于他的论文集《韩国古代史研究》一书。陵前有停车场，沿台阶上经一小门，继续顺石路向上，远远即可看到陵墓封土。封土前有两通石碑，一为朝鲜时代（记为明崇祯纪年后两甲子）所立碑，碑题为"新罗大角干金庾信将军墓"；对面一碑为近期所立，题为"新罗兴武王陵"。两碑均为大理石质，不同的是碑不是如中国陵前碑的排列，而是侧向排列，即在陵墓封土的侧面。这是比较特别的地方。另外，封土周围亦有十二生肖石刻像，人不能直接靠近石刻，因为有粗大的石围栏保护。陵背面的山光秃秃的，据说是近年刚发生山林大火所致。如果背面的山上有树木，这里的风景当是上乘的。沿原路返回停车场，直接开到市内大陵苑旁的饭店，这个食堂来过多次，生意不错。吃的是韩式饮食。

吃完饭去벽도산 중덕的西面统一新罗时期的摩崖三尊佛像。从底下向上约有200米高，就到达佛像前，中间的菩萨像保存完好。同去的摄影师崔先生爬到树上拍摄，很是惊险！佛像带有帽子，从两旁的面孔判断，明显为女像，而且手的形状各不相同。新罗时代以佛教治国，故庆州各地的佛陀造像很多，突出体现8世纪后新罗精湛的佛教造像技术。

接着又爬到一小山上，其中一大石正面有凿窟痕迹，可以清楚看到一睡佛，特别是另一面有铭文，铭文中有"王大等"字样。朱先生二十年前曾考察过这里，并申告这一遗迹，还打了拓片。现这一铭文被收入《译注 罗末丽初金石文》一书中。同去的申衡锡先生从"王大等"几个字判断，认为也可能是6

世纪的产物，可备一说。这里深处山间，来的人少，只有小道可以辨识，地图上标识也不甚清楚。

下山后到达岭南埋葬文化研究院庆州事务所。这里的先生接待了我们，参观了这里保存的发掘物：有1500年前的木材遗物。

12月9日

11：00起床，昨晚睡得太晚，太累。与妻通话，儿子正在玩积木。

西安下雪，据说入冬天气干燥，大雪后空气就能好一些。

去Homeplus，洗照片，顺便给儿子买了一件衣服，到时让任先生捎回西安。任先生本月24日要去西安，他带12名学生去考察旅游。

12月10日

上课。写论文，进展不错，主要是写从唐朝史学史角度，解释朝鲜半岛方面史料稀少的原因。

12月11日

10：00去博物馆上朱先生的课，今天是这一学期的最后一次课，但所剩的内容却不少，故从早上10：00一直到13：00才结束，老师叫外卖；在博物馆吃完饭，随即又开始上课，直到快16：00才结束。主要是讲韩国古代金石文，其中多涉及佛教方面的论题，以及新罗王室成典寺院等问题。

有关新罗中期寺院金石文可能有很多问题值得研讨，以后回国后再逐一写论文，此当是很好的选题之一。

12月13日

上韩语课。论文又写不下去了！一些问题还未理顺，应再整理思绪，仔细探讨。

复印韩国《月刊中央》上的论文，这本杂志为略有学术性的通俗刊物，每期均请历史或其他邻近领域的专家，编写有关历史方面人物的文章。这一期涉及历史人物有李正己、文武王、张保皋、高仙芝等人，采访的专家有卢泰敦、申滢植、李昊荣、卞麟锡等教授。

复印该杂志中刊登的《文武王》一文（1996年第11期）。论文论点很"韩国"，有的说法较为极端。

12月14日

去图书馆，又复印高明士、吴松弟二先生的论文。

今天尹先生说完成论文翻译，但未见其联系，也不好意思打电话催问。学校前几天已开始放假，假期只有在这里完成论文了。

12月16日

周日休息看书。下午去Homeplus购买贺卡。

12月17日

去上韩语课。去系办，了解考韩国语的情况。

复印新罗瓦当资料，其中文字瓦当涉及的年份史料，如"调露二年""仪凤四年"纪年铭文，可运用于毕业论文之中，说明罗唐战争结束的676年后，新罗与唐仍有交往，并非像韩国学界所说的"国交断绝"。写明信片，准备明天寄送。

12月18日

在宿舍，发送明信片，主要是给牛老师、赵老师、马老师、赵校长、高先生、张文昌、金善昱先生等邮寄，也给妻寄了一张。

写论文，进展不错。可以转入下一个小问题的写作了。

12月19日

上韩语课。下午尹先生来电话，言论文译文正文已修改完毕，让明天早上去取。

去图书馆，复印《庆州雁鸭池考古发掘报告》中关于发掘木简的报告书，其为东国大学李基东教授执笔撰写的。

12月20日

去尹先生研究室。对尹先生帮助修改译文表示感谢。我要将尹先生写为共同翻译者，他说没有必要，不答应。

上韩语课。下午去参加大邱工业大学金英珍教授的论文答辩。论文问题不少，又应孙在贤先生邀请，与薛锡圭①、朴香美诸先生一起去外面喝酒，但没有喝多少。

21：00回到宿舍。任先生24日要去西安，想托他给儿子捎带一件衣服。

12月21日

去任先生研究室，让给儿子捎一件衣服，好像任先生的情绪不好，他委托他的一个学生带。从徐锡霁处取回翻译的东西，赶紧回宿舍最后修改。15：00去系办将其打印出来。

去博物馆馆长办公室，将打印的论文给朱先生呈上，先生兴致不错。他说10年前对七八世纪金石文资料中涉及的韩中

---

① 薛锡圭先生获得博士学位后在一所中学任教，但他一直倾心韩国高丽、朝鲜时代历史研究，发表大量的学术论文，积极参与各种学术活动。2005年左右被聘为韩国国立庆北大学人文学院教授，但不久就患病身故，非常可惜！

关系，以及这些金石文所见的韩国古代史发生过兴趣，但由于其他原因未能坚持下去，只是蜻蜓点水发表过两篇论文。这期间他曾将如此想法告诉师范学院的李文基教授，李教授在此方面也发表过好几篇论文。

朱先生还说他购买了司马光《资治通鉴》，最近想一点点看，目标是将唐太宗、唐高宗、武则天时期的内容全部过一遍。我给先生说了最近撰写论文的一些情况，谈及有关罗唐战争的论文还未写定，计划月底写完，争取顺利完成计划任务等。

12月22日

在宿舍写论文。另一从无锡来的留学生同学要帮我购买电话卡，故一起去银行。

回到宿舍，想到还有贺卡没有发出去，而此前与历史文化学院还未联系过，故赶快给学院院长萧正洪教授写贺卡。因12∶00快到，忙去邮局发送贺卡。又去图书馆借要用的三本书。回到宿舍已是13∶00许，急忙去食堂吃饭。

在宿舍，和妻联系，说明捎衣服的事情，她不高兴捎衣服，认为给其他人添麻烦。儿子在另外一房间，让接电话，说没有话说，很是失望。

12月24日

写论文，去图书馆，查阅《全唐诗》中有关新罗人薛氏的诗，其实此诗出自陈子昂为郭元振的新罗姬所写的墓志铭中，而编写《全唐诗》时将其摘录编入，属于"谣"部分，但未找到。

去一福光教堂参加"平安夜"晚会，收到教会送的毛巾等礼物。

21∶00许回到宿舍。和妻通话，儿子在玩耍。

12月26日

有关罗唐战争的论文到了最后阶段，只是有的部分还需要再修改才行。

这篇论文和韩国学界的现有观点不同，特别是对一些成说提出商榷。如果能再加强说服力，即查找更有力的资料证据，可能就是较完美的论文了。

12月27日

去研究室及图书馆，找到《全唐诗》卷七九九所录新罗薛氏的"返俗谣"。此谣中有一句"瑶草芳兮思氛蒀"，可能《全唐诗》编写者以此论定薛氏名"瑶"。但这一说法值得商榷。

今天最后写完罗唐战争方面的论文。

12月28日

让老崔将论文打印出来了，准备放上一周时间，后再做修改。

从东洋史资料室徐锡霁处借《大藏经》史传部第51册。晚上即查找资料，终于在《弘赞法华经》中发现两条与罗唐战争有关的资料。这一资料可说明罗唐战争期间，确有唐人兵士被俘并滞留朝鲜半岛。其中《弘赞法华经》一书为高丽时代人所著，后传入日本，收入《大藏经》之中。

又粗略翻阅《景德传灯录》《三宝感应要略录》等书。此前未曾翻过《大藏经》，其实如《高僧传》《续高僧传》《宋高僧传》《大唐西域记》等书全收录于该大型丛书之中，其中可利用的资料确实还不少。

12月29日

开始从头仔细看尹先生修改的论文译稿,发现其中笔误有几处,故修改,并加注其中几处。这篇论文可能明年2月份刊出。

禹英兰来电话,说崔贞焕教授请元旦日去其府上,如没有其他重要的约定的话,应答应前往才是。崔教授是史学系高丽时代史担当老师,上上学期曾选过他的"韩国史学史"课程。

同舍小田购买一摄像机,二手品,但不错,他很高兴!小田假期回延吉老家结婚,明年带新娘一起来韩国留学。

12月31日

在宿舍,仍看《大藏经》有关部分。读韩国语。

去研究室,想借书但资料室无人。图书馆下午也关门。

今天是2001年最后一天,确实应该好好总结总结。今年共写了六篇论文,其分量占毕业论文总量的很大一部分,但总体进度还不快,剩下的一篇应在元月完成。重新买了电话卡。给家里打电话,妻去开会,岳母及两个孩子在家。妻已收到我让任先生捎回的东西。

小田明天要去汉城,然后回国结婚。

2002年

1月1日

　　新的一年开始了,今年最大的任务就是将部分论文译成韩语,然后提交研究生院进行论文答辩,最终完成博士学业。首先,2月份要参加韩国语考试,然后就是全力以赴翻译剩余的几篇论文。现在还有一篇论文没有完成,必须在元月做完这件事情。

　　与妻通话。只是寄宿舍公用电话机旁想打电话的人很多,等了许久才能排上。妻讲了见到任先生的情况。在电脑上给相熟的朋友发邮件祝贺新年。

　　17:00去史学系崔贞焕教授研究室,崔教授让禹英兰通知我一起去他家,研究室还有一日本教授,已经62岁了,夫人是韩裔日本人,所以韩国语说得不错。这位日本学者专攻高丽史,博士指导教授也是崔教授,这次来韩国参加论文答辩。62岁获得博士学位,这种情况在国内肯定难能找到。18:30到达崔先生府上,住房面积很大,崔师母忙前忙后准备,我们在客厅说话。客厅正中挂一幅装裱的桂林山水画,是崔教授1995年去桂林时所购买,画上题记诗曰:"水绕青罗带,山如碧玉簪。"

　　19:30许吃饭,喝崔师母酿造的一种酒,很不错。21:00回到宿舍。

　　据说崔教授喜欢喝中国酒,今天带去保存的最后一瓶西凤酒。看到我带的酒,崔教授非常高兴。凌晨即休息。因早上6:30起床去送小田,故一天都很累。

1月2日

10:00 去上韩语课,又交纳本月的上课费用30000韩币。

去图书馆,复印孙迟先生有关昭陵十四蕃君长像的论文。见到李玠奭、尹在硕两先生,徐锡霁发来隋唐史论文索引,以后查阅以前的论文就方便多了。

1月3日

仍去上韩语课,下午复印两篇论文:其中一篇是关于薛仁贵征辽事迹的考证论文;另一篇是金翰奎所写《箕子和韩国》,论文中对于韩国学界由于民族主义的缘故,人为地否定箕子与韩国历史的关系多有辩驳。这种非学术的景象明显看出学术研究环境的重要,因为许多历史事实就是如此被篡改否定的。

有关薛仁贵的论文开个头,再也写不下去了。这篇论文应尽快完成。

1月7日

上韩语课,天虽下雪,但艳阳高照,很奇怪的天象。听说大邱以北的地方都下雪了。

去图书馆,有关薛仁贵的论文刚写一页,不知怎的,好像积极性不高,但这是导师安排的题目,是必须认真完成的。准备如编书式撰写。香港黄约瑟先生《薛仁贵》专著小册子及论文早就印出,其他人的论文都是很短的论文,无足轻重,故应先吃透黄约瑟的论著。

1月8日

早上读一小时韩语,以后每天早上必须读,保证1~2小时,这样就可能提高韩语水平。

重新翻阅《旧唐书》《新唐书》"薛仁贵传"。明天应查阅《册府元龟》中有关薛仁贵的资料，主要应该是"帝王部""将帅部""外臣部"等。

给二姐家打电话，问了一些情况。三姐家的电话号码以前记错了，怪不得电话不通。晚上查阅台湾地区的学术信息，收获不少。

有时十分苦恼，在这里时间太长，特别是快过年了，有时心情很不好。只是已坚持了这么长时间了，剩下的日子也必须坚强地度过。自己鼓励自己，留学不都是这样嘛！

1月9日

去上韩语课。去图书馆复印有关"兵募"的论文，找人大复印报刊资料，但没有找到。《辽宁大学学报》发表有关薛仁贵的论文。又复印马驰老师关于李谨行的论文，是发表于《唐代历史与社会》论文集上。借两册《册府元龟》。

同研究室김형수（金炯秀）先生送他的博士毕业论文，他已经完成答辩，下月就可拿到博士学位了。

在宿舍看《册府元龟》，查找资料。给三姐家打电话。与妻通话，儿子在玩耍。

1月10日

上韩语课。将《册府元龟》出现薛仁贵资料编入论文之中。又借《石刻史料新编》，翻看欧阳修父子《集古录跋尾》《集古录目》，抄录欧阳修有关薛仁贵墓志铭著录跋文，很好的资料，亦将其编入论文之中。还发现此前没有人提及的龙门石窟"薛仁贵造像铭"文字。

初步计划将史料部分录入后，再介绍黄约瑟的研究，本来还想介绍王民信先生的论文，但现在找不到，只好容后再说，或者予以放弃?《八琼室金石补正》题记部分亦翻看一过,找到有关薛仁贵的题记文。

1月14日

上韩语课。给朱先生打电话,但他没在研究室。仍撰写薛仁贵的论文。因是综述黄约瑟先生的论著,觉得没有什么意思,但还是要认真对待。进展不快。

去见尹先生,他明天要去北京,见面后才知道他元月底去中国社会科学院的事情仍未办妥,故21日再返回大邱。

1月17日

上韩语课。本来中午朱先生请客,但因有事情临时取消。

去图书馆,查《东北历史名人传》《高句丽渤海研究集成》两书。复印日本学者古畑彻的论文,这篇论文专写七世纪末八世纪初新罗的外交史,是其博士论文的一部分,可惜其为日文,大多看不懂,只是从仅有的文字判断其中意思。以后应找机会学习日语。

碰见同研究室专攻朝鲜儒学史的薛锡圭先生,他们明天要去安东,来回两天,问我是否去。我答应去。安东虽然去过两次,但去的是同一个地方,即河回村、陶山书院等,其他地方均不知道。这次是一个很好的机会。

1月18日

早上做准备。10:00到研究室,同去的有七人,每人交30000韩元,他们让我交一半就可以。12:00许到达韩国儒学振兴院,这里是近年来兴建的大型馆址,是为纪念韩儒李退溪诞辰500周年而建。去年10月举行了各种活动,这里是主要的活动场地。

在此工作的신상훈先生上学期和我一起听朱先生的课，专攻朝鲜时代史，他接待我们。中午饭即是在儒学振兴院旁边村子里吃的。儒学振兴院二层大型展室，一进去就是孔子塑像，介绍儒学的起源等。接着在两边墙壁上悬挂儒学先圣的画像，其次序为：孟子、荀子、二程、朱子、王明阳、康有为，以及朝鲜的李瀷、李滉、曹植、安珦等人。再接着为儒家经典乡饮礼仪图、祭祀礼仪图，以及所穿衣服、生活场景等。还看到振兴院的书库，有很多线装书，书架做得很结实。经过三道门才能进入。振兴院主体建筑为三层，地下层会议室等均很讲究。花费如此多的钱建筑如此文化馆舍，足见韩国政府及安东地方想将这里整合为东亚儒家文化圈的"根据地"，进而以儒学作为安东地方文化旅游之主要产业，其计划可谓周密矣！经济发展了，一些文化事业设施的建立也就顺理成章了。

吃完饭即乘车去清凉山，这座山原为佛教圣地，其中清凉寺就是佛教寺院。但据说高丽末年儒学者纷纷来到这里，山里的十二峰名字，也全部改为儒学关联名，如砚台峰、书桌峰等。上山挺费劲，到清凉寺后，东西眺望，风景如画。如果是夏秋季节，这里的景色可能更好。下山走的是另外一条路，路边泉水叮咚，川流不息。

乘车又到李退溪宗家，据说还有其直系子孙在宗屋居住。宗屋有很多房子，全为朝鲜书院式建筑。向南约20米又是李退溪公园，可能是刚建成，只是种植了一些树木，以及放置以李退溪诗句为内容的刻石，石刻字一边是汉字，一边是韩文译语。天色已晚，可我们还未联系到住处，只是近处有民房可住，故开车行至一民居一层住处。中间向东西开门，西边为食堂及活动场地，东边为住屋及洗手间等，很干净，只有一老板娘在。

我们登记后，又乘车去吃晚饭。今天他们都说要吃一种

빈어（冰鱼），即可以活吃的小鱼。路旁的食堂里就有。我们进去后，只见아주마（大婶）用一小盆从大鱼缸中舀出，放在我们面前，盆里的小鱼活蹦乱跳，桌上还放有辣椒酱等。同去的姜先生用筷子夹起一小鱼，不由分说放进嘴里，其他人面面相觑，但随后都学着他吃，我也是如此。其实也没有什么特别的味道，只是觉得好奇而已。同去的两位女生김윤정、김향미也大胆地吃。这顿饭就是吃生鱼，似乎没有吃饱的样子。只是薛先生他们另有准备。回旅店时薛先生脸就喝得通红，其他人不敢让他开车。到旅馆后，我们即说一些事情，不久他们几位买来牛肉，用旅馆的烤炉烤着吃，喝着신상훈先生送的安东烧酒（45度）。他们几位讨论韩儒李退溪涉及的问题，争论不休，不知不觉，两瓶酒就喝完了。同去的许宗先生的声音也变大了，明显有醉态。又摆弄旅馆的卡拉OK设备，一小时才弄好。唱歌、跳舞，凌晨3：00才结束。以前几次随师范学院、人文学院出外考察也是这样，个个喝得醉醺醺的。我和柳文奎师弟即睡在大厅，其他几位分四个屋子休息，很累！

1月19日

8：00起床，吃饭，但不太饿，吃得很少。只是每人仍5000韩元，到昨晚，吃饭睡觉等共花费近20万韩元。今天首先乘车去乌川金氏（光山）君子里。这里是金氏的祖宗祭祀及诸后孙居住之地，原住址在离此2公里处，1974年由于当地建设的缘故，迁移于此。房子是按原来模样建的，向导是在此居住的金氏后裔，他详细介绍了光山金氏始祖及此后名门状况，又把我们带到遗址展室。展室内有明正德、嘉靖、万历年号朝鲜王的任命状，又有金氏用过的笔砚、笏板等各种遗物，还有历年出版的金氏家谱、著作集，及其他关联的书籍。因为同去的金炯秀先生也是光山金氏后裔，故在此收获不少。

因出发晚，不觉已到了中午。去安东市购买盒饭，就是买김밥（寿司），然后又去鹤峰金诚一先生临川书院，这里依然风景无限，很不错的地方。先参观书院建筑等，又由向导带领瞻仰遗物。金诚一为壬辰倭乱时代的朝鲜主要抗日义军领袖人物，但在战争初期（1593）就死于军中，故展出只是这一时期前的事迹。这里保存有万历二十年多通朝鲜王的任命教旨书，又有金诚一撰写的韩文书信、金氏的鞋子及用过的刀剑等。同去的薛锡圭先生购买了《金诚一全集》，四大本，但很便宜，才5万韩币。金诚一还是李滉的学生。昨晚薛锡圭与许宗两位争论的主题，就是李滉有无传人，所谓的三百余名学生中有无承继衣钵之人？李滉哲学的本质是什么？是否现在无论是韩国国家还是学术界都将李滉其人神话？这些都是十分有趣的问题。

从这里出来，我们又乘车到达河回村对面的山上吃午饭。从山顶可以俯瞰"河回村"的全貌。这里三面环水，名副其实的"河回"尽收眼底。只是我恐高，不敢到陡峭处向下看，晕乎乎的样子。

吃完午饭，又去屏山书院。这里书院在江水旁边高处，对面即是如屏风的山体，山下为川流不息的洛东江水。对这个书院倒没有多少兴趣，因为各处书院的形式、建筑式样大同小异，但书院所处位置确实很好。我与薛锡圭先生来到江边，看一排排野鸭飞起落下，其翅膀拍打水面击起水花，为这寒冬的江面增加了些许诗意和动静。顺手从冰冷的水里捡起几颗石子，在手中把玩，别有一番趣味。踩在江边软软的沙土上，这里雨季时节江水弥漫，但现在却是人们到达江边的通途，自然的变化造就了不同季节的不同样态，人们沐浴在自然的怀抱中，其中的乐趣只有身临其境才能深切感受得到。

随后又到安东凤山传统韩纸作坊参观。这里的作坊完全按照古代造纸的工序做法，从纸的原料的选取、制作，到纸浆的合成、纸的成形、干燥，一条龙生产，均严格执行。主人十分热情，介绍详细，一个展室一个展室参观。又有纸的原料做成的物品，十分好看。山东曲阜市有人来过此处，台湾一演员还题有"淡妆浓抹总相宜"字。还有英国驻韩大使先生来此的照片。总之，韩国对古代传统文化的发掘利用堪称典范，这一点我们国家应该借鉴学习。如果纸的发明国对这种制造工艺保存还不如别国的话，那确实是令人遗憾的事啊！去年韩国制作的专题片《最早的印刷品是韩国的还是中国的？》其中就有这间造纸作坊的画面，韩、中对庆州佛国寺石塔《陀罗尼经》经卷出自的争执已好多年了，各执一词，最后的结论只有在新的材料公布之后，才可定案。

时间已是15：30，因为是周末，考虑到路途堵车等原因，我们踏上返回大邱的归途，因为十分累，一路上打盹睡觉。17：40回到宿舍，结束了这次紧张但趣味横生、增长见识的踏史活动。感谢约我去考察的薛锡圭先生，以及同行的诸位先生女士们！是你们给我枯燥的留学生活增添奇异的色彩！

1月22日

毕业论文进展还可以，但还应加把劲。给任先生打电话，谈及所投稿的有关刘仁愿事迹考述的论文，先生说等5月份那一期，只要能刊出，早晚没有什么关系。

借有关敦煌方面的论文集，看有关吐谷浑与唐关系的论文。

1月25日

去中文系资料室借《初唐四杰研究》一书，因为牵涉到杨炯写的《唐右将军魏哲神道碑》。不过，杨氏670年撰写此神道碑时才20多岁，碑文中的一些纪年不清楚。又从尹先生处借到杜佑《通典》。

查有关安东都护府的记载。在图书馆复印《唐会要》部分内容。《资治通鉴》已还图书馆，要查阅有些资料很不方便。

徐锡霁晚上请吃饭。

1月26日

周六，去图书馆。查阅有关书的出版社，顺便去了史学系办公室，了解到下月18日至21日考试，韩国语考试也不知道怎么考。

去 Homeplus，给朱先生买春节礼物。天气转冷，下雪，但不大。

1月29日

读韩国语。论文撰写结束，让崔建中兄在他们实验室打印出来，又进一步修改，好像松了一口气。现在还要写毕业论文总的结论，以及各篇论文间的衔接，但要等一段时间。

下月18~21日要考韩国语，应抓紧时间准备考试。

收到新加坡李志贤教授的贺卡。

1月30日

上韩语课，交纳2月份学费。

在研究室，借有关张国刚编《隋唐五代史研究概要》一书。本来想参加韩国东洋史学会冬季会议，但要交纳3万会费即参加费用，加上车费，大概需要5万余，故决定不去了。

这次学术会议明后两天在全北大学举办。

1月31日

上韩语课，这个月只有四名学生。食宿费通知单发了下来，找朱先生，但其未在。将各篇论文衔接起来，中文印出的话有 110 页，翻译为韩语可能有 170～180 页，加上其他如目录、参考文献、后记等，估计就过 200 页了。假期一多半已经过去了，原计划要做的事情基本上做完。

东国大学金福顺教授托朱先生给我一篇稿件，让翻译为中文。朱先生指示让韩国语考试后再翻译。这样 2 月份就不能再干其他事情了。

2月1日

自己读韩语，这次来带的书，可能对考试有用。去系办，助教和一个신창원교수联系，但其未来。考试应有一个范围，不然如何准备。

在研究室，看延世大学编《韩国语》第三册，此书以前自学过，现在再学，挺好，为韩语中级水准。需要记的东西不少。

15 日去庆州考察。

2月3日

在宿舍。又去东大邱市场，给朱先生买了一瓶蜂蜜，加上上次买的酒，下午即给先生送去，作为过春节的礼物。

晚上给金善昱教授打电话，说春节不去大田府上了，春节过后再去。

收到北京大学历史系荣新江教授电子邮件。荣教授来信说《唐研究》编辑部决定刊登我投寄的论文，很高兴！下面再给《历史研究》或《中国史研究》投稿，看是否能够刊用。若能刊用，对以后评定教授职称肯定有用，应继续努力。

2月6日

上韩语课，学韩语。

荣新江教授来邮件，让发送所收到的论文电子本，给其写信并发送邮件。

和妻通话。想将在《新罗文化祭学术发表会论文集》上发表的论文稿中文寄投国内的杂志，但又恐涉嫌一稿两投。如何处理，还有待考虑。

2月7日

仍上韩语课。去研究室还书，又去图书馆。复印《大邱史学》第65辑上的一篇论文，是关于新罗景德王时期汉化改革方面的论文。

荣新江教授来邮件说附件打不开，让重新发送一遍。电脑中只有韩国97版系统，最后找到张教强兄，在他的电脑上操作，忙了两个多小时，问题仍未解决，主要是编辑注释。看来明天早上还要继续做。

马上就要过春节了，心里空落落的。晚上做梦也是家里的情景。

2月8日

学韩国语，仍看延世大学编辑《韩国语》第三册。

给荣新江教授发去改好的论文稿。晚上收到荣先生邮件，说收到并可以打开，如此才放心了。李志贤教授发来邮件问候。

2月11日

大年三十，仍与张教强去实验室做饭，从研究室取来카스로。晚上与未回国的其他七位留学生一起做饭，吃完饭又去看春节联欢晚会，但电脑效果不好。

给家里打电话，打不通，可能是打的人多的原因。凌晨1：00

许终于打通了，妻还未休息。听妻说近来腰腿疼，非常不好受。她一个人照顾孩子，其辛苦可想而知。只是现在也没有其他办法，心里难过。应尽快离开这里才是。

2月14日

公休日结束。上韩语课，又是情人节。这里流行女的给男的送糖类食品。收到一起上课的日本语讲师送的糖果，另一日裔韩国女学生亦送糖果。日本不过春节，但对西方的节日却是非常热衷。

下午去研究室，同屋的人都在。

2月15日

7：40出发，8：00到达大邱法院停车场，朱先生等也如期来到，今天又去庆州考察。

上高速公路，一个小时许到达庆州，第一站去参观新罗真平王陵。此陵墓墓址是朝鲜时代学者推定的，据说陵未被发掘或盗掘。陵的形状与此后武烈王金春秋陵相同，没有护石。陵东面是明活山，西面是狼山，西南面是南山，位置选择很好。向南为一大片开阔地，据说这个时节考察很好，因为是农闲时节，地里的庄稼已收获完毕，文物遗迹可一览无余。

我们步行向南约二三百米处，看到一幢竿（一对），特别之处是两个幢竿中间（上部已断，并不存在）有完整的莲花图，而且图案位置相同；又向南约百米处，也有幢竿遗迹，众多的柱础及大的石材；还有双塔遗址，据说这里为新罗普门寺遗址。

从普门团地出发，我们前往找寻明活山城遗址。明活山是新罗上代、中代重要的军事据点。善德王末的毗昙之乱就发生于此。山城多已崩溃。明活山城制作碑发现处已经过整修，但据朱先生讲,其整修违背了原来的形状。朱先生详细讲述这通碑 1988 年末发现当时的情景,因为台风引起大雨,冲刷山石,致使碑露出地面。在此之前的 1975 年,因发掘雁鸭池遗址,亦发现明活山城碑。朱先生预测,以后在此周围出土相同类型的明活山城碑,仍大有可能。

到了吃午饭的时间,车开到庆州市内一饭店,简单吃饭。随后又来到千军洞,这里有双塔存在。1938 年日本人在此发掘,发现金堂遗址,认为南北长 79 米,东西长 61 米,是比较小的寺院。东塔高 7.72 米,西塔高 6.73 米,当时在此发掘出了脊兽(치미)。

到新罗历史科学院。这里是私人办的博物馆,主要介绍新罗铜钟的铸造、天文图、王京图、木版印刷技术、石窟造作技术等,有第二石窟庵之称。

又到马洞三层石塔处。有学者推证其为长寿寺遗址,这里位于一村舍旁,周围有果树,《三国遗事》卷四有长寿寺建造当时的记载。再到佛国寺区域的三层石塔处,这里没有什么特别之处。

最后来到九政洞的方形坟遗址。此坟为方形,周围有护石十二生肖石像,高 3 米。1920 年日本人发掘调查此坟;1964 年复原成现在的模样。可以进去,内有壁画的痕迹。有学者推定此坟为安胜墓,十分荒唐!因为高句丽有石筑坟,高丽时代亦有,而庆州此方形坟是唯一存在的。

时间还早,我们又来到庆州国立博物馆。同门的김주람小姐在此临时帮工,她迎接朱先生一行。见到庆州国立博物馆馆长及上次提到的박방용(朴方龙)先生,博物馆整修,外面很乱。此博物馆此前来过两次。又到圣德王神钟前,朱先生讲解了神钟的铸造技术、保存现状、铭文图案等,据说钟为世界最早的至今还能鸣叫的遗物。

来到大陵苑周围的一饭店，吃晚饭后才乘车返回大邱。到宿舍已是20：30许了。

2月17日

今天起寄宿舍食堂不给供应饭食了。

与西工大来的陕西乡党张教强一起去Homeplus，购买了一些吃的东西，还有一件衬衫。将以前拍照的照片洗了出来。

2月20日

上韩语课。老师上课好像不用心，迟到，讲课速度很慢，应向其指出，不然，上课进步就谈不上了。

金贤淑博士打电话，说想见面，帮她的忙，其实就是禹英兰提及的翻译事宜。这是金贤淑接的项目，本月28日要交稿，而禹英兰28日就要回国，故金贤淑很紧张，加之禹回国前可能还有其他事情，不能全力以赴，故翻译出来的东西可想而知。只是最近忙着准备考试，而金贤淑此前也给我帮忙很多，拒绝也很不好。明天见面时再向其说明，并决定是否做这件事。

2月21日

见到同门金贤淑博士，她可以说是"利诱""威胁"两策略并用啊！我答应只能用两天时间给她看稿子。

上韩语课，考试在即，不能分心。给尹先生打电话，他让认真准备，不要过分紧张。

2月22日

仍复习韩语。下午14：00去系上，在316号教室考试，同时参加者有三位，两名是东洋史的。考题是韩翻中、中翻韩。

前者简单，后者翻译完后并没有把握。

考完试心里轻松了很多。晚上给金善昱教授打电话，未见有人接电话。

📅 2月23日

8：00又给金先生打电话，先生在家，他昨天去了汉城，回来天色已晚。

金先生让今天去大田。匆匆忙忙到达东大邱火车站旁的东洋高速汽车站，买了10：30的车票，12：40到达大田，金先生说来接。约40分钟后见到先生，随后乘车去吃饭，因要过大田足球场（球场还未完工，正赶上上下班，堵车很厉害），到公州附近时已是14：00多了。吃的是鳗鱼，据说营养很好，金先生是这里的常客，味道确实不错。

吃完饭去岬寺。这座寺院位于鸡笼山背面，前两次曾去过东鹤寺，其在山的正面。岬寺建筑不少，金先生认识寺院方丈，但找寻未见，可能去了其他地方。见到一老和尚，他给我们讲佛教修行，但明显强调韩国佛教不同于中国、日本。

从岬寺出来，我们又乘车到新元寺。寺庙建筑不多，但这里的铜钟声音不错（正值一和尚敲钟），塔也是新的。时间已不早，我们开车向大田方向，本来要去公州吃一种特殊的面条，因时间关系，加之在新元寺吃了一种豆腐，也不饿，故直接回大田。很累！

金先生提议去洗温泉，来韩国的1998年秋，与朱先生在庆州现代宾馆参加学术会议，曾洗过一次桑拿，但不是温泉。据金先生讲，他常去那里。到温泉的地方，实际上是利用温泉建的浴池，洗得很舒服，所有疲劳一扫而光。（特别是金先生给我搓背，很是感动！）

回到金先生家里，师母因去汉城其大儿子处不在家。金先生的大儿子（马上将）取得博士学位，是学经营的，英文很好，据说要去美国。26日汉城大学召开结业典礼，金先生要去。看电视，22:00上楼，想找一本书，但金先生书房中没有见到。到0:00入睡。

2月24日

7:00起床，仍看书，金先生买的唐史方面的书不少，其中有几种还是重叠的。看到《唐研究》第1~6卷，看有关陈寅恪的书。9:00许吃早饭，随后准备去俗离山（속리산）法住寺。按我的想法，中午即回大邱，但金先生想让我开心，多了解韩国的文化和社会。多去几个地方当然好，故我们10:30出发，约一个小时到达法住寺附近（这里离大田68公里）。吃了午饭，我们步行约10分钟，即到法住寺。

法住寺与其他寺院不同的是这里的塔为木塔，而且正在建一个镀金佛像（已完工，但可能还进行小的修整）。这里有双狮石灯，很有意思。又有两块大石头处于寺院门外西侧，上面多有刻字，记的是佛记年月，我拍了照片。法住寺所在周围是山，中间为平坦的地面，故寺院并非如其他在山上。这里偏僻，从山名可窥一斑，即与俗世脱离。

从法住寺出来，时间已是快15:00了，我们驱车又赶回大田。本来金先生还说要再回他家，我让直接去汽车站。买了16:30的车票，金先生坚持要出钱。几次去金先生家，给他添麻烦，而每次均盛情招待，很是感动，谢谢金先生和师母！我向金先生说了毕业论文的事情，他说若最后太忙，他可以帮我翻译一篇论文，到时再说。

回到大邱学校已是晚上19:00许了，有点累！一直在坐车，又吃方便面。金先生给带了橘子、苹果和梨。与妻通话。

2月25日

周一，本来有韩语课，但因要见朱先生，故未去。

10：00见到朱先生，将翻译的论文送上，朱先生请吃午饭。今天是学校毕业典礼的日子，人山人海。回到宿舍，农业学院的李教授来电话，我才想起今天中午他上周已有约在先，回绝了他，但他似乎很生气，这事做得不好，我只好又给朱先生打电话说明。12：00赴农业学院李教授之约。

尹先生让去他处，到尹先生研究室，他说我的韩国语考试已通过，他们几个阅的卷。他明天就要去中国社会科学院历史研究所合作研究一年，故今天和我告别。他还问了毕业论文准备情况，临别又送我10万韩币。这几年尹先生对我各方面的帮助可谓无微不至，他是好人，也像朱先生、任先生等一样，是我生命中的贵人。据说尹嫂子3月也要去加拿大做研究。

12：30许应约，李教授显出不悦的样子，但随后就不再言及，谈其他事情了。去城里的一中华料理，吃饺子，却跑这么远的路。吃饭间，李教授拿出一封中国农业博物馆的信件，让我翻译给他，这样，我就一句一句给他翻译。这顿饭吃得很辛苦。近15：00才回到学校，很累，心情复杂！

下午在宿舍看禹英兰翻译的伽耶史稿件，很多，必须两天内看完，还要修改其中的一些文句。晚上，今年毕业的几位要开庆祝会，本来应该去表示祝贺之意，但去了就是喝酒，加之我又有事情，故未答应去。

2月26日

看论文。这几天早上7：30即醒来，再也睡不着。修改毕业论文的绪论部分。

中午去福祉馆吃饭，回来碰见同门后辈김속혜，她说朱先

生的母亲昨天去世了,她们今天要去吊丧。下午应去系办了解情况。仍看翻译论文。

15:00去系办,又去研究室,正好薛锡圭、申衡锡两位明天要去朱先生家,故就搭他们的车去朱先生故乡吊唁。晚上给中文系一学生辅导中文,20:30回到宿舍。

和妻通话,说韩国语考试通过的事情,她很高兴!

2月27日

10:30去研究室,11:00与薛先生、权延雄教授等四位乘车去朱先生家庆尚南道镇海市。镇海市位于马山与金海之间,12:00许到达镇海第一医院,灵堂设于地下室车库。吊丧仪式和国内有所不同,丧家准备饭食,不是按时间,而是人到达后即送上,也就是常说的流水席。朱先生谈了师奶患病及去世的经过。见到了朱师母,朱先生的两个儿子个子很高,刚来韩国见面时还是小孩子。一直坐在灵堂旁边听他们说话。庆北大学史学系同门来吊丧的很多,考古系的学生也有来吊唁的。见到忠南大学金寿泰教授,他从大田市赶过来,其与朱先生关系很好。

18:00返回,到达学校已是晚上20:00。

晚上去研究室,查섬진강的汉字,原来是"蟾津江"。见到同学禹英兰,给她用邮件发送修改的翻译文,这件事就算了结。

2月28日

在宿舍,系上崔贞焕教授来电话,其让我给武汉大学的黄惠贤教授打电话,想翻译黄著《中国俸禄制度史》一书。先打电话到武汉大学人文学院,询问黄先生的电话号码,再打电话到黄先生家里,黄先生去了广东。最后打电话到黄先生住处,黄先生表示同意翻译他的书。中午崔教授请吃饭,同去的还有这次来韩论文答辩的日本人西川孝雄教授，以及另一韩国人。下午，崔教授又让给他写翻译书的邀约文。和崔教授此前接触不多，听禹英兰讲他和其他教授相比还是颇多特点。下午17：00完成崔教授的任务。

任先生来电话，说高句丽研究财团今年10月份在汉城要举办国际学术会议，让我直接和汉城方面联系。打电话给东国大学的尹明喆教授，但未知其意，他让我发电子邮件，发送之后未见回音。这本是好事，现在重要的是毕业论文，不能冲淡重要的事情，故积极性不大。

3月1日

去研究室，找东洋史的人未见，给崔教授送书。中午崔教授又请吃饭。

今天晚饭寄宿舍食堂开始提供饭食了，近半个月食堂不供应饭的日子终于熬到头了。

修改论文。过年回家的几位同胞今天晚上都回来了。

3月2日

去研究室，在图书馆复印一篇关于新罗下代僧侣浮屠塔的论文。

参加这里基督教会举办的旅游活动，一同去的有20余人，到八公山旁边的봄뫼公园。外国人在一起，他们全是英语，我有的也能听懂，但总觉得不好。18：00回到宿舍。

与妻通话，她们已开学。妻本学期课不少，又要接送儿子去幼儿园。我在国外帮不上忙，实在有愧。

3月4日

去研究室。又去照相。金贤淑师姐给了上次看稿子的报酬，20万韩币，真不少。

下午见到孙在贤先生，本来想给其说译稿的问题，但又未能开口。东国大学的尹明喆教授发来10月份举办高句丽主题国际学术会议的通知。这个机会很好，但要先和朱先生商议。修改罗唐战争的论文，想给《历史研究》杂志或者《中国史研究》投稿。

3月5日

在研究室，取回照片。

去大邱出入境管理所，办了登录证，但延长手续没有办妥，20日前后还得再去。

朱先生可能因母亲丧事要在家里待一段时间，故想和他谈一些问题见不到。

论文修改快结束了。给中文系毕业的学生文末熙辅导中文。

3月8日

修改论文，要改的地方不少。希望给《历史研究》投稿，但并不知道该杂志的具体要求，故只有在投稿前，将论文认真修改，看是否第一次就能被录用。

论文翻译的事情非常费心，现在还有三篇论文没有着落，其中一篇自己翻译，另外两篇还要等待并再做努力。

3月11日

去研究室，见到孙在贤先生，他说很忙，故译改论文的事情还要委托他人。

在宿舍，开始自己翻译其中一篇，即绪论部分，这很重要。同时，给金先生寄去一篇论文，让他看看，可能他今天就会收到。翻译了一页，韩语为一页半，总共论文约有 150 多页。

3月12日

去研究室。东国大学尹明喆教授来信，言及 10 月份会议发表论文的主题，此事还要和任先生商量，因而去图书馆。复印有关高句丽方面的论文，查到《高句丽渤海研究集成》中的一篇论文，复印后翻看，准备这方面的资料，以资参考。

见到徐锡霁，他说可以帮忙修改我的译文。现在就剩有关苏定方事迹的论文了。

柳文奎来宿舍，说市内书店有《新增东国舆地胜览》等书，周六去将其购入。

给学生辅导中文。

3月13日

翻译论文。忠南大学全莹同学来电话，说金先生委托她译改我寄的论文，要电子版，但给她发邮件，就是发不出去，看来只有明天给她寄 disk 了。

下午听朱先生的课，这是本学期第一堂课，主要是讲"部体制"。但到 4 月 3 日为止，朱先生周三都很忙，故下月初才能重新开课。

东国大学《新罗文化祭学术发表会论文集》校样出来了，晚上校改论文译文。这篇论文月底可能印出来。这样，来韩国之后，我已总共发表了 6 篇学术论文了。

3月14日

自己翻译论文，进度很慢，而且有的地方也觉得可能有问题，但应坚持做下去。

通过金先生给全莹寄 disk。不过,晚上接到电话,原来是昨天的邮件地址她没有说对,故又给她发邮件,很快就发出去了。

本来想去找徐锡霁,但他这几天考试,故等到下周再说。心里很急,但也没有更好的办法。

3月15日

仍翻译论文。又修改准备投稿的论文。

与柳文奎约好明天去市内书店购书。史学系本月底要去京畿道周边地区考察参观,犹豫要不要去。应找李玠奭教授了解情况。

3月16日

去银行购买电话卡,服务员帮我用信用卡付款,这次为万元韩币可打国际长途75分钟,比上几次都多。

10:30与柳文奎去市内,其实就在七星市场南边,距离市政厅不远,一排门面全是做古旧书生意的。在其中的一个书店发现早就想买的《新增东国舆地胜览》,40000元,没有迟疑即刻购买。又去市中心的其他书店,但未找到《高丽史》《高丽史节要》两书。

中午即在市内一中华料理店吃饭。与妻通话,儿子与其表妹在玩耍,妻也不能午休。

参加此前同舍小田祝贺结婚聚会,其他几位全是朝鲜族同学。小田结婚后,与其媳妇住在E栋夫妇间了。他与我三年同住一舍,相处不错,留学时节很难得的缘分。喝了一些酒,感觉还可以。

3月18日

去大邱出入国管理所办延长手续，但还要再去一次，取新办的登录证。

见到此前送书的金宰翼先生，他拿来《高丽史》《高丽史节要》两书，最后10万韩币购入。现在韩国历史的基本史料书大多已买到，还需购入的有：《世宗实录·地理志》《东史纲目》《海东绎史》《东国通鉴》等。

将论文交予徐锡霁等人，现在改译问题基本上都有了着落，下面应该写有关论文了。首先想到的是10月份参加学术会议的论文，但会议预定的题目还不知道，故只好放下。给《唐研究》杂志写书评，初步决定评介权悳永《古代韩中外交史：遣唐使研究》一书，最近就准备写。另外，此前发现数通赴新罗唐人使节墓志铭，亦应在书评写完之后撰写。

上"国学网"，看到《中国学术》杂志上刊发的书评，以后应多努力，争取发表更多的论文。韩昇教授的论著目录中亦有和新罗、高句丽相关的论文，应想办法将其找到，以备参考。史学系月底去京畿道参观考察，今天找李玠奭教授，但未见到。如果时间紧的话就不去了。

3月19日

仔细看打印出来准备投稿的论文，仍有几处需要改正，而且将自己认为不好的地方提前修改，这样才能保证投稿的命中率。

10：00给李先生打电话，问其是否有《历史研究》最新杂志，李先生让助教将尹先生研究室的门打开，找到了该杂志2001年第6期，恰好该杂志后有规范化要求细则。抄录杂志地址，复印细则。

下午找柳文奎还钱，但未见到。让老崔重新打印一份修改后的论文，也将早上给编辑部写的信打印出来。

做"与新罗及朝鲜半岛关联的石刻资料统计表"，主要依据发现的石刻题记等。凌晨2：00才睡觉。

3月20日

9：00即去大邱出入国管理所取登录证，10：00许回来。又将打印的稿件等寄往《历史研究》编辑部，这是第一次给该杂志投稿，看是否能命中。去研究室，给柳文奎还钱，其购买的《韩国古代史研究》第17辑也拿到了。最近买书总共花费15万元，这学期注册费也要9.7万元。明天应去找朱先生说明情况，先生去年曾答应代缴。

将金善昱先生发来的译改稿打印出来，此可能是全莹同学所译改。全莹为朝鲜族，跟随金先生读博士。下月初我自己翻译的"绪论"也将完成。

和妻通话，让儿子不要长时间看电视。天气暖和了，但北京这两天刮黄沙，妻说西安也有。

3月21日

见到朱先生，将译好的论文请先生审查，又提到写书评的事情，先生不高兴，我也觉得自己不该做这件事情。他说这半年什么事情都不要做，专门学韩语，不然，答辩时不能流利回答应对问题怎么办？另外，语言不流利，就是取得学位，以后来韩出席学术会议也不行。

图书馆的注册费也不交了，因为利用得不多，专心学韩语就可以了。

去研究室。韩国继中国八省市之后，今天也真的刮起黄沙了。天气很不好，风卷着沙尘，也不知道北京的风有多大。汉城、大田等地的幼儿园、小学明天因黄沙均休校。

3月23日

去图书馆，复印《耳溪集》中有关新罗王都庆州文物古迹的跋文。此书为朝鲜时代人洪良浩编写，其曾担任过庆州府尹等职，故对当地金石碑志资料，如文武王陵碑等颇有研究。又复印有关庆州1966年发现的《陀罗尼经》的研究论文，中韩两国专家对此各执一词，争论的论文有好多篇。今天天气转好。

在宿舍看电视，翻译论文。

3月24日

周日，看电视，下午踢足球，运动运动非常好。

西工大张教强下月初回西安，他购机票等事处理得不好。晚上与崔建中等同其说话，建议他不要退舍，以便安全地度过在韩的最后几天。

3月27日

翻译论文，晚上与妻通话。西安有球迷24日因裁判问题闹事，这样的直接后果就是西安的主场地位将要被取消。

继续学韩语。

3月28日

购买 Easy Korean Foreigners，其中有CD，以后可以边读边听。

有一段时间没有和汉城大学东洋史学科朴汉济教授联系了，应与先生联系，说明论文准备情况和存在的问题。

3月29日

学韩国语。翻译已过半,争取4月2日前完成。

应购买延世大学编《韩国语》第四册。北京大学中古史研究中心11月份举办中外关系史料学术研讨会。4月末报名结束,不知该不该试试。因为现在还不知道11月份的具体情况。应赶快结束这里的事情。

4月1日

修改所译的论文,又改以前的论文,可能的话再投稿。

听韩语CD。今天是中美撞机事件发生一周年的日子,但愿以后不再出现如此紧张的局面。

舍监已安排了同宿舍的舍友,是韩国人,但上周只见了一次面。再未见他来。

4月2日

修改译文,可能错得不少,将其打印出来,还要再修改。

去系办,汉城东国大学的徐荣教先生将他的博士论文寄给我,是导师朱先生联系的。

看这篇论文,其和韩国古代史研究的学者不同,该论文大量引用中英文论著,虽然是研究罗唐战争史,但涉及唐史及唐蕃关系史的内容不少。朱先生对此论文评价好像一般。看到其运用的《三国史记》中文武王四年三月史料,其中文武王遣派丘日等二十八人去熊津府学"唐乐",徐氏将其解释为和军令相关的内容,真有点牵强附会,应该对此做出辩论。另外,论文中未提及676年的伎伐浦海战,不知是何原因。

明天上朱先生的课,看先生如何评价我写的有关罗唐战争的论文。

4月3日

去研究室。昨晚看徐荣教论文，发现其中引用的权悳永教授的论著，故去图书馆复印权先生论文。这篇论文是对现藏于日本署名"萨守真"的《天地瑞祥志》一书的商榷辩证，其中提到萨守真即是新罗人朴秀真，此人可能曾到唐朝留学，674年在皇龙寺前演练六阵法，可见其对当时的兵法非常了解。如果权先生的考证没有问题，此结论可以引用至我写的论文中去，即考证唐罗平百济的时间问题时可作为一个证据。该文还提到647年建造的"瞻星台"，并不具备观测天文的机能，而只是一种象征性的东西。需要参考发表于《历史学报》1974年号上的录文，该文也要复印。

应抽时间查阅《元和姓纂》，看是否有记载"萨守真"其人，上述《天地瑞祥志》中载其为"太史"。若没有的话，权氏的论文即可成立。

下午上朱先生的课，后想给徐荣教打电话，但又没有。给朴汉济教授发邮件，但未能成功发送，被打了回来，不知何故。

《三国史记》卷四六《强首传》中也曾提到过"朴守真"其人。朱先生未言及我提交的论文。

4月5日

在宿舍，下午想去Homeplus，但又未去，仍修改论文。

春天来了，校园内各种花都开了，可能是这里下雨多，也可能是经济的原因，花的品种特别多。樱花刚谢，叫不上名的白、红、黄、紫、蓝色花又占据校园各个角落。到处都可闻到花香，春意盎然。

📅 4月6日

去图书馆，复印两篇有关新罗善德王代建造的瞻星台的研究论文。看论文，又翻阅周四去任先生处复印的黄一农等人论文。

与妻通话，她言孔令兴询问我的电话和地址，说省社科院陈景富研究员不久要来韩开会，想找我。让妻告知其我的电话信息。

📅 4月7日

周日，在宿舍，修改论文。

去踢足球。今天最终改完论文。

朴先生看到了我发送的论文，并说他正在修改。现在还剩一篇没有最后翻译，应加快进度，尽快翻译，然后再找师弟师妹们修改。朴先生4月20日要去西安，主要是探查唐陵，据说这次只去唐太宗昭陵及唐玄宗泰陵。

📅 4月8日

读韩语。去研究室，见到孙在贤先生，他将我翻译的绪论部分修改好给我，我自己再翻译注释部分。

回到宿舍校改译稿，并将注释部分插入。晚上仍在修改。凌晨2：00才睡觉。

📅 4月10日

早上最后改完译稿，10：00许去系办还钥匙，将译稿打印出来，找朱先生。先生谈及应邀请的答辩委员，有任大熙教授、权惠永教授、金善昱教授、李玠奭教授。又去系办确定最后答辩的时间。5月初答辩，但4月16~18日要先交答辩费30

万元,还要补交 10 万元的登录费。

找具素英①、秋某两位东洋史方向的师妹,又与徐同学一起去吃饭。

上朱先生的课。21:00 给金善昱教授打电话,但未有人接听。与妻通话,谈论文答辩的事情,心里很紧张。明天应再和金先生联系,朱先生让我先与金先生沟通,邀请其做答辩委员,随后他再亲自和金先生联系。

明天开始翻译另外一篇论文。

同舍舍友今天正式入住,布置他的床铺。新舍友故乡为马山,属于庆尚南道,看起来人还不错,专业为电子工学科。

4月12日

给朱先生打电话,说明金先生的情况。

复制《翰苑》一书,这本书是唐人张楚金所著。后在日本发现,可能国内知道的人并不多,故复制后带回。修改论文译文。

4月13日

去图书馆,查《辞源》,增加刘仁愿事迹一文的内容,主要是对《三国史记》卷六《新罗本纪·文武王》中一条史料的解释。

任先生来电话,说晚上请吃饭。

17:30 去愚堂教育馆,参加聚会的有七人,全是任先生的学生,有几个是初次见面。吃完饭后又去一个歌厅唱歌。因五

---

① 具素英博士,专攻中国近现代史,曾在中国人民大学留学,在《大邱史学》、《人文研究》、(韩)《中国史研究》等刊发表学术论文多篇。现在韩国国立庆北大学史学系任教。

音不全，不会唱歌，只是随便读歌词而已。

0：00前回到宿舍。

4月14日

周日，去老崔实验室，将以前拍照的照片扫描，有一百多张，12：00才扫完。

在宿舍看书。他们去踢足球，我没有去。

与妻通话。学院韩旭辉来电话问今年是否报评职称。应给杜文玉老师发邮件，问问情况。

给杜文玉老师发邮件，谈了自己的近况。

4月15日

去找朱先生，但先生出差不在博物馆，只好明天再去。

网上报道中国国际航空公司波音767-200ER型客机在韩国金海机场附近迫降，到晚上了解到有39人幸存，其余人均遇难。今天釜山地区下大雨，据说又有大雾，此可能是飞机失事的原因之一。

找李玠奭先生，谈论文的事情。整理论文。

4月16日

又去找朱先生，先生已填好推荐书。拿着推荐书去系办向李助教说明，交审查费用及修了登录费用40万元韩币。

下午又去系资料室，打印了一份论文初稿，共156页。

今天来回往返数次，感到心累。十分疲劳。

4月17日

去研究室，学韩语。看《韩国古代史研究》第17辑中刊登的论文，其中多篇均是讨论朝鲜半岛古代的"部体制"。

下午上朱先生的课。见到任大熙教授上次介绍见面的朴玖哲先生,也让他译改论文的一节。论文到最后阶段了,一切都应考虑周密。

📅 4月19日

在研究室,重新校读另一篇论文。制作"七世纪中叶新罗赴唐使节行迹表",其中问题不少,应仔细探讨每一个人的事迹。想与朴汉济教授通话,但又没有,还有时间。朴先生20日去西安。与金善昱先生通话,谈论文及以后邀请作为评审委员出席答辩事宜。

📅 4月20日

去图书馆,借全海宗、金翰奎两先生的书。图书馆也可以打印论文,而且便宜,以后就不用去系资料室了。

在宿舍仍做昨日未完成的表格。与妻通话,妻言省社科院田荣研究员来电话询问我的情况。

📅 4月21日

周日,仍修改论文,主要修改托付给朴汉济教授修改的那篇论文。朴先生20日去西安,但未将修改稿发来,故我必须自己修改,以备急用。

与以前认识的张丞延通话,让其修改翻译的2页论文,也不知道是下月的几号发表,是初次发表还是本发表。无论如何都要认真对待,必须做到扎实准备才好。

📅 4月22日

去研究室,见到孙在贤先生,让其修改我翻译的一篇论文注释部分,不多,只有八九条而已。修改完毕后,我即回宿舍将其输入电脑。

仍去图书馆，打印两篇论文。见到徐锡霁，他说中国史学会6月初在釜山举办妇女史方面的国际学术研讨会。到时不知道是否能参加，因为6月初可能正是我修改论文最忙的时期，而这次会议前后可能有四天，并有30余位外国学者与会。

晚上具同学来电话，问论文的修正部分情况，应找李玠奭教授，让其看论文的目录部分，并请其修改。

4月23日

在宿舍，修改论文。下月就要发表，心里比较紧张，现在给金善昱先生的那篇还未回音；朴汉济教授去中国考察，可能返回之后才能将委托修改的论文寄来。具、朴改译的两篇更是担心。当然，也许我的担心是多余的。

去图书馆，重新复印朱先生发表于《庆北史学》上的一篇论文，现在附录中的五个表格全部做完，其中有的部分还需要修改，但总体的东西已准备完毕。

突然看到大学同学卫力勤来的邮件，说是从网上看到我的邮件地址，给其回复。

给文姓的学生上中文课。

4月24日

去研究室，想找李玠奭教授，但未见到。

重新打印一份绪论部分，还要认真修改，以便到时发表流利一些。

时常想起家里的妻儿，多想尽早回到他们身旁，结束这漂流单调的留学生活。

上朱先生的课，主要是讲汉城大学全德在教授的论文，这篇论文写得很复杂，有些部分看不明白。师弟柳文奎今日发表，看来朱先生对其写的概要并不太满意。很累，也许是昨夜到健身房运动的缘故。

与妻通话。昨日西安又刮黄沙，天气突然转冷，让他们注意健康。

系办来电话，说下月 10 日发表。看来时间还有回旋的余地。

4月26日

借了多本此前写论文时用的书籍，确认查对注释的出处。

见到申衡锡先生，他说权惠永教授撰写《天地瑞祥志》一书关联论文受到质疑，而我论文中亦利用权教授的观点，应尽快找到这篇质疑论文，认真审读。听说作者是韩国精神文化研究院的一位先生。

4月30日

还是为论文的事情，徐锡霁帮我改论文的几个注释。

晚上上中文课。常想可能最后阶段经济会出现问题，应在七八月份想办法打工。

修改有关薛仁贵事迹论文的译文，问题不少。

5月1日

上朱先生的课。先生说《新罗文化祭学术发表会论文集》集刊杂志社来电话，说已将杂志及抽印本寄了出来，并让我周五早上去取。

杂志社负责人说还可给一些发表费。见到具同学，她说三天内可以给我发送译改稿。

📅 5月7日

　　系办来电话，说李玞奭教授要看我制作完了的毕业论文，去系办说明情况，最后修改论文。特别是对周五发表的稿件详加组织。找徐锡霁，让其帮我修改发表文。

　　匆匆忙忙准备，晚上睡得很晚，很疲劳！

　　又给学生上中文课。本来因为发表，本周应该停一次，但想到答辩等要花费很多，故能挣一点就多挣一些，以为己用。21：00又去老崔实验室，将论文全部打印出来。老崔帮不少忙，很是感谢！

📅 5月8日

　　9：00先去图书馆，将发表文打印出来。去找朱先生，先生改动了其中的一些提法，又与先生谈话，谈及明年6月份去西安考察的事情，中间又想举办一次学术研讨会。

　　回宿舍修改朱先生指出错误部分。11：00去图书馆，又重新将修改后的论文打印出来，时间已是13：00。让图书馆印刷处复印五份。下午14：00上朱先生课。课后找李先生。同专业的禹宣汀师妹送一箱冬虫夏草饮料，很是感谢！

　　给任先生打电话，任先生说明天中午见面并一起吃饭。

　　取回装订好的五本论文。

　　中国北方航空公司的一架飞机在大连附近海域失事，机上112人全部遇难。这是一个月来中国飞机第二次失事。这次飞机失事发生于昨天晚上21：00许。真让人揪心啊。

📅 5月10日

　　去找朱先生，问询还应注意什么。将发表要旨印了出来，共21份，可能还不足，但也不想再多印，剩下也不好。

14：00许去研究室。15：00硕士生石美子发表。15：40金善昱教授、权憙永教授来到。我是16：30开始发表。今天到场的有20余人，师范学院的李秉麻教授也来到现场。发表时间约40分钟，结束后接受同专业的同学及审查委员的提问，自我感觉还不错。随后朱先生讲话过程中对我今天的表现也表示赞扬。

18：30许去"味香"中国料理吃饭，李玠奭教授也想付费，他与朱先生礼让，最后仍是朱先生支付。按照韩国一般状况，这顿饭是答辩学生自己宴请审查委员，自己付钱理所当然。我对朱先生及在座的各位教授表示深切感谢。审查委员们合议，决定本月31日再答辩一次，最后对我的论文完成审查，提出修改意见。可能6月初到7月初这一个月时间，我要根据他们的修改意见做进一步的调整。

金、权两位教授随后乘火车返回，我于21：00许回到宿舍，心里轻松了许多。但论文还要进一步修改，故还不能完全放松。李玠奭教授提出应增加金仁问的题目，简单写一两页也行，并让每一章前增加一叙说或者总说的东西。这个建议很好，可以操作，但还应和朱先生商议。22：00许和妻通话，谈今天答辩事宜。儿子幼儿园今天开运动会，故早早睡觉了。最近也许心里太紧张，每天早上6：00就醒来了，睡不着觉。

5月14日

去研究室。去博物馆找朱先生谈论论文事宜，先生很忙。再去图书馆查《元和姓纂》，没有发现有姓"萨"的，这样就可证明权憙永教授观点的正确。

下午取回装订好的论文，给中国史学会编辑出版的《中国史研究》杂志编辑部发去《刘仁愿事迹考述试论稿》校正稿，这篇论文本月底就可刊出，约有2.5万字。

19：00 给学生辅导中文。

📅 5月16日

仍在查资料，改论文，重新给韩国《中国史研究》编辑部发去《刘仁愿事迹考述试论稿》论文校正稿。本来不想发表，但任先生认为应该多发表论文，上次宣读论文完后又提及此事。故在杂志上刊登出来也好，以提高知名度。谢谢任先生的关心支持！

📅 5月17日

读韩国语，借《韩国语 읽기》，有许多故事，也有练习题，早上就朗读这本书。

与徐锡霁一起吃饭。本来还要请朴玖哲，但去师范学院历史教育系资料室未见其人。

去研究室看书，想着修改论文的事情。明天要去釜山周围的博物馆参观。

📅 5月18日

7：30去学校正门，原来和김속혜约好时间，但其7：55也未去，故自己乘出租赶到大邱法院停车场，朱先生他们已在那里等候。随后乘车经大邱—釜山高速公路，10：30到达釜山市。釜山此前来过三次，即去过釜山大学、东义大学、东亚大学，但都是参加中国史的学术会议，来去匆匆忙忙，也未到会议举办学校之外的任何地方去过。

今天先去釜山的福泉博物馆。釜山市道路很复杂，朱先生虽去过多次，但还是看着地图，让同去的崔氏向前开，12：00许才到博物馆。

福泉博物馆是在考古发掘地原址建立的，外表看像一个石造大城堡，1996年开馆。博物馆共有四层，两层有展室，主要展示当地出土的三韩时代文物。不过，这一博物馆的设施很先进，可能汉城韩国国立中央博物馆也难能与其相比，各种电子设备、图像解说随处可见。馆长宋桂铉先生以前好像见过，研究室还专门送我们出版的书籍。在此看了约一个小时，我们赶赴釜山市立博物馆。途中来到一饭店，吃石锅拌饭，不错！

14：00许来到釜山博物馆。博物馆规模很大，1978年开馆，展品很有特色，特别是对1592年的壬辰倭乱，近代史方面的展品十分详细直观，从这方面看，可能汉城国立中央博物馆也难能匹敌。从博物馆出来已是17：00了，本来还要去金海博物馆，但时间已不允许了。釜山博物馆建筑物旁有一碑石，上写"洋夷侵犯，非战则和，主和卖国"字样，因为庆北大学露天博物馆也有相同字样的碑。据朱先生说，釜山博物馆这块是最原始的，其他地方的均为仿制品。

我们乘车返回大邱。等吃完海味汤晚餐，回到宿舍已是21：00多了。

5月21日

写论文，昨晚凌晨2：00才睡觉，争取很快拿出来，然后译为韩语。找权悳永、金寿泰、朴日薰等先生的论文，以备参考。未找到姜妍勋的论文，这篇论文此前已复印过，但上次带回家了。

5月23日

去博物馆，见到朱先生，送上暑假期间的食宿费通知单，又和先生谈及我的论文修改情况，即增加金仁问相关内容。

回到研究室，看论文，学韩语。借《三国史记》翻译本，又将修改后的金仁问论文打印出来。在电脑上修改论文。

5月24日

去研究室,与同室的金炯秀先生谈话。学生举办社团活动,如同节日一般。校园内搭满了帐篷,有卖小吃的,有各种各样玩耍的项目,学校因此也停课。

本月31日第二次审查,也不知道审查委员们具体提什么样的问题,心里还有点担心。

在宿舍修改论文。去资料室,徐荣教先生有关罗唐战争的论文在《韩国史研究》杂志上刊出,此前《韩国古代史研究》《历史学报》《庆州史学》等杂志都发表徐氏的论文,徐先生曾将其博士论文寄我,以后我的论文印出来,亦应送他一本。

5月25日

9:00参加教会组织的大邱一日游活动。

到大邱旅游观光公社,坐他们的旅游车。第一站到大邱市中心的朝鲜时代庆尚道节度使衙所在地,现在这里是一个公园,有许多古建筑。以前和王宏伟来过这里。第二站为大邱国立博物馆。这里以前也来过两次,博物馆规模小,展品品位也较釜山等地落后,似乎缺乏一定的特色。

随后又到大邱东南方向的寿城区世界杯竞技场,坐落于山水之间,各种配套设施也已建成,十分壮观,是一个很好的去处。在足球场前留影,很高兴!明天韩国队即与法国队在此热身。

组织者带的도시락盒饭很不错。饭后来到高丽功臣申崇谦将军"表忠斋",此人为高丽建国功臣,救过太祖王建的命,现在的房屋等设施是1988年所建。从这里出来又到大邱市会展中心,这里正在举办数字化文化物品展,十分吵闹!

16:40左右回到宿舍。与妻通话,儿子想买什么CD盘。

系办来电话，问什么时间返校。

今天买了小的纪念品，很好。

5月26日

今天是来韩国四周年日，回想四年来的留学生活，感触良多。好在现在论文已经完成，答辩结束在即，心里稍有安慰。

9：00许接到任先生电话，说中国社科院历史研究所李凭研究员来到庆北大学，想到我的宿舍看看，很是感动！10：00许李教授来到，稍停片刻，又一起去任先生研究室，他们一起去八公山桐华寺。一同来的还有在启明大学留学的朝鲜族同学丁英顺。李凭老师以前没有见过面，前几次听朴汉济教授谈及过，他现在是中国社会科学院历史研究所的博士生导师。

12：40他们回来，一起吃午饭。本来去中华料理店，但周日饭店竟然休息，最后去火车站附近的一个饭店，吃的是은복어，一种海鱼。14：30李教授乘火车返回汉城。

回到宿舍看电视。晚上看写过的论文。毕业论文答辩过后，应尽快准备10月份在汉城举办的高句丽主题国际学术会议论文。今天任先生和会议组织者通话，让尽快给我发送会议邀请函。

5月28日

在宿舍修改论文。10：00许去邮局，将此前撰写的一篇小文寄往上海社会科学院历史研究所《史林》杂志，也不知道此杂志能否刊用我的论文。

看到柳文奎发来的邮件，又请徐锡霁与其联系。和高句丽研究财团事务局的先生联系，其10月份会议邀请函可能本周就可收到，如此，我8月末回国，10月中旬又到汉城出席高句丽国际学术会议。博士论文答辩结束后，7月份再写会议论文。

5月29日

去研究室，仍学韩语。修改论文。

听朱先生的课。朱先生明确说明最后答辩时间为下月7日。任先生将修改后的审查本拿来，下课后即依任先生所提意见，在电脑上修改。估计7日权先生与金先生也会将修正后的东西拿来，到时一并修改。

原想参加下月6~10日在釜山的韩国中国史学会举办的国际学术研讨会。现在看来，因下月7日还要审查我的论文，故不能当日参加会议，8日去又不好意思，可能要放弃参会的机会。

与妻通话，过几天应给两位姐姐家打电话。

6月1日

去系办，仍未见寄来的邀请函。回来路上遇见李玠奭先生，中午与李先生、申衡锡、崔贤美、金炯秀等一起去吃饭。李先生说了韩国学术界的现状，对其多有批评。李先生对历史学科建设等的见解十分精辟。

晚上给二姐、三姐家打电话，但均未打通。0：00许才打通。妻带儿子去看电影，六一儿童节的缘故。西安天气开始转热。

6月3日

在宿舍，开始起草结论部分，准备将其译为英语。

下午接任先生电话，说他邀请台湾清华大学历史研究所一位黄教授来庆北大学。18：00去愚堂教育馆，几位学生在此等待。19：00左右与其见面，一起去一个地方吃饭，饭店还给大家送了小礼品，是一套茶具。很是奇怪，这样会不会赔本啊！

21：00 回到宿舍。

今天收到高句丽研究财团寄来的邀请函。

6月4日

8：00 去寄宿舍行政室，见到舍监长，他很热情。我说了买饭票的事情，后舍监长领我及黄教授进寄宿舍食堂。9：30 许陪黄教授参观庆北大学露天博物馆。10：00 黄教授开始做报告，题目是有关宋元时代福建地区僧侣建造石桥等。我对这一题目并不感兴趣。

中午吃饭时李玿奭、金汉植两教授也在场。下午徐锡霁带黄教授去八公山参观。

去图书馆复印有关资料。

6月5日

昨晚徐锡霁来电话，让早上带黄教授去寄宿舍食堂吃早餐，但8：30 左右去 F 栋找黄教授，黄说不想去食堂，可能是昨天太累，以及吃不惯这里饭食的缘故。

在宿舍，将高句丽研究财团需要提交的简历、论文提要、题目等要件整理好，准备发送。去听朱先生的课，我将写的信给朱先生看，先生对我的韩文写作水平很不满意，批评我一顿，感触良多。

看一场足球赛。昨天韩国队对波兰队，韩国获胜。今天美国又战胜葡萄牙，看来韩美交锋将是一场恶战。

6月7日

在研究室。给高句丽研究财团寄去参会资料。

下午 15：00 去博物馆，朱先生有事，让 16：00 去。

在外面石凳上待了半小时，16：00 到博物馆馆长室，发现权惪永、金善昱两先生已来到，不一会李玠奭教授、任大熙教授也到了。他们先说了一些闲话，后转入正题。朱先生主要对我论文中的用语，如"征伐"等表示不满，即我是以中国人的立场分析史料事件，同时，论文中有许多表达不确实，或者说错误的地方，需要认真修改。其他几位先生，特别是权惪永先生认为我运用的一些史料也有不确实处，特别是对我的选题偏小，不像韩国学者那样注意宏观选题提出意见。李玠奭教授还是认为立场问题很重要，在韩国留学，而用中国人的立场看问题不好。金先生也是随声附和。我只是听他们说话，因为学术观点、立场不是短时间形成的，要完全改变一个人形成的学术思想似并不容易。随后，朱先生让我回避，即在答辩场所外面等待，他们要商议结果。

约莫二十分钟，我重新回到馆长室。金先生说虽然我的论文存在一些问题，但从总体看还是有很多创见的，因而他宣布我的论文答辩通过，大家都鼓掌祝贺。这样，我忐忑不安的心境才得以平复，并向几位老师表示感谢。特别是感谢朱先生一直以来对我的指导和支持。没有朱先生，我不可能完成博士学业，没有他，这几年的辛苦也不可能获得最后的成果。

18：00许李先生开车到市内一饭店，吃的规格很高。朱先生付的餐费，谢谢先生。

21：00许，朱先生回家，我送权、金两位老师到火车站，他们返回釜山和大田，谢谢两位先生，你们辛苦了。送走他们，我顺便购买了明天下午去釜山的火车票。从火车站走回宿舍，倍感轻松，但论文可能要修改的部分仍很多，朱先生改的部分就不少。刚才将审查本全部放在了李先生的车上，晚上没有带回来。

与妻通话，通报了今天答辩通过的消息，她很高兴！这样，8月获得学位回西安当是没有什么问题了。

6月8日

在宿舍休息。中午与任先生通话，说订了下午去釜山参会的火车票。本来想要早上去，但要和李玠奭教授联系。早上不停地给先生研究室打电话，但就是没有人接。后来通过系办才知道李先生虽然来了，但忙于其他事，这样我才安心下午去参会了。

将16:00的票改签为13:00。到大邱东火车站乘车，一个小时就到了釜山。任先生派两个女学生到车站接我，半个小时后到达东义大学。这个学校以前来过一次，但还是没有什么鲜明的印象。

听会，主要是通过历代妇女问题看中国史。认识了台湾中研院的陈弱水教授，见到李凭先生、南开大学的常建华先生等。

晚上看中国队对巴西队足球赛，中国队0:4输掉比赛。很累！

6月9日

6:30起床，8:00许乘车去庆州，这次会议我本来不参加，只是任先生委托我做导游才来，但会议派有专门的导游，故我感到轻松许多。先到石窟庵，这里来过好几次，但都未留影，故今天特带来相机拍照。又到佛国寺。

中午在大陵苑旁的一个小地方吃饭，这里此前随朱先生吃过。参观大陵苑时，他们让我讲解，我就将我知道的东西讲给他们，反响还不错。天马家也是我讲解的。随后又到鸡林、月城、冰库等，最后参观庆州国立博物馆、雁鸭池展馆。

19:00许在一饭店吃饭。饭后先是日本学者金子修一教授上台唱歌，后来许多人都去唱，特别是东义大学的李阳子教授，唱得很好。20：00许和其他人告别，我回大邱，而他们则返回釜山，明天他们游览釜山。乘高速巴士，一个小时到达大邱，很累。明天要找李先生，赶快拿回修改本，即刻修改论文。

6月13日

韩国公休日。去图书馆，但不开门。

回宿舍修改论文。和李玠奭教授通话。先生早上打电话说让给他家里回电话，但同室舍友下午才告诉我，故下午才知道其电话号码并通话。其实也没有什么大事，就是说在我回国之前，他们想请我吃饭。同时，上次他还提出想让他的侄子去西安学汉语，这个想法不错，但孩子太小，又是出远门，不知道是否能够适应在中国的生活。

6月14日

将朱先生标出来的部分，让具同学重新对一下，看有什么可修改处就修改。借两本书，现在想着有关要增加的金仁问章节的翻译问题。与李先生通话，他说今天没有时间，让下周一再联系。

从柳文奎处借到《译注 中国正史朝鲜传》，抄写其中《旧唐书》《新唐书》部分的译文。韩国足球队踢败葡萄牙，进了16强。

给学生辅导中文。周二没有上课，故今天补课。

6月15日

去图书馆，将修改过的金仁问小文印出，只有两页。13：00，与约好的大邱农协的李先生见面，与崔建中、孙斌，以及一泰国人、一越南人一起去大邱八公山附近的구암村。原来大邱MBC要录制节目，故让我们几个外国人一起参加录影。

我们帮农民收土豆，摄影机一直跟随拍摄；又培栽红薯，制作豆腐，吃土豆、豆腐脑。晚饭就在一农场老板家里。晚上来到下午的구암쉼터，学打韩国鼓等，一直到21：00才结束。

在갓바위House tell 宾馆住。同屋的越南人打呼噜，一夜都没有睡好。

6月16日

8：00许来到农场老板的家里吃早饭，随后电视台的人又来了，一起去八公山桐华寺，仍是录像采访，12：00许才结束。大邱 MBC 是制作 World Cup 节目，顺便了解在韩外国人对大邱农村及各方面的印象，所以邀请我们前往捧场。这件事是师弟柳文奎联系的，非常感谢！13：00许回到宿舍，十分累。下午休息。

与妻通话。儿子让我快点回来。

翻译有关金仁问的论文。今天比利时与塞内加尔比赛，塞内加尔进入八强。昨天英格兰、德国进入八强。

6月20日

去图书馆查阅有关名词的英译，修改英文摘要。

去系办询问，要求毕业论文27日要送印刷厂，这样27日或28日必须最后拿出。印多少份亦应与朱先生商议。要尽快找李先生谈及这个情况。

6月21日

给李先生打电话，但研究室一直无人。去图书馆，下午又联系，终于联系上了。他说24日可以改完，内容很多，他要找其他人帮忙。重新打印英文摘要，修改其中有关人名、地名及翻译的不妥之处。

给金钟健先生发邮件,谈抽印本问题,现在还未收到。金炯秀先生帮助我处理论文中涉及的有关技术问题。

6月22日

去研究室,见到徐锡霁,请其帮助修改我的翻译部分内容,这样就没有更多的心理负担了,因为毕业论文所有内容均已修改完毕。拿到李先生改定部分,自己再看了一遍。最后将全部内容交予朱先生,让先生最后审定。27日或28日就可送印刷厂了。

去买电话卡。得知万元韩币可以打电话四个小时十分钟,很高兴!和妻通话,她最近事情不少,很累!两个孩子在家,他们在玩。

今天韩国与西班牙足球赛,韩国获胜,进入四强。新的突破,整个韩国都轰动了,大街上到处是欢乐的人们。자랑스운 태극전사(自豪的太极战士)。食堂昨天起又不供饭了,凑合着吃饭。去Homeplus,洗照片,街上人头攒动,汽车飞驰而过,"대한민국(大韩民国)"之声不绝于耳,整个韩国沸腾了,沉浸于世界杯的胜利氛围之中。

6月25日

李先生来电话,说中午见面。12:00在教授研究洞前见面,徐锡霁、卞同学两人也在,一起去吃饭。原来李先生改过的译文,让两位研究生输入电脑。

去图书馆修改英文摘要。17:00拿回修改的"绪论"及第二章部分,在电脑上修改其中认为不正确处。今天韩国与德国足球赛,韩国失利,未能进入决赛。这已经是最好的结果了。

6月26日

去找朱先生,但先生没在研究室。下午又去,见到先生。将绪论部分修改稿送上。东国大学金福顺教授送10万元译稿费,非常及时,最近正急着用钱。

找李助教,他很忙。又见到李先生,谈论文修改问题,他建议先印出五部,其余等修改完毕之后,即7月末最后印出,论文能更好地得到修改。此无疑是一个很好的方案,但这样将会托很长时间,我有点担心。

晚上等李助教的电话,但未能等到。没有看巴西与土耳其的比赛。

6月27日

9:00去找李助教,他昨晚竟未回家,可能是与其他人喝酒喝多了,很疲累的样子。将论文按照格式排列,竟然有200多页。

自己修改注释部分。李助教帮我做目录及其他技术性的东西,一直到21:30才结束,自己又看了一些内容,很累。22:30回到宿舍,与妻通话,给儿子说注意事项。最近儿子一直看VCD,早上起床很迟,影响上幼儿园。

6月28日

9:30又去系资料室,最后修改论文的注释部分。11:00与李助教一起去校外印刷所,最后决定先印出8本,价格为80000韩元。12:30左右回到宿舍,终于可以舒一口气了。但下个月还要最终修订,月底再印50本。

在宿舍,与李先生通话。心里开始盘算10月份高句丽关联会议论文事宜。

6月30日

周日，在宿舍休息。看世界杯足球赛，巴西理所当然获得这届世界杯冠军。

下午踢足球，好久未活动，在场上跑跑挺好。

明天就是7月1日，应尽快准备新的论文。躺在床上构思论文，又看《新唐书》中有关高句丽的传记，应先理出头绪，然后再写出提纲及计划，争取7月底完成初稿，8月份修改。

7月1日

韩国进入世界杯四强，故今天成了公休日。

10：00起床，看李丙焘先生写的有关唐朝抽户政策的论文，其内容主要涉及高句丽灭亡后复兴运动及唐安东都护府北撤，以及入唐高句丽遗民问题。明天应继续找寻相关论文，了解研究动态。

与妻通话。所住家属楼西边单元发生火灾，嘱咐妻也要注意安全。

7月2日

去系办，随后又去校北门外印刷厂，取回打印装订好的论文。印刷质量还可以，就是结论部分的页码与目录页码不符。拿到论文后去找朱先生，先生盖章、签名；顺便又去师范学院找任先生，先生正好在研究室，他也盖章、签名。

回到办公室，李玠奭教授没有来学校，只好等到下午。

14：00许又去福祉馆，到系办听说李先生已来，抱着论文去让先生盖章、签字。至此，论文盖章、签字告一段落。和李助教一起填写给图书馆交的文件，16：00许去图书馆交了四本论文及电子文本disk。虽然大部分论文印刷还要等到月底，但现在基本上已可以放心了。

天气闷热，今天来回走动，汗流浃背。给学生辅导中文课。构思"高句丽与唐关系"论文。应赶快动手写，争取本月末或下月初截稿，随后的时间就会轻松一点。今天了解到庆北大学下月23日举办毕业生结业典礼，这样27日或28日就可回西安了。

7月4日

中午和朴汉济先生通话，他收到我寄的论文抽印本。我向先生汇报了最近的学习及论文答辩等情况，并向他求韩昇先生所写的一篇论文。朴先生答应马上给我复印并尽快寄出，很高兴！

又给杜文玉教授打电话，其夫人说去咸阳了，让晚上22：00再联系。按时和杜老师联系，通报了我的论文答辩情况，并让杜老师向学院领导说明情况。和妻通话，准备给其寄照片。

台风即将到来，天开始下小雨。

7月5日

去研究室，给历史文化学院萧正洪院长写信并寄论文抽印本。给妻写信并寄回照片。

李玠奭教授请吃饭，顺便将邮件寄走。下午去找朱先生，谈论文修改情况，送照片。

收到高明士先生电子邮件，其对我所写刘仁愿相关论文评价很高，认为堪称填补空白之作。他还鼓励我申请日本学术振兴会基金，争取去日本研究一年，很受鼓舞！据说此基金资助款项不少。高先生又说此后也可向美国大学申请基金。谢谢高先生！

天下雨，很凉快。上海、济州岛均受台风影响，受害不少。

7月6日

周六，去系办，看有否信件。朴汉济教授寄的东西还未收到。

去学校西门的古旧书店，没有找到有关联的书籍。上次看到的《译注 中国正史朝鲜传》没有再见到，可能已被其他人购买。

与妻通话，儿子在学习拼音。

7月7日

周日休息，看《高句丽对隋唐战争史》，这本书写的较为详细，虽然有的观点偏颇。论文写作已开始，但等看到韩昇先生的论文后，再写下面部分，因为担心重复。

修改论文，特别是使用压缩格式后印出，竟然丢掉了个别字词。

放假的缘故，寄宿舍一层几个中国留学生回家，剩下的几位各忙各事，冷冷清清。想起下个月末就可回家，十分高兴。又觉得马上就要离开生活战斗过四年多的庆北大学，心里有点恋恋不舍。这里的老师、同学、朋友对我都很好，这里的一草一木也已深深印在我的心里，回国后肯定会常常思念这里的一切的。

7月8日

在研究室，借申滢植《三国史记의研究》等。收到朴汉济教授寄来的韩昇先生论文。给高明士先生回信。继续写论文。

见到申衡锡先生，他说明天去庆州踏史考察，但因下雨，明天是否去还不能最后决定。他明天7：00给我打电话。

7月9日

7：00 没有接到电话，但 7：40 김숙희 打来电话，说她正在大门口等我。赶紧洗脸，匆忙去寄宿舍食堂拿了两片面包及牛奶，到大门口已是 8：00 了。到了大邱法院停车场，朱先生他们全都到了。快 10：00 到达庆州。

今天要去鍪藏寺、祇林寺，以及골굴사。鍪藏寺位于今庆州市东北，离浦项市很近。天下小雨，两辆车约定集合点，但又因其他原因浪费了时间，等将车停到一小路旁，时间已是 11：00 多了。沿着小路向上，天仍下雨。因前几天台风，这里下大雨，故山路不时被水流阻断，要踩着石头才能过去，这种小沟竟然有十余个，最后干脆就蹚水过去。听朱先生说到达鍪藏寺遗址有 2 公里路，但经过很长时间仍没有到，只是听到路旁潺潺的流水声。

终于看到有寺院遗址的标识牌。又过了一小沟，攀爬上去，路过一较为开阔地，再向前十余米，即看到一双头龟趺碑座及螭首孤零零摆在那里。不过，这个螭首挺特别，不同于武烈王陵前龟趺螭首（规模小，但龙是站立嬉戏），龟趺虽为双龟，但头却均不存在。据《三国遗事》载，这座寺院为元圣王的父亲为其叔父所建，后元圣王早死，其王后又为其祈福增建；似乎高丽时代仍具规模。冒雨在寺院遗址内吃带来的面包、水果。

又向上寻找一石塔，但查地图才知道方向搞错了。顺着来时的路，在开阔地西端看到一三层石塔。塔身好像有图案的痕迹，但已不能辨认。另，上文提到的龟趺前有一石碑，上刻有"大正五年"字样，似为日本学者留下的东西。

雨仍不停地下，顺着原路返回，又蹚过一条条水沟，坐到车上时鞋里面全是水。

回到庆州市，沿着去甘浦的路向东，快到感业寺前时有一

칼구수집（面条屋），在此吃面条，等了半个小时左右。因肚子饿了，觉得等的时间特别长。看到食堂外面不断飞驰而过的汽车，与朱先生及崔先生说话。这里的山名飞鹤山，很有诗意。吃完饭，将鞋里的水清理，走起路来才感到轻松一些。

下一站是祇林寺。这座寺院建筑物很多，但其介绍文不好，朱先生说可能是从什么书上抄的。建筑物上没有绘油彩，但西面的佛殿则全绘有油彩丹青。朱先生说70年代以前，韩国的寺院建筑均无油彩，有油彩者均是此后绘上的。先生此前并非佛教信仰者，但这次出来，每到寺院前均双手合十礼拜，甚是奇怪。我也合起双手，为自己为亲人们祈福祝愿。寺院有博物馆，但门未开，管理人员亦不知在何处。这里的门票为2500韩币，但没有什么可看的。另外，有"三圣殿"，此前在其他寺院看到的"三圣"为孔子、老子、释迦牟尼，这里却不是。朱先生说寺院不同，所指也有差异。

从祇林寺出来，稍作休息。路过골굴암。这里亦有寺院建筑，但主体却是一高约30.4米的石窟造像。沿着石台阶，手抓绳索上去，有"男根"石窟处，又有其他石雕像。最高处为主佛像，我们在此合影留念。又顺路而下，听崔先生说原来只有上面的大石佛像，下面的是70年代后期凿造的。

从골굴암下来，今天的考察任务就圆满结束了。乘车返回，雨早已停了。因不是周末，高速路上车并不多。19：00许路过大邱寿城区，在一海味汤食堂吃饭，味道不错。

向朱先生谈及给师大写信，以及回去的事情。20：00许回到宿舍，很累。

7月11日

8：30李玢奭先生来电话，说今日请我吃饭，下午18：30一起去。仍写论文，进度不快，有关高句丽与唐关系，学者的论著中多有涉及，要提出自己的见解不容易。借来《旧唐书》第 1 册，看唐高祖武德年间与高句丽相关的交往。

晚上去李先生家，前年曾去过一次。李师母准备好了参鸡汤，因电器出了问题，请电工修理后我们才吃饭。今天也是李先生的生日，今年又是他们夫妇结婚 20 周年时间，此前并不知道，向他们夫妇表示诚挚的祝贺。参鸡汤味道很好，李先生提到他的侄儿留学的事情，他们下个月去芬兰、俄罗斯旅行。21：00 许李先生将我送上出租车，回到庆北大学。因坐车缘故，头晕乎乎，想睡觉。

7 月 15 日

写论文，进度不快。借《唐太宗传》，但其中竟然没有需要的东西，这本书为何将如此重要的内容抛弃不写？

翻译增加了的结论部分内容，改后要呈送朱先生。

7 月 19 日

翻译论文。下午与任先生通话，他 8 月 6 日去西安，问是否需要捎东西。本月 28 日师范学院任先生组织研究生去浦项，我也想去，但最近事情很多，也不知道能否前往。妻已从太白山回来。

7 月 20 日

仍翻译论文。睡得很晚，但因赶时间，只有如此，争取明天完稿。

李先生的论文有的地方不知道什么意思，需要查阅字典。论文后半部分好像是从中文翻译的韩语，而我现在又将其译回去。早知道这样，还不如找回元人郭畀的日记，从古文直接翻为白话文！

7月21日

翻译论文,其他人都去踢足球了,我则未去。

只是想着尽快将论文翻译完毕了事。晚上竟喝了咖啡,直到凌晨4:00才翻译完。这样就可交差了。

7月23日

刻印了《大藏经》CD盘,很高兴!这张光盘是台湾清华大学一位教授寄给徐锡霁的,我要了刻盘。这样,以后要查阅《大藏经》就方便多了。

中午与徐锡霁一起去市内古旧书店,购买闵周冕《东京杂记》等书,只花了4000韩币。这部书是朝鲜末期编写,附有洪锡谟《东国岁时记》、柳得恭《京都杂志》、金迈淳《洌阳岁时记》等,是了解韩国和朝鲜民俗文化的重要史料。

在宿舍。想写论文,但注意力不太集中,很累!可能是前几天一直连轴转太累的缘故。

7月25日

去找朱先生,未见。找到先生的手机号,下午通话,主要是向先生提交修改后的论文结论部分,又因31日为最后印刷论文时间,心里不踏实,故必须和先生面谈。最近为了论文多次找先生,给他添麻烦了,觉得很过意不去。

去师范学院,任先生和他的研究生们要去浦项海边玩,邀请我去。任先生买游泳裤送我。本来去不去还有点犹豫,现在看来是必须去了,谢谢任先生。

晚饭任先生请客,说了许多话,还谈到10月份会议的机票问题。

📅 7月26日

　　给博物馆打电话，下午见到朱先生，向先生谈了近况。先生想邀请妻和孩子来韩国参加我的结业式（博士学位授予仪式），但妻此前并未有来韩的意向，主要是我已麻烦朱先生很多，她怕再给先生添更多的麻烦，因而我代妻子婉言谢绝了先生的好意。

　　先生送一套三大本八开装《庆尚北道文物图录》，很重很珍贵，还说要送我一台打印机，很高兴！与妻通话，她也表示不想来韩国。主要是时间紧迫，她还要准备下学期的课程。

📅 7月27日

　　周六，最后借的两本书也返还图书馆。写论文，天气很热。

　　心里盘算着在韩国最后一个多月如何度过。完成这篇会议论文是第一重要的事情；还要购买回国机票；将这几年购买的书及资料寄回陕西师大；最后将博士论文印出，可能需要50本；基于基本礼貌和实际想法，应去忠清南道大田市拜辞金先生；去大邱出入国管理所办理回国手续。看来事情真还不少，应该做详细计划安排才是。

📅 7月28日

　　10：00去愚堂教育馆。10：30出发去浦项고(구)흥포，同去的有8人。

　　12：00到达浦项工业大学校园，在一饭店吃饭。又去采购东西，满满的两推车，我要交钱，但负责管理的金智淑不让。13：00许到达浦项海边"庆北大学修炼场"，这里只有两三栋楼房，东面是大海，西面不高的山上有稀稀疏疏的树木。有篮球、排球场地，生活设施比较齐全。我们预定的大房子可以住

20余人，房内有电视，从阳台可看到近在咫尺的大海，听到浪涛拍岸的轰鸣声。收拾停当，用自带的炊具烤肉，吃得不错。晚上由徐锡霁发表其论文片段，其他人评议并提出意见。他们几个还专门制作了庆祝我获得博士学位的条幅"拜根兴之夜"，喝酒庆祝，很是感动。随后又去海边，在海边沙滩上说话，一直到凌晨0：30才睡觉。今天坐车很累，睡得也稍早。

7月29日

今天是周一，心里想着可能李玠奭教授要找我。

7：30起床，9：00许大家开始读《清明集》，其为宋代的判例书，内容十分复杂，任先生想将这本书翻译为韩语，故发动他的学生们以此为教本，一边学习，一边翻译。这种学习翻译形式很好，据说这种学习方式可获得韩国学术财团的资助，如果真是这样，那是再好不过的事情。

12：00许吃饭，味道不错。14：00先去一灯塔博物馆，只是博物馆周一休馆，故只能在外面拍照参观。15：00许乘车到구룡포游泳场，人很多，有一些军人，其他几位都在岸上看，我与任先生、徐锡霁下到海里。我也不会游泳，只是在海中走动，感到十分惬意。此前几次随朱先生、尹先生到海边，都只是脱鞋在海边走几步而已，这次则是真正到海里了。

17：00许回到住处，又专门去吃生鱼片，其店名为"미원（美苑）"，喝了不少酒，迷迷糊糊的。22：00又读《清明集》，0：00结束。又喝酒，一直到凌晨3：00才休息。而隔壁房间的学生们则不知道是几点才睡的。

7月30日

7：00许起床，很疲乏。做饭、吃饭，研究生们专门做了印度咖喱饭，不错。收拾东西。10：30出发。

先到迎日湾的一个民俗博物馆。馆内陈列展示的是朝鲜时代的兵器、当时的结婚轿子、20世纪初的电影剧照、近代以来的邮局,以及收购的日常生活用品,很有特色。天气很热,又进入另一展室,其主题为朝鲜末期至20世纪80年代的图片展,看样子有一两千个相框,包括朝鲜末至80年代发生的全部事件。

从博物馆出来走海边山路,我晕车了,吐了不少。最后到达昨天未能进去的灯塔博物馆。这个博物馆专门介绍韩国的"虎尾串"地方的灯塔史,以及韩国灯塔发展情况,参观的人很多,一些父母带子女前来。因晕车身体感到不舒服。从博物馆出来又回到구릉포附近,在一个饭馆吃饭,他们都吃冷面,而我不想吃,研究生主管让饭馆给我煮一包方便面,还好。

随后换乘박춘순先生的车,感觉好了一些。返回大邱,我在车上一直睡觉。17:00许回到庆北大学寄宿舍。

给李玠奭先生研究室打电话,没人接。但10分钟后就接到先生的电话,并让18:00去他的研究室。按时到先生的研究室,先生送30万韩币,让支付博士论文印刷费用,并说我给他翻译论文的费用下次再给。谢谢李先生!他利用一切机会帮我,使人感动。约好明天11:00再见面。

8月2日

天气仍很热,风扇一直开着,但汗还是一直流淌。

庆北大学国际交流中心来电话,说4日吉林大学要来一些学生,让我给他们讲讲韩国历史,这样还要做必要的准备。论文还未翻译完毕,这些额外的事情一个接一个。飞机票没有釜山至西安的,只好先订上仁川至西安。想见朱先生,但又未去。

8月5日

最后给李先生翻译完论文。与金善昱教授联系，其不能去洛阳出席会议了，说家里有事。先生说我回国前事情一定不少，就不用去大田了。我自己也觉得，如果去了金先生还要接待，会给他添麻烦，因而打消了去大田的念头。任先生将以前做的《魏晋隋唐五代论著目录索引》样稿托付给我，让校对，其量不少，还只是一半，又不能集中时间看，故只能尽力而为了。任先生明天早上离开大邱，乘机前往西安，然后参加在洛阳举办的"武则天国际学术研讨会"。

天气仍很热，周围地区都下过雨了。汉城的雨量很大，有的地方竟因下雨多，以至于造成严重灾害。

吉林大学学生来庆北大学计划有变，可能要推迟几天。

8月7日

去找朱先生，送一宜兴紫砂陶壶。和先生谈论文的印刷问题，先生让草拟论文送达学者的名单。

将草拟好的名单让先生过目，又增加了几个人，总共49人。如此计算的话，论文应该印刷60本，印刷费花钱肯定不少。

与妻通话，马驰老师来电话，说西安市社会科学院要成立韩国研究中心，他给我也报了名，作为聘任的研究人员。雨仍淅淅沥沥不停。

8月9日

撰写10月份会议论文，现在将贞观末发生的事件，以及唐与高句丽交往事宜了解清楚了，只是许多事情萦绕心间，难能安心专注。不过后面的事情就好办了，主要是博士论文中也涉及这方面的内容。16：00即搁下笔，开始准备给吉林大学学生的讲义稿。内容已经有了，就是要熟悉并灵活运用，毕竟四五年没有上讲台了。

8月10日

8：50到达本馆行政楼顶层会议大厅，见到吉林大学来的20位学生，以及领队学生处赵处长、李科长。庆北大学史学系的김현희在国际部工作，她先介绍两校交往情况。我随后开始上课，讲了大约一个半小时。讲完后觉得根本没必要准备得很多。

吉林大学学生送我小礼品（笔筒、学校标志等），讲课费为10万韩币，很好，但也很累人。去西门地下书店，休息。

晚上将《魏晋隋唐五代论著目录索引》刻盘。准备下周三寄东西。天依然下雨，今天已经是第五天了。釜山附近的水灾严重。

8月12日

在宿舍写论文。10：00许徐锡霁来电话，说朴玖哲今天有时间，想今天就帮我寄东西，很是感动。这样，即刻就忙了起来。

先将宿舍的书籍装箱，又到研究室收拾装箱，等寄完吃过饭已是14：30了，特别累！非常感谢徐锡霁、朴玖哲两位，他们都是东洋史专业方向的研究生。

收到陕西师范大学历史文化学院萧正洪院长的邮件，信中谈及回去的一些事情，十分感谢。今天寄书等花了28.6万韩币。

8月13日

　　昨天将书寄走,而参会论文还未最后写完,故又借书。冒雨将印刷好的博士论文取回,印刷费又是40万韩币。就在系资料室填写受赠者名字,十分麻烦但又很欣慰,这是留学四年余的成果结集呀。

　　给萧正洪老师回信。张文昌也来邮件了。

8月14日

　　去找朱先生,先生今天去了庆州,没能见到。明天为光复节公休日。

　　去图书馆复印有关论文片段。到史学科,给权教授、崔教授、林教授等送上博士论文。又去师范学院,给李秉庥教授、金仲洛教授等送上论文,李文基先生26日才从日本返回,估计不能见到了。张东翼教授今天没有来学校。和崔弘昭见面。又给朴性风教授送去论文,收到朴先生赠送他自己的大著。

8月16日

　　朱先生今天还在庆州。早上为签证的事情奔忙,大邱市出入国管理所认为毕业了就应该在所在国签证。朱先生没有在,也没有办法商议。

　　下午去家乐福。又给张东翼教授送论文,但其不在研究室。

　　韩锡钟教授晚上请吃饭,任先生作陪。我1998年刚来韩国,韩教授即在大邱《岭南日报》上撰文介绍我的情况,而我能来韩国,他也帮过很多忙。据说韩教授是下一任的福祉馆语学堂院长。他们说相关事宜,我在旁听着。任先生表扬我,说我的留学是真正要拿学位,不像在韩留学的有些学生,他们是以赚钱为目的，听来不知道好还是不好。一直到 22：00 才结束。

8月18日

论文最后一部分写写停停，晚上才将正文写完，但还要修改。

与妻通话。今晚小田夫妇请客，小田与我同舍四年，相处不错，他还送一套茶具小礼品。我的电脑问题都是小田解决的，非常感谢他这几年来的帮助。闲谈中，刚来一个多月的小田爱人说她思念祖国（中国），我感到很欣慰。不过，她具体谈起国内每天早上司空见惯的油条、豆浆，以及各种好吃的东西，我才真正知道祖国是留学在外者心中各种东西的综合体，其并不抽象，而且十分具体。

今天上海交大的孙斌回国了。

8月19日

见到朱先生，给先生说了签证问题，但先生未有更多的办法。又谈了回国后学院要成立东北亚历史研究所的情况。先生将送我打印机的事情委托给史学系助教，让他具体办理。

给张东翼教授送论文，他送我一本新著《聋哑堂朴弘长的生平和辰乱救国活动》，是有关安东地方人物在壬辰倭乱中活动的著作，谢谢张教授！

去看机票，很高兴！釜山至西安航班有机票，这样就方便多了。

给其他人送博士论文。晚上最后写完10月份参会论文结语。

8月20日

取回朱先生赠送的打印机,很好,是激光打印机,也不重!

系资料室也要送两本毕业论文。下午拿到机票,将全部存款从银行取出。

和朴汉济教授电话联系,又给先生发邮件,寄送我的毕业论文,看《中国学报》是否能够刊用。还给李凭先生发邮件,表示问候,李先生也是月底回国。

8月21日

最后给六位先生及朋友寄博士论文,其中有高明士、金善昱两位先生,顺便也给朴汉济教授寄去投稿论文及软盘。

给李玠奭先生送博士论文。晚上李先生请我吃饭,去市内一"湖南亭"餐厅,吃的规格很高。李师母给送妻送很高级的皮尔卡丹钱包,很高兴。李先生对我帮助很多,非常感谢!

另外,早上去大邱出入国管理所,但未能办妥签证,故只好回到国内再办理了。

8月22日

9:30接到权延雄教授电话,说中午要请我吃饭。

和老崔一起寄书,主要是将上次买的《韩国史》(精装,共7册)以及剩余的博士论文寄回。

中午与权延雄教授一起吃饭,权先生讲了许多他在美国留学的事情。先生在美国夏威夷大学生活了八年半,精通英、中、日语及国内外历史,其对中国历史亦有很浓厚的兴趣。另外,他的儿子在法国工作,女儿才17岁。权先生送了祝贺金,数目不少。刚入学时权先生亦帮助不少。留学碰见的都是好老师,他们是我的贵人,也是我的幸运。谢谢权先生。

与师范学院的几位硕博士见面，上次和他们一起去东海边，记忆深刻！他们又送钱包等小礼品给我，很不好意思！去 Homeplus，买了一些东西。给朱先生买了礼品，明天送上。与妻通话，说了最近的情况。

📅 8月23日

9：00 去研究室，穿好博士服，准备参加学校举办的学位授予仪式。KBS 来电话，说要采访我，约好 10：00 在毕业式会场见面。

10：00 许到达学校计算中心一层大厅，未见到 KBS 的人，但不久打电话又找到我，采访回国后的打算等事宜，我用韩语一一作答。学位授予仪式很隆重，我让哈尔滨工业大学来读硕士学位的唐辉给我照相。排队接受校长颁发学位证书，从校长朴赞石教授手中拿到学位证书，非常激动！四年多时间的愿望终于实现，留学韩国也终于修成正果。

11：30 学位授予仪式结束，十分高兴！回到研究室，同门申衡锡先生又帮忙拍照。中午和朱先生、申衡锡先生一起吃饭，向朱先生讲了许多感恩的话。先生又送钱，并安排此后几天的生活。下午即在研究室。

晚上与韩国古代史的几位博士一起吃饭，21：00 回到宿舍。经过几年的辛苦，得到朱先生及其他韩国老师的帮助，国内领导师友的关照，家里妻儿的支持，终于拿到博士学位，对朱先生及家人的感激难以用语言表达。以后出版博士论文之时，应将此时的心情记载于前言或后记之中。大邱 KBS 放送播放了采访我的画面，我是作为外国人留学生获得学位者的代表接受采访的，很高兴。

8月24日

将要办的事情一一列出来,随后先去研究室,给金炯秀先生送借用的博士服,顺便将《汉语字典》送给他。又去学校银行交最后这三天的食宿费。购买去汉城的火车票,并借到二十六史的CD盘,晚上将其刻录。

中午与徐锡霁一起吃饭,他正在读硕士学位,也快毕业了,谢谢他一直以来的帮助。

下午崔永洙来宿舍,我们几乎同时来韩国,他上完硕士,接着继续读博。晚上他请客,对我表示祝贺,谢谢!0:00左右到崔永洙的实验室,将借的CD盘刻录完毕,睡觉时已是凌晨2:00了。

8月25日

周日,午饭我请老崔吃披萨饼,他对我的帮助很多,论文的英文摘要也是请他帮忙翻译的,谢谢他的帮助。下午在宿舍,最后将参会论文写完。晚上打印了一份,明天要去汉城,很久才入睡。

与妻通话,说了获得文学博士学位情况,以及回家航班时间。

8月26日

凌晨3:00起床,4:00乘火车出发。经过四个多小时,8:10到达汉城火车站,然后乘地铁一号线,经过三站,又转乘地铁三号线,经过两站,到达景福宫,走不远的路就到达现在的中国驻韩大使馆。大使馆教育处的安玉祥先生接待了我们,很快办妥了留学获得学位证明书。安先生问了一些情况,我是研究中韩关系史的,他很感兴趣,说有机会让我给他们使馆人员做一次讲座,并要收藏我的论文,等等。

大使馆开具的留学证明书很重要,回国后如要联系工作,用人单位首先看的就是这份证明书。证明书一式两份,不同颜色。据说拿着其中黄色者可以购买免税的小汽车,但不知道具体情况如何。

　　10:00许去景福宫,与老崔、刘爱国等一起拍照,很累!11:00即返回汉城火车站,将原定大邱—汉城的火车票退掉,乘坐13:00的车。17:00许回到学校,非常疲乏。又与任先生联系,与李玠奭教授辞别。给朱先生打电话,但先生不在研究室。晚上收拾东西。

8月27日

　　昨天晚上将电脑硬盘卸了,几位很快将电脑其他配件"分赃",很痛快!复旦刚来的教授看到我的饭盒不错,主动提出想要,就送给他了。

　　早上带着收拾好的旅行箱、背包,以及朱先生送的打印机,踏上回国之途。真是大包小包,胜利"大逃亡"了!坐上出租车,回头看看住过四年多的寄宿舍大楼,以及庆北大学校园熟悉的一切,真有点依依不舍的酸楚。以后来韩国的机会可能有,但专门到庆北大学应该不会多,这里也是真正意义上的母校,应当铭记!

　　先到东大邱火车站,购买去釜山国际机场的火车票。正在候车处等待,却看到李玠奭教授走过来,原来他和师母专门到车站和我告别,又送我祝贺金。他们夫妇说还有其他事情要做,匆忙离开。回过头来想,这才真正了解敬爱的李教授的用心,他知道给钱我不会要,故而让我翻译论文,想办法资助我。真让人感动,谢谢李先生!

　　又想起宿舍柜子中还有五六条平时佩戴的领带,临走时忘记收拾了,故给老崔打电话,让他处理。老崔在电话中说,我刚走，其他几位就将领带很快收走瓜分了。在国外留学生活就是如此，留学生们互通有无，很高兴！

乘火车到达釜山金海国际机场，托运行李，竟然超重17公斤，也就是说，我的行李重量达37公斤！好在机场工作人员看到我在韩留学获得学位，最后离开回国，除过伸出拇指表示赞赏外，什么也没有说，给我放行，谢谢他们！不过，他们收取了我在韩国的身份证件（登录证），并将其作废。我本想将其作为留念保存，他们没有同意，故稍有不舍！

从釜山起飞，两个小时四十分左右就到达西安咸阳国际机场，深深呼吸故乡灼热又掺杂丝丝灰尘的空气，还是感到欣慰和高兴。经过四年零三个月的国外留学生活，我终于如愿以偿获得学位，回到梦牵魂绕的故乡了。

坐机场大巴到钟楼，再坐公交回到西安建筑科技大学家属院。到住宅楼下我已筋疲力尽。费力回到日夜思念的家里，妻儿已经等待多时了！

跋

二十余年前的1998年，当时我的儿子还不到两岁，妻子有她的大学教职工作，三十四岁的我刚刚晋升副教授。面对如期而来的留学机会，我大胆做出决定，毅然决然负笈东去韩国。在内陆城市西安的大学，又是从事文科专业，更何况还是古代历史，在当时能够出国留学者简直就是凤毛麟角。我的出国留学，成为1998年初陕西师范大学一件特别新奇的事情。

这年5月末，我到达韩国大邱的国立庆北大学。经过三个月令人难耐的适应期，开启留学的第一季"语言学习与选题摸索"，随后又迎来留学第二季"博士课程学习与艰难拼搏"、第三季"论文写作与努力探索"、第四季"论文翻译与胜利撤离"，四年零三个月匆匆而过。

在韩国留学的日子里，我三个暑假间回国省亲，四个春节则多是在韩国老师家度过。感谢韩国国立庆北大学接纳我，感谢我的指导老师朱甫暾教授对我的支持和关怀。留学期间的学费，庆北大学全面免除，食宿费则是朱先生全盘负责，其恩惠我铭记在心。国立庆北大学任大熙教授、尹在硕教授、李玠奭教授、权延雄教授、李文基教授的多方关心照顾，以及听过讲课的诸多老师的各种帮助，也使我难以忘怀。还有汉城大学的朴汉济教授、韩国国立忠南大学的金善昱教授，以及台湾大学高明士教授，也对我的留学生活给予关怀。史学系同研究室的韩国师兄弟们亦伸出友谊之手，十余次的庆州考察，记录着我们携手探寻古迹名胜的身影；还有四年多朝夕共处的朝鲜族同学们,来庆北大学做博士后研究的国内大学朋友们,寄宿舍、足球场、学校附近的超市等地,都留下了我们深深的足迹。当然,国内除过老家亲人、妻子、岳父母等之外,诸多老师同事、亲朋好友,也时时留心我在韩国的一举一动,写信鼓励我坚定信心、战胜困难,实现自己的目标,这也成为一种财富,在漫漫长夜和孤独无助、压力山大的时刻,使我树立信心、增强毅力,衷心地感谢他们!

然而,时间飞逝而过,距初去韩国已悄然过去二十余年。往日得到的恩惠虽仍铭记在心,但随着时间的流逝,具体的事例却有点暗淡泛白。在韩国努力拼搏的经历虽犹在眼前,但要讲起来已不甚清晰。游历韩国庆州、安东、扶余、浦项、公州、首尔、釜山等地名胜古迹,亦只剩下与同事的谈资和我沉睡中的梦呓。留学韩国,探索学术研究之真谛,应该说是我生命中最珍贵和难以忘却的记忆,也是我如今能够安身立命的财富源泉之一,怎能看着它如此悄悄然地被忘记?

好在我有随手撰写日记的习惯!翻开1983年大学刚入学的日记,在近四十年后的今天,我都有点佩服自己;而研究生阶段的坚强与努力,也都记载在篇篇泛黄的手记中。在韩国四年多时间里,每天的生活我都认真仔细地记录,从不放过任何一点,累积起来就是四本实录般的手记。手记记录了诸多韩国师友对我的帮助和恩惠,记载了出游考察韩国美丽山水和名胜古迹的感受,国内亲友、老师对我的鞭策鼓励,以及我思念家乡的眷眷深情和涟涟泪迹!当然,也有我时时激励自己,战胜一切困难,撰写多篇论文时的思考痕迹。这本来是特别私人的东西,但仔细阅读,除过每日如农人般的劳作和积极向上的努力,并没有什么只能深藏于心、不可示人的秘密。

2018年临近寒假,西安两场大雪降临,零下十几度的天气持续多日,成为最近十年来西安最寒冷的一个冬天。本来计划利用寒假时间最后完成自己承担的国家课题,以便结项投入新的研究领域之中,但不知什么缘由,我竟然用了半个月时间(其间还有其他事情要做),将四大本近二十万字的手记输入电脑,最多一天输入两万余字,不能不说是个奇迹。最近几天我又重新审视这部手记,勾起诸多记忆。

应该说,现在出版一本书并不是什么难事,但如此私人的东西出版后能起到什么作用?是成为同事或者读者的谈资和笑料,还是能对读者有所启迪?我并没有十足的把握。我曾看过北京大学中文系孔庆东教授出版的《独立韩秋》、内蒙古师范大学邱瑞中先生的《韩国访学录》两书,也曾经在网络上浏览过在韩合作研究的国内学者撰写的访韩散记等,他们的经历着实让我感动并引发共鸣,如同找到了知音!不过,我留学韩国为获得学位,和上述在韩国工作、科研的诸位确有差异,上课、学韩语、写发表报告、撰写论文是我在韩国四年多时间的主要生活内容。

进入21世纪之后,赴欧美、大洋洲、日韩等地留学的中国人数量激增,特别是有的家长将未成年的小孩送出国留学,也引发许多担忧。虽然随着国内经济的发展,留学费用等可能已不再成为问题,但在异国他乡的孤独无助,适应当地生活的挣扎和艰难,与外国人交流的隔阂和误解,以及一些客观条件的限制,确实还是不可回避的问题。如果我的留学手记出版,能为已在国外,或正准备赴外留学者提供一定参考的话,应该说也是一件值得欣慰的事情。当然,我出国时已经三十四岁,学习语言异常艰辛,而现在出国留学,这种情况可能就很少见了。

需要说明的是,因留学国家、留学时间、个人年龄、学习专业、所遇见的人和事、在国外停留时间长短等差异,各人在国外的经历往往不同,其际遇也千差万别,这是很自然的事情。我的手记记载了世纪之交几年间我在韩国的所见所闻，故有我自己和当时中韩间乃至东亚地区时空的独特性，其局限性亦显而易见，希望读者予以理解。同时，手记中冒昧提到诸位师友和亲朋的名讳，他们都是我生命中的贵人，谢谢他们！

作者　谨呈

2022 年 12 月 5 日

后　记

　　这部记录二十余年前笔者留学韩国经历的手记将要出版了，当我重新看完最后一个字，对留学期间给予我支持、帮助的恩师亲朋的感恩之情依然激荡在心中。正如"前言"、"跋"以及手记正文中所述，我之所以在学业方面能有较为顺利的发展，均有赖于在过去的岁月中，特别是在求学的各个阶段，都有"贵人"在或明或暗处帮衬，他们以灯塔般的集束光芒，照亮了我前进的道路。对此，我诚挚地表示感谢！

　　需要说明的是，在将手记文字输入电脑的过程中，对于一些虽是不同日期，但内容相似或相同的文字，为了避免重复，并考虑读者阅读的顺畅，笔者对其予以删除，如此看起来就紧凑一些。当然，这样就造成有几天没有记载的现象，故特予说明。另外，有些人名手记中没有记下来，所以只能用"某君"代替；个别地名、人名，当时就记为韩文，现在找相关汉译也未能如愿，故只好保持原样。还有一种情况，第一次提到韩国同学之时用他（她）的名字，在随后的行文中，就只提到姓，如"朴同学""李同学"等。手记中不得不提及海内外师友的名讳，为彰显师友的支持帮助，以注释方式予以介绍，在此表示衷心的感谢。

　　感谢陕西师范大学历史文化学院学术委员会的大力支持，使本书能够获得资助出版。感谢社会科学文献出版社历史学分社郑庆寰社长及其团队，他们将此书纳入出版计划之内，让更多的读者了解世纪之交中韩人文交流的状况。同学院著名隋唐佛教史专家介永强教授题写了书名，对此表示诚挚的感谢！

笔者多年来从事古代中韩关系史、中国古代隋唐史领域的教学科研工作，兼任中国唐史学会会长、中国朝鲜史研究会副会长、中韩友好协会专家委员会委员、陕西省欧美同学会朝韩分会会长，曾作为智库专家为中韩关系的健康发展建言献策。希望在以后的日子里，在做好本职工作的同时，为中韩两国人民持续友好交往继续做出自己的贡献。

我愿将此书献给我的恩师、我的家人，以及一直以来关心支持我的师友们！

拜根兴

2023 年 12 月 20 日

于陕西师范大学长安校区居安陋室

图书在版编目(CIP)数据

负笈海东：留学韩国日记 / 拜根兴著 . -- 北京：社会科学文献出版社，2024.4
　ISBN 978 – 7 – 5228 – 2919 – 7

　Ⅰ.①负… Ⅱ.①拜… Ⅲ.①拜根兴 – 日记 Ⅳ.①K825.46

　中国国家版本馆 CIP 数据核字(2023)第 231063 号

负笈海东：留学韩国日记

著　　者 / 拜根兴

出 版 人 / 冀祥德
责任编辑 / 郑彦宁
责任印制 / 王京美

出　　版 / 社会科学文献出版社·历史学分社（010）59367256
　　　　　 地址：北京市北三环中路甲 29 号院华龙大厦　邮编：100029
　　　　　 网址：www.ssap.com.cn
发　　行 / 社会科学文献出版社（010）59367028
印　　装 / 三河市东方印刷有限公司
规　　格 / 开　本：889mm × 1194mm　1/32
　　　　　 印　张：12.25　插　页：0.5　字　数：288 千字
版　　次 / 2024 年 4 月第 1 版　2024 年 4 月第 1 次印刷
书　　号 / ISBN 978 – 7 – 5228 – 2919 – 7
定　　价 / 128.00 元

读者服务电话：4008918866

版权所有 翻印必究